跨文化教学
沟通

王维荣　编著

教育科学出版社
·北 京·

目录

前　言

自 1989 年起，我有幸作为兼职英语学术翻译与来自美国高校的教育界人士长期接触。1997 年夏，我受辽宁省教委外事办的委托，为到辽宁任教的外籍教师做关于教学方面的文化适应的培训。当时我的跨文化经验还非常有限，因此仅仅基于中国学生对外籍教师教学的反应（如困惑和期待），给他们提出一些教学上的建议。同年秋季，我到美国印第安纳州立大学做访问学者，其间对两国大学课堂里的文化差异感受颇多。2001年秋，我以全额奖学金到美国伊利诺伊州立大学教育学院课程与教学论系攻读教育学博士学位，并作为研究生助教给教育专业的本科生助课，自2005 年起独立给美国本科生讲授教育学课程。走上美国大学讲台，自以为熟悉美国文化的我真切地感受到了课堂里剧烈的文化冲击。虽然在国内高校已有十几年教龄，此时的我仿佛又成了初上讲台的新手，许多过去用于中国大学课堂的经验似乎都不那么有效。因此，如何针对美国大学生群体有效教学就成为我必须面对的挑战。

记得第一次上课前拿到学生的名单时，我发现许多学生的姓名都不符合典型的英语人名的读音。为了能正确地称呼每个学生，我专门向身边的美国老师请教一些姓氏的读法，因为我知道正确称呼对方的名字对于建立积极的沟通至关重要。我经常和其他教同一门课的老师讨论如何提高学生出勤率，如何确保小组合作学习中每个学生都能参与，如何使不同活动之间的转换以最有效率的方式进行，等等。真正的学习始于问题，当经验和习惯不足以应对当前面临的问题时，学习与研究便成为一种需要。出于这种需要，我参加了暑期教学与教学技术中心举办的系列教学研讨会，与来自全校不同学科的教师们一起探讨有效教学的策略。参与者都是一些热衷于教学改革的教师，讨论的议题从如何上好新学期的第一次课，到如何运用评分规则提高学生作业质量等，非常有针对性。作为留学生助教的兼职教师，我就跨文化教学中的一些挑战和对策发表了自己的看法，引起了与会者的兴趣和积极反响。生物系主任章厚德（Dr. Tak Cheung）向我介绍了他们历时数年的通识课生物学教改实验，并聘请我对他们的教改项目做评价和咨询，为承担实验课的外国留学生助教提供跨文化教学沟通方面的诊断和咨询。这一角色使我有机会突破个人跨文化教学经验的局限，对一个已初见成效的跨文化教学改革案例进行系统的观察与研究。鉴于章博士（Dr. Cheung）本身也是一位亚裔教师，这使我对跨文化教学成功的可能性充满信心。难以想象如果我一直在国内高校工作我的教学会有多大改变，而在美国大学课堂里面临的跨文化教学的挑战使我不得不以陌生的眼光重新审视教学，这为我个人专业成长提供了重要契机，并成为推动我探索跨文化教学奥秘的动力。在一次跨文化教学讲座上，我结识了专门从事跨文化研究的学者约翰·鲍德温（John Baldwin）博士，在跨文化教学探索之旅中他成了我的导师之一和合作伙伴，并使我的视野关注到跨文化传播学这个生机勃勃的领域。至此，我对跨文化教学研究的兴趣一发不可收，我不断探寻跨文化教学的有效方法，因为我相信挑战的尽头定会无限风光！

跨文化教学有点类似初次尝试漂流的感觉，漂流者既不时地为异域文化的暗礁险滩而心跳，蓦然回首，却也不乏历练后的满足与豪迈。2007年毕业答辩后的两星期，踌躇满志的我便回国到北京师范大学珠海分校任教。回国不久，便愕然发现大学课堂里的文化适应并非是单向的，对于本土文化的再度适应（adjustment after reentry）已成为教育国际化时代不可回避的问题。

目前，高等教育国际化的大潮来势凶猛，然而卷入这一大潮中的教师和学生如何有效地实现课堂里的跨文化沟通，却是一个重要但又疏于研究的领域。随着全球范围内教育输入与教育输出并行格局的形成，引领即将跨出国门的学生、学者有效地适应异域文化中的教学、圆满完成他们的教育使命，帮助来华的留学生、学者尽快适应中国文化中的大学教学、实现他们的教育梦想，已成为教育国际化时代的真切的呼唤。事实上，有效实现跨文化教学沟通的意义远不限于上述个体，它直接关系到我国的教育能否在教育国际化的大潮中与世界发达国家的教育接轨、从而形成开放的、接纳的、有竞争力的教育市场，关系到能否通过教育有效地发挥中国在世界上的影响力。

美国既是教育国际化的大型实验室，也是跨文化教育传播理论研究的中心。本书力图反映迄今为止美国在该领域研究的最新成就，同时，也希望综合运用东西方的文化视角，以教育学、传播学、心理学、语言学为理论基础，围绕教师和学生两大主体及言语沟通与非言语沟通等要素，解析跨文化教学中面临的挑战、机制，并提出相应的策略，从而为这一方兴未艾领域的知识建构尽微薄之力。

全书共分为7章：第1章，高等教育国际化视野下的教学沟通，主要介绍跨文化教学的背景，揭示跨文化教学在教育国际化时代的不可回避性以及跨文化教学面临的挑战。第2章，课堂中的文化差异与适应，主要分析了造成跨文化挑战的各种原因、文化适应的机制和过程，并从文化、社会、心理、语言等视角比较东西方文化的差异。第3章，跨文化课堂中的言语沟通，从传播学理论出发，分析了中西方的言语沟通差异，并对课堂言语沟通策略进行了提炼。第4章，跨文化课堂中的非言语沟通，描述了非言语行为的类别以及中西方在非言语沟通方面的差异。第5章，跨文化教学中的教师与学生，对中西方教学两大主体的角色、师生关系及沟通因素对师生的影响进行了分析。第6章，跨文化教学沟通的策略，就教学目标的沟通、课堂的组织管理，学习环境的营造、教学方法技术的运用等方面给中国赴美教师的建议。第7章，跨文化教师的专业发展，从教师专业成长的角度，探讨了跨文化教师应具备的核心能力及跨文化教师专业成长的路径。

跨文化交流研究始于第二次世界大战后的美国，20世纪70年代跨文化沟通学成为一门独立的学科。我国跨文化研究始于20世纪80年代。然而，教学领域的跨文化研究则起步稍晚，目前尚属一个年轻的领域。自21世纪初我国加入WTO（世界贸易组织）以来，教育国际化愈演愈烈。目前我们对教育国际化的关注点不应仅仅停留在宏观政策层面，课堂教学质量应成为跨国教育关注的焦点。课堂里成功的跨文化沟通既是有效跨文化教学的重要前提，也是有效教学的重要组成部分。本书借鉴了众多国内外学者的研究成果，在此表示衷心感谢。受作者视野局限，加之时间仓促，书中偏颇在所难免。此书作为引玉之砖，不当之处，敬请各位同人不吝赐教。

本书的出版获得《北京师范大学珠海分校 2012 年科研成果出版支持计划》经费资助，特致以诚挚的谢意！

王维荣

于北京师范大学珠海分校

2012 年 9 月

第 *1* 章

高等教育国际化视野下的教学沟通

自 20 世纪 90 年代以来，随着经济的全球化、科学技术的迅猛发展以及和平与发展为主题的世界性共识的形成，高等教育国际化正演变为一种方兴未艾的世界性潮流。这一潮流改变了大学校园的景观，师生的跨国流动使课堂里的教学沟通发生了质变：教师与学生之间的交往与沟通具有了跨文化的性质。除那些传统上人们已经认识到的教学过程要素之外，文化作为一个新的变量对教学过程与效果悄然发生着影响。由于教学两大主体文化背景的差异所导致的双方对教学目标、教学方式、教学结果的不同期待，必然给课堂教学沟通带来前所未有的挑战，甚至导致文化的剧烈冲突。如何理解教育国际化的发展趋势，特别是师生跨国流动给大学课堂教学带来的挑战，是高等教育国际化时代面临的新课题。因此，本章将以高等教育国际化时代教师与学生的跨国流动为背景，探讨跨文化教学沟通的含义以及跨文化教学面临的挑战，从而揭示跨文化教学沟通研究的必要性。

第一节　高等教育国际化时代的来临

一、高等教育国际化的含义

高等教育国际化是一个广泛使用的概念，国内外研究者及组织对这一概念的含义进行了界定。联合国教科文组织（UNESCO）下属的国际大学联合会（IAU）将其定义为："高等教育国际化是把跨国界和跨文化的观点和氛围与大学教学、科研和社会服务等主要功能相结合的过程。"①

陈学飞从以下几个方面阐述了高等教育国际化的含义：首先，高等教育国际化可以视为一种活动，即从各种各样的具体活动中出发来描述高等教育国际化。这些活动主要包括课程的改革、人员的交流、技术援助、合作研究等方面。其次，将国际化视为能力素质的要求，即从培养和发展学生、各层次的从业人员的新技能、态度和知识的角度来界定国际化。强调促进全球理解，培养在多元化的世界中有效地生活和工作的各种技能。再次，将国际化视为一种精神气质。侧重的是态度、观念方面的国际化，即要树立全球意识并形成国际化的精神气质和氛围。最后，将高等教育国际化视为过程与方法。强调通过注入、整合、渗透、结合等方式将国际的维度或观念融入到高等学校教学、考研、服务的各种主要功能之中的过程。② 事实上，教育国际化最为核心的还是人的素质的国际化，因为无论是国际化活动的开展、国际化精神气质和氛围的形成，还是国际化的过程与方法实施都要通过具有国际意识、态度、知识和能力的主体来承担和实施的。

二、高等教育国际化的要素

顾明远认为，高等教育国际化包括人员要素、财物要素、信息要素和结构要素。③ 其中学生和教师的交流是其主要成分。美国的阿勒姆（Arum S.）和范德瓦特（Van De Water J.）基于美国过去 30 年使用的概念和定义分析，认为高等教育国际化包括三种主要要素：1. 课程的国际内容；2. 与培训和研究有关的学者和学生的国际流动；3. 国际技术援助与合作计划。因此，他们将高等教育国际化定义为"与国际研究、国际教育交

---

① 唐忠. 对大学国际化与国际影响的一点理解［C］//中国高等教育学会引进国外智力工作分会. 大学国际化：理论与实践. 北京：北京大学出版社，2007：62.
② 陈学飞. 关于高等教育国际化的若干基本问题［C］//中国高等教育学会引进国外智力工作分会. 大学国际化：理论与实践. 北京：北京大学出版社，2007：14－15.
③ 同①.

流与技术合作有关的各种活动、计划和服务"。①

陈学飞在综合国内外文献的基础上，将高等教育国际化的基本要素归纳为以下六个方面：第一，是教育国际化的理念。即高等教育国际化的前提首先在于要有国际化的教育观念，要从全球化的视角出发来认识教育改革和发展问题。第二，是国际化的培养目标。越来越多的国家在高等教育培养人才的目标上增添了国际化的内容。一方面要培养学生的国际意识，主要是指为增进不同民族、不同文化的相互理解而加强国际理解教育，使学生能够深刻理解多元文化，能够在国际文化交流中充分沟通思想，能从国际社会和全人类的广阔视野出发判断事物。另一方面要培养学生的国际市场竞争能力，使学生掌握一些将来在国际社会中所必需的知识和技能。第三，是国际化的课程。为实现高等教育国际化的目标，在课程中增加国际化的内容至关重要。第四，是人员的国际交流。人员交流包括国际学生交流和教师交流两个部分。第五，是国际学术交流与合作。第六，是一些教育资源的国际共享。②

尽管学者们对于高等教育国际化的要素的多寡和侧重点的认识有所不同，但是不可否认，人这一要素渗透在高等教育国际化的各种要素之中。教师和学生作为教育的两大主体，作为教育教学中最活跃的因素，无疑是高等教育国际化最核心的要素。

三、高等教育国际化的历程

虽然高等教育国际化作为一个专门的研究领域只有几十年的历史，但是高等教育国际化的实践可以追溯到古希腊时代的区域性的跨国游学。中世纪大学沿袭了这种传统，不同民族、地区的学生学者的跨国流动，对当时的社会产生了深远的影响。到了近代，随着地理大发现，探险、贸易增长和传教士活动范围的扩大，各国之间教育交流更加频繁。③

---

① 唐忠. 对大学国际化与国际影响的一点理解 [C] //中国高等教育学会引进国外智力工作分会. 大学国际化：理论与实践. 北京：北京大学出版社，2007：13.
② 陈学飞. 关于高等教育国际化的若干基本问题 [C] //中国高等教育学会引进国外智力工作分会. 大学国际化：理论与实践. 北京：北京大学出版社，2007：17-23.
③ 陈学飞. 关于高等教育国际化的若干基本问题 [C] //中国高等教育学会引进国外智力工作分会. 大学国际化：理论与实践. 北京：北京大学出版社，2007：15.

正如田正平等在《中外教育交流史》一书中所指出的，"如果说 19 世纪以前发生在欧美各国之间的教育交流是在国力大致相同、总体文化水平大体相近的背景下以和平手段进行的，那么在 19 世纪中期以后欧美各国与亚洲诸国的教育交流，则是建立在不平等条约的保护之下，在两种不同生产力发展水平和社会形态之间进行的交流，这种交流包含着被侵略者的屈辱和殖民主义的蛮横，但从世界教育现代化的角度看，它仍加快了这个历史进程。中国、日本和印度是 19 世纪与西方各国开展教育交流、接受影响最为显著的三个东方国家"。① 以我们的近邻日本为例。日本于 1868 年开始明治维新起，就大开国门，与西方展开教育交流。一方面，大量聘请欧美专家，起用有"洋学知识"的学者；另一方面，多次派遣留学生和政府官员到欧美留学、考察。据统计，1870 年派出留学生 115 名，1871 年增至 181 名，1872 年一跃为 356 名。1868—1889 年间，共聘请外籍教师 2299 人。与西方各国积极开展教育交流的结果是，日本在不到半个世纪的时间里实现了从传统的封建教育到现代教育的初步转化，由教育"输入国"一跃成为"输出国"。②

自 18 世纪到"二战"前，伴随着殖民主义的扩张，教育交流主要格局是宗主国向殖民地国家的教育输出。美国的高等教育是在仿效欧洲国家的高等教育的基础上建立起来的，其国际化的特点从诞生之日就已经显示出来了。③ 移民时期美国大学聘请世界著名学者，接收德国留学生，吸引世界一流学者充实高校师资队伍。"二战"时期引进大批人才，成为推进美国经济腾飞的人力资本。随着"二战"后美国经济与科学技术霸主地位的形成，美国几乎垄断了高等教育的国际市场。正如学者们所指出的，高等教育国际交流的走向随着各国在世界上的政治经济地位的变化而动。

"二战"后，特别是东西方"冷战"结束后，各国普遍意识到全球化时代的到来。国际间的竞争由军事对峙，转向了科技的竞争、人才的竞争；人类面临的许多共同问题需要各国携手才能解决。④ 这就要求高等教

---

① 田正平. 中外教育交流史［M］. 广州：广东教育出版社，2004：5.
② 田正平. 中外教育交流史［M］. 广州：广东教育出版社，2004：6.
③ 孔涛. 高校教师国际化背景分析［J］. 新西部，2007（12）：102 – 104.
④ 陈学飞. 关于高等教育国际化的若干基本问题［C］//中国高等教育学会引进国外智力工作分会. 大学国际化：理论与实践. 北京：北京大学出版社，2007：16.

育所培养的人才，不仅适应本国文化，而且具有全球视野，并能胜任与不同国家、不同文化的人共同解决问题的合作与沟通技能。

20 世纪 90 年代，高等教育国际化已成为各国的共识。1996 年，国际 21 世纪教育委员会向联合国教科文组织提交的报告《教育——财富蕴藏其中》，在论及高等教育的功能时指出，近年来，高等教育在国际合作方面的职能变得越来越重要。"高等教育机构拥有利用国际化来填补'知识空白'和丰富各国人民和各种文化之间对话的很大优势。同一学科工作者之间的合作正在跨越国界，成为研究工作、技术、概念、态度和活动国际化的一个强有力的工具"。[①]

进入 21 世纪以来，经济全球化进程的推进与技术的普及使高等教育国际化的步伐不断加快。高等教育国际化的内涵和包含的要素日益丰富，它包括国际化的教育理念、高等教育国际化的培养目标、国际化的课程、人员的国际交流、国际学术交流与合作以及某些教育资源的共享。我国学者纪宝成认为，国际文化交流是继教学、科研、服务之后高校的第四项职能。并且，随着知识经济的到来，国际文化交流在大学中的作用将日益突出，因为它有助于大学自身的发展；有助于不同文化、不同民族之间的相互理解、相互信任和相互尊重，有助于实现建立和谐世界的目标。[②]

四、我国高等教育国际化的轨迹

19 世纪 60—90 年代，是中外教育交流迅速发展的时期。其间，有 200 多名青年学子走出国门，求知识于世界，远渡重洋到美国、英国、法国、德国等欧美国家留学。同时，这一时期创办的京师同文馆和福建船政学院等学府，聘请了众多的外籍教师，同时还采用从外国引进的翻译教材。1894 年中日甲午战争的失败和《马关条约》的签订，使中国的有识之士猛醒，认识到教育是强国的关键。[③] 19 世纪末 20 世纪初，伴随着国

---

① 联合国教科文组织．教育——财富蕴藏其中［M］．北京：教育科学出版社，1996：127－128.

② 纪宝成．国际交流是大学的第四项基本职能［C］//中国高等教育学会引进国外智力工作分会．大学国际化：理念与实践．北京：北京大学出版社，2007：55－60.

③ 田正平．中外教育交流史［M］．广州：广东教育出版社，2004：10－12.

际教育交流，中国的教育经历了一系列重大改革。

李文英等学者回顾了我国高等教育近百年来与国际化进程形影相随的历史。自 20 世纪初，我国高等教育体系的建立与发展在很大程度上得益于借鉴外国高等教育经验，并历经三次国际化浪潮。[①] 我国高等教育体系的创建者主要是早期从欧美留学归国的教育人士，甚至学科和专业基本上也是从欧美国家引进的。北京大学、清华大学、南京大学等就是当时教育国际化的产物。第二次国际化的影响是在新中国成立后，高等教育体制引进了苏联的模式。由于社会主义和资本主义两大阵营水火不容，这一时期我国对西方的教育思想和体制采取了排斥的态度。20 世纪 80 年代，我国开始实行改革和开放的政策，大学外派教师到欧美发达国家提高、深造，并聘请外国教师及专家到中国讲学，引进国外优秀原版教材，采用国外的学分制等管理办法，迎来了我国高等教育国际化第三次浪潮。随着世纪之初我国正式加入 WTO，我国高等教育国际化步入了一个崭新的阶段。

第二节　当代教师与学生的跨国流动

一、学生的跨国流动

一些学者认为，高等教育国际化主要可以从学生、教师、课程及研究四个维度展开。其中以国际学生流动最具规模，影响也最为深远。目前，大学生的国际流动被视为各国经济软实力的一个重要方面，学生跨国流动的数量和质量被视为高等教育国际化的重要标志。[②]

20 世纪 60 年代末期，全世界留学生的数量将近 50 万人，到 1980 年，国际留学生的数量增加了一倍，达 100 万人以上。自 20 世纪 90 年代以来，世界范围内高等教育中的留学生教育发展迅速。根据联合国教科文组织提供的资料，1995 年全世界有 8200 万学生在接受高等教育，其中 160

---

① 李文英，樊明明，付红梅. 论我国大学的国际化［C］// 中国高等教育学会引进国外智力工作分会. 大学国际化：理论与实践. 北京：北京大学出版社，2007：94 – 95.

② 聂红卫，马岚. 高等教育国际化视野下的学生跨国流动［C］// 中国高等教育学会引进国外智力工作分会. 大学国际化：理论与实践. 北京：北京大学出版社，2007：297.

万到国外留学。留学生的分布相当集中，他们中约三分之二在六个国家求学：美国 28.3%，英国 12.3%，德国 10.0%，法国 8.2%，俄罗斯 4.2%，日本 3.4%。2004 年，全世界有 1.32 亿学生在接受高等教育，其中有 245 万人到国外留学。不到十年的时间，全世界留学生人数增加了 53.1%。留学生教育在美国已成为第五大服务出口业，美国成为世界高等教育最大的输出国。澳大利亚留学生规模发展最快，几乎是 1995 年的 3.5 倍，其次是中国。①

根据经济合作与发展组织 2010 年的报告，截至 2008 年，全球留学生数已达到 334.3 万人，比 2000 年增长了近 70%，而根据美国国际教育学会的报告，2009—2010 年在美国留学的外国学生达 69.09 万人。②

美国是世界上留学生队伍最为庞大的国家。1990—1991 年，在美国学习的外国留学生总数达 407 529 人，占同年世界留学生总数的 35%。③发达的留学生教育，繁荣了美国的教育产业、给美国带来巨大的经济利益；推动了美国高等学校的学术发展，为美国培养和吸引了大批精英人才；并且加强了美国价值观对世界各国的渗透力和影响力。

同时，美国政府也鼓励本国学生到世界各地留学，20 世纪 90 年代中期以来留学生人数呈逐年上升趋势。1995—1996 年期间，留学生为 89 242 人，2004—2005 年为 205 983 人，十年间增加了 131%。其中，绝大多数美国留学生留学欧洲。虽然 2004—2005 年美国留学生来中国留学的总数仅占留学生的 3.1%，但其增长是全国留学生增长率的三倍。④

我国开始大批外派学生是在改革开放以后，派出留学生人数也在不断增加，1978—2005 年，各类出国留学人员总数为 93.34 万人，留学回国总人数为 23.29 万人。以留学生身份出国，目前仍在国外留学的人员有

①　无言荪．再谈高等教育国际化［C］//中国高等教育学会引进国外智力工作分会．大学国际化：理论与实践．北京：北京大学出版社，2007：79 - 80.
②　冯惠玲，胡娟，惠新宇．高等教育国际化：内涵、挑战与取向［J］．中国高等教育，2011（11）：30 - 31.
③　陈学飞．关于高等教育国际化的若干基本问题［C］//中国高等教育学会引进国外智力工作分会．大学国际化：理论与实践．北京：北京大学出版社，2007：20.
④　无言荪．再谈高等教育国际化［C］//中国高等教育学会引进国外智力工作分会．大学国际化：理论与实践．北京：北京大学出版社，2007：82.

70.05 万人，其中有 51.28 万人正在国外进行学习、合作研究、学术访问等。①

同时，随着我国经济的迅猛发展以及在国际社会地位的提升，来华留学生教育发展迅速，1978—2003 年间，全国共接收了来自世界五大洲 170 多个国家的 62 万留学生。特别是近十年来，来华留学生工作进入了一个新的发展时期。2005 年规模是 1991 年的 12 倍。学生的跨国流动，将中国的大学引向世界，同时也将世界引入中国的大学。②

二、教师的跨国流动

教师的国际交流是高等教育国际化的核心部分之一。教师的跨国流动对教学和科研向国际化发展的推动作用是不可估量的。1987—1995 年，欧洲共同体发动的大学生流动计划使 5 万名教师有机会到其他国家的大学任教。③

近年来，各国高校教师的双向流动已成为高等教育的一种常态。从新加坡国立大学引进人才的力度可见一斑：他们分别在纽约和伦敦设立教师招聘办事处，派专人到欧美、日本、澳洲等地名牌大学物色人才，以高薪吸引著名学者和专家来校任教。美国更是以其强大的政治影响和雄厚的经济实力、先进的教学科研条件和优厚的工作生活待遇吸引了世界各国最优秀的专家和学者。④

根据美国教育统计中心 2000 年对高校教师的追踪研究，有 15.4% 的四年制美国高校教师是境外出生的，这一比例到 2003 年达到 22.1%；⑤ 2006—2007 年，有 98 239 非移民签证的外籍教师和学者在美国从事教学

① 无言苏. 再谈高等教育国际化 [C] //中国高等教育学会引进国外智力工作分会. 大学国际化：理论与实践. 北京：北京大学出版社，2007：84.
② 无言苏. 再谈高等教育国际化 [C] //中国高等教育学会引进国外智力工作分会. 大学国际化：理论与实践. 北京：北京大学出版社，2007：85.
③ 陈学飞. 关于高等教育国际化的若干基本问题 [C] //中国高等教育学会引进国外智力工作分会. 大学国际化：理论与实践. 北京：北京大学出版社，2007：24.
④ 陈学飞. 关于高等教育国际化的若干基本问题 [C] //中国高等教育学会引进国外智力工作分会. 大学国际化：理论与实践. 北京：北京大学出版社，2007：21.
⑤ Lin Z, Pearce R, Wang W. Imported talents: demographic characteristics, achievement and job satisfaction of foreign born full time faculty in four-year American colleges [J]. Higher Education, 2009 (5)：704.

与科学研究。① 外国教师的足迹几乎遍及美国所有高等学校，改变了美国大学校园的景观。

一些学者指出，师资队伍的国际化是建设世界一流大学的关键。因此，世界上许多国家和地区的大学都十分重视师资队伍的国际化工作，将师资队伍的国际化视为实现大学课程与教学国际化的中介和实现学生国际化的桥梁。② 但应该指出的是，教师的跨国、跨文化的教育教学活动能否取得预期的效果，在很大程度上取决于参与交流的主体能否实现有效的跨文化沟通。

第三节　跨文化教学沟通界说

一、沟通及其要素

（一）沟通的定义

在汉语中，沟通本意是指开沟使水道相通，后泛指采用多种方法使双方或多方彼此相通。③ 英文中 communication 一词有多种含义：指个体之间或群体之间的沟通、交流、交往、交际。现代沟通学者们认为，沟通是指人们分享信息、交流思想感情的过程。这种过程不仅包括口头语言和书面语言，还包括体态语言以及其昭示意义的其他物质情境。

（二）沟通的要素

沟通过程是由若干个要素组成的。美国沟通学专家桑德拉·黑贝尔斯等在《有效沟通》一书中提出沟通过程六要素说，认为沟通过程由发

---

① Mamiseishivili K, Rosser V J. International and citizen faculty in the United States：An examination of their productivity at Research Universities ［J］. Research in Higher Education, 2010 (51)：89.

② 李永强，罗云. 师资队伍国际化：建设世界一流大学的关键 ［J］. 教育教学管理, 2009 (3).

③ 黄连平. 论教学活动中的师生的和谐沟通 ［J］. 中国高教研究, 2006 (8)：85.

送—接收者、信息、渠道、噪音、反馈和环境六个要素组成①。心理学家贝克尔则提出沟通过程七要素的观点，认为沟通过程是由信息源、信息、通道、信息接收者、反馈、障碍、背景七个因素构成。② 事实上，两者对沟通要素的分析并无本质分歧，所不同的是前者将信息发送—接收者合并为一个因素，因为在现实沟通中，往往参与沟通的个体既充当信息源，同时也扮演接收者的角色。"噪音"和"障碍"只不过是对沟通过程中的干扰因素的不同表述而已。

发送—接收者是指沟通者的双重角色。因为思想感情的分享和交流不是一种单向的过程，而是一个双向互动的过程。通常人们既是信息的发送者，同时也是信息的接收者。信息是指人们分享和交流的内容，通常表现为思想感情。而思想感情必须转换成为一定的符号（言语符号和非言语符号）时才能得以沟通。符号是表示其他事物的某种事物。所有沟通信息都是由两种基本符号组成的：言语符号和非言语符号。渠道是信息经过的路线，是信息从发送者传递到接收者的手段，主要是视听觉。反馈是发送—接收者相互间的反应。噪音是阻止接收、理解和准确解释信息的障碍。环境是指沟通发生的场所的特征。

二、教学沟通及其要素

所谓教学沟通，是指在课堂教学情境中，师生运用言语和非言语符号相互影响、相互作用，实现教学目标、促进学生发展的过程。教学沟通过程包括七大要素：作为教学信息发送和接收者的教师、作为教学信息发送者和接收者的学生、教学信息、教学信息渠道、教学沟通环境、教学信息反馈、噪音七个相互联系又相对独立的要素。

在教学沟通过程中，教师与学生互为信息的发送者和接收者（或称信息源）。教师与学生在教学过程中传递的信息包括对学生认知、情感、动作技能发生影响的内容。教学信息传递的渠道包括言语、非言语手段（包括多媒体技术）。反馈，是教师和学生之间的反应。例如，教师称赞

---

① 桑德拉·黑贝尔斯，理查德·威沃尔二世. 有效沟通［M］. 李业昆，译. 7 版. 北京：华夏出版社，2005：7.

② 马晓婧. 沟通理论对教学活动的启示［J］. 教育探索，2009（7）：27－28.

某学生的发言有独到见解。教学的时空因素构成了教学沟通的环境。比如一间大教室内行列式的布局和以小组为中心的多中心的排列影响师生在沟通中的角色与参与度。凡是对教学情境中师生信息传递具有干扰性的因素我们可以统称为噪音。它既包括外部噪音也包括内部噪音、语义噪音。前者来自外部环境，后两者来自于个体的心理环境和经验。

三、跨文化沟通

文化（culture）一词含义颇为丰富，其定义超过 200 种之多。其中，英国人类学家爱德华·泰勒对于文化的定义为学术界广为接受："所谓文化或文明乃是包括知识、信仰、艺术、道德、法律、习俗，以及包括作为社会成员的个人而获得其他任何能力、习惯在内的一种综合体"。[①] Intercultural communication 是英文中常用的表示跨文化沟通的词汇。由于文化一词本身的丰富性，使跨文化沟通所涉及的范围难以把握。这里我们尝试从广义和狭义两方面来理解跨文化沟通的含义。

广义的跨文化沟通，是指两个或两个以上来自不同文化的人在任何时候相互作用而进行的沟通。这里所说的文化包括国家、民族、种族、地理区域、社会经济地位，甚至性别、年龄等方面的差异。美国社会与教育领域广泛使用的跨文化沟通，多半指美国境内不同族裔成员之间的沟通，如美国白人与非洲裔美国人之间的沟通。再如中国社会各民族之间的沟通也属于广义的跨文化沟通之列。萨默瓦和波特（Samovar & Porter）对跨文化沟通的不同层次进行了区分，认为在最广泛的意义上，当一种文化的成员生成某一信息而被另一文化的成员使用时，跨文化沟通就发生了。更为确切地说，跨文化沟通是这样一种人际沟通：沟通者之间在感知及符号系统方面差别如此之大以至于能够改变沟通事件。[②]

狭义的跨文化沟通（cross-cultural communication）。是指沟通主体来自不同国度的情况，含有对文化间进行比较的意蕴。当沟通的主体（信息的发送—接收者）来自不同国度、文化时，彼此预期交流的信息及借

---

① 爱德华·泰勒. 原始文化 [M]. 蔡江浓，编译. 杭州：浙江人民出版社，1988：1.

② Samovar L，Porter R，Stefani L. Communication between Cultures [M]. 北京：外语学习与研究出版社，2000：50.

助的符号有很大不确定性。由于信息的编码和解码未必遵循共同的规则，沟通中产生的噪音或障碍对沟通的意图的实现及沟通的效果的影响具有不可预期性。正如关世杰所指出的："编码是在甲文化中依据甲文化的码本进行的，而解码是在乙文化中依据乙文化的码本进行。甲乙文化的码本不一样，文化中的方方面面（例如语言、思维方法、世界观、宗教观、人生观、价值观、道德标准、风俗习惯、法律规范、非言语符号等）都会对甲方的编码和乙方的解码产生影响。"① 比如，一个美国人到中国人家里做客，主人不停地劝客人多吃点，即使客人一再申明自己已经吃饱了也无济于事。甲方想传达的是主人的盛情，而乙方感受到的却是个人选择的权利受到威胁，因为主人对自己的反应置若罔闻。在上述情境中，双方所持有的不同的礼貌规则和假定可能颠覆沟通的初衷。

本书所讨论的跨文化教学沟通，虽然不排除上述所谈到的广义的（包括多元文化）的跨文化沟通，但是，其关注的焦点是当今教育国际化背景下由于教师和学生的跨国流动而产生的跨文化沟通。

四、跨文化教学沟通

当教学中的两大主体来自不同文化时，教学的其他要素（教学的目标、内容、方法，特别是教学信息的传递与接收）也会发生显性和隐性的变化，文化作为一个中间变量就会影响到课堂教学的过程和效果。因此，当教师与来自于不同文化背景的学生围绕着教学目标，借助于言语和非言语符号相互作用时，跨文化教学沟通就发生了。

跨文化教学沟通具有以下特点：首先，沟通的主体来自于不同的文化。无论是本国教师给外国留学生授课，还是外籍教师给本国学生授课。其次，师生之间的沟通是以达成教学目标为纽带的。教学沟通不同于其他场合的人际沟通，它以促进学生认知、情感、动作技能的发展为预期结果。再次，教学目标的实现部分地取决于教学沟通的文化得体性。

---

① 关世杰. 跨文化传播十年的反思［J］. 对外大众传播，2006（12）：35.

第四节　跨文化教学面临的挑战

跨文化教学面临的挑战，是高等教育国际化时代面临的普遍的问题。它既包括跨国教师在异文化中面临的挑战，也包括身处异国的留学生遇到的问题。下面，我们分别讨论身处异国文化的教师和学生所面临的问题。

一、外籍教师面临的挑战

（一）教学有效性、教师信誉面临的挑战

尽管多元文化、教育国际化的理念风靡美国大学校园，但是如果认为不同文化的交汇是一首完美的交响乐，那就大错特错了。许多美国大学校园流传着大学生对外籍教师、研究生助教的负面评价。许多大学生和家长认为，如果你的任课教师是外国人，那么你所获得的教学信息就要大打折扣。琳达·麦克劳斯基（McCroskey，2002）对美国西南一所高校传播学通识课的 216 名学生进行了调查①，涉及外籍教师 204 人（包括 131 名男教师和 73 名女教师）。采用的研究工具包括一项有效教学的总体评价的 7 点量表，与任课教师沟通的意愿、动机量表，情感学习量表，对教师态度量表，学生学习收获自陈量表。学生差异的测量采用了民族中心主义量表；跨文化焦虑量表；交流的意愿量表；一般动机量表。研究结果表明，学生们认为本国教师比外国教师教学更为有效；对任课的外籍教师的态度比本国教师差，其中对来自欧洲和拉丁美洲的教师的情况要好于来自亚洲的教师。

跨文化教学中教师面临的挑战不仅仅限于上述方面，本书的下一章里，将更为全面地对文化差异与适应部分进行讨论。

---

① McCroskey L. Domestic and international college instructors: An examination of perceived differences [J]. Journal of Intercultural Communication Research, 2002 (2): 63 – 83.

（二）教师课堂沟通与教学方式面临挑战

外籍教师课堂沟通行为与本国沟通方式不符是导致外籍教师与本国教师教学有效性评价落差的主要原因。麦克劳斯基（McCroskey）的研究显示，教师沟通行为，包括教师清晰性、亲切性、对学生提问的呼应性等方面的差异可能影响外籍教师的教学效果。而学生对来自欧洲和拉美国家的外籍教师的评价好于来自亚洲的教师，可能与外籍教师本国文化与美国文化的相似度有关。显然，欧洲和拉美文化与美国文化更为接近，而亚洲文化与美国文化差异更为悬殊。文化差异越大，课堂里教学沟通遇到的挑战越大。[①]

高科考拉（Gokcora）对明尼苏达大学外国留学生助教（International Teaching Assistants，简称 ITA）的调查显示，多数美国教师与他们本文化中的多数教师在以下几个方面表现出差异：

- 美国教师比较放松，而 ITA 本国的教师比较紧张；
- 美国教师对各种不同观点保持开放的态度，而 ITA 本国教师只是偶尔为之；
- 美国教师有时扮演促进者的角色，而 ITA 本国教师是信息的提供者；
- 美国教师有时采取小组活动，而 ITA 本国教师多采用个体活动；
- 美国教师有时幽默，而 ITA 本国教师更为严肃。[②]

二、留学生面临的挑战

（一）学习方式的不适应

1. 不注重参与

到异国留学都存在着文化适应问题，特别是东道国文化与本文化差异

---

① McCroskey L. Domestic and international college instructors: An examination of perceived differences [J]. Journal of Intercultural Communication Research, 2002（2）：63 - 83.

② Gokcora. A descriptive study of communication and teaching strategies used by two types of international teaching assistants at the University of Minnesota [C]. The national conference on the training and employment of international teaching assistants, 1989.

较大时（如东西方文化的差异），留学生所面临的挑战是不言而喻的。英国纽卡斯尔（Newcastle-upon-Tyne）大学的两位研究者召集35位学校行政人员及教授讨论教育国际化的问题。一些参会者认为亚洲学生的学习方式与强调参与性的西方教学方式反差很大。中国学生的特点是被动，不愿意参与批判性思维、争论和讨论。他们认为学生参与课堂的阻碍可能来自于留学生本国的学习文化。他们习惯于把教师视为专家、知识的传授者，而西方教育采取建构主义的原则，强调反思性学习和有效思考，强调元认知能力或自我投入方式学习。①

2. 自主性差

关于中国学生学习自主性差的批评既来自于在中国任教的外籍教师，也来自于给中国留学生上课的国外的教师。被调查的英国教师表示，（中国）留学生有必要从结构式的学习转向独立学习，从复制知识到批判性思考，形成交互式学习。他们还指出，文化敏感性很重要，来自结构性强的课堂文化的留学生需要适应西方结构松散的教学和指导风格。另外，入学教育时还应赋予留学生独立学习的技能，使他们了解西方的话语规范，诸如话轮转换、二人伙伴、小组工作等。②

（二）沟通策略上的偏差

1. 依赖本文化的沟通策略

简金斯（Jenkins）通过对美国某大学数学系的中国留学生助教与美国教师的多方访谈，对中国留学生助教的沟通模式及其存在的问题进行了分析。中国的面子文化使留学生学习上遇到困难时不去直接与教师沟通。中国学生本文化所特有的对待困难的策略使教师们误以为他们学习很轻松。留学生的解释是他们的文化中通行做法是先自己思考并尝试解决问

① Robson S, Turner Y. Teaching is a co-learning experience: academics reflecting on learning and teaching in an internationalized faculty [J]. Teaching in Higher Education, 2007, 12 (2): 45.

② Robson S, Turner Y. Teaching is a co-learning experience: academics reflecting on learning and teaching in an internationalized faculty [J]. Teaching in Higher Education, 2007, 12 (2): 47.

题，然后再向教师请教。他们相信不问教师自己能理解教学内容会给教师留下更好的印象，以免教师觉得自己没讲清楚。如果他们思考了很长时间还没弄懂，他们就会问其他学生。美国教授的坐班答疑时间是专门给学生带着问题和疑惑接近教师的时间，但中国学生却不愿意利用这一时间。这一方面可能由于他们英语技能较差，或者不想让教师知道他们不懂，或暗示教师没讲明白。他们依赖于本文化的解决问题的方式，使美国教师误以为他们学习没有困难，而事实上克服这些困难花去他们大量的时间。①

2. 缺少文化融入的动机

简金斯（Jenkins）还发现，中国留学生都表示存在一定的沟通焦虑，并希望能够有更多的机会改进口语。然而他们期望教师创造这个平台，帮助他们找对话伙伴。他们对于与美国学生建立沟通表现出被动、无助的态度。他们宁可从本国同伴中寻求信息也不从美国当地人那里寻求知识。

在社交方面，在异国他乡他们依赖中国本文化的小团体，这种群体主义使他们具有团体的凝聚力和安全感，但这种生活方式不利于他们掌握英语的语用知识从而避免沟通障碍。对于过于相互依赖的民族，接纳北美的语言和交际规范更为困难。②

上述谈到的教师和学生在跨文化教学中遇到的挑战，远非问题的全部，只是冰山的一角。为了充分理解跨文化教学的复杂性与跨文化教学可能遇到的阻碍，在下一章里我们专门对文化差异的各种表现以及文化适应问题进行更为细致的分析。

---

① Jenkins S. Cultural and pragmatic miscues：A case study of international teaching assistant and academic faculty miscommunication ［R］. 1997.

② Jenkins S. Cultural and pragmatic miscues：A case study of international teaching assistant and academic faculty miscommunication ［R］. 1997：8 – 27.

第 **2** 章

课堂中的文化差异与适应

  当课堂中不同文化交汇时，师生文化背景上的差异会在多方面、多水平上产生撞击，给教学沟通造成潜在的障碍，甚至现实的冲突。能否识别这些差异，并对其保持敏感，实现有效的跨文化沟通，是决定跨文化教学成败的关键。鉴于文化本身是一个包罗万象、难以把握的因素，跨文化教学的主体应从哪些方面入手理解不同文化的差异？文化适应要经历哪些阶段？文化差异会对沟通主体产生哪些影响、构成哪些阻碍？课堂上的文化差异通常会导致哪些方面的冲突？对于跨文化教学的主体来说，了解上述问题是有效适应文化差异的前提。上述问题的复杂性，决定了我们必须采用多学科的视角、借鉴多学科的成果来解读跨文化的差异及阻碍。因此，本章将从跨文化传播学、社会学、心理学、教育学等角度探讨上述问题。

第一节　文化的维度

  文化是极为复杂的现象，涵盖的范围非常广泛。为了便于对不同文化进行比较，许多人类学家、社会学家、传播学者对于文化的分类都进行了有益的尝试，其中影响最为广泛的，当属荷兰跨文化专家霍夫斯塔德（Geert Hofstede）关于文化的四维度建构。1967—1973 年，霍氏与其同事对 IBM 公司的雇员进行了大量的系统调查，发现来自不同国家的雇员在以下四个方面存在着系统性差异：个人主义与群体主义，权力距离，对不确定性规避，阳刚文化与阴柔文化。① 此外，美国人类学家爱德华霍尔所建立的高情境与低情境、高接触与低接触文化、单向时间和多向时间文化的维度也为文化间的比较提供了重要的参照。

一、个人主义—群体主义 （individualism – collectivism）

个人主义是指这样一类社会关系：个人之间的联系比较松散；而在群体主义（又称集体主义）社会中，成员之间有着紧密的、极具凝聚力的群体内部关系。并且，在个人主义文化中，对个体对目标关注要高于群体目标。与此相反，在群体主义文化中，群体的目标被视为高于个体的目标。

个人主义文化放大自我，张扬个性，而群体主义文化则收敛自我。东西方这一差异，从中英文代词的拼写上可见一斑。英语中的人称代词有你（you）我（I）他/她（he or she），你们（you）、我们（we）他们（they），这些代词只有"我"是大写，其余均不大写。汉语中，则没有对"我"这种强调。相反，传统中国人提到自己时还需要用谦称，在下、鄙人、不才等，以表示对他人的尊重。②

群体主义文化中，人们的群体意识还表现为对小团体的待遇和对团体外的人的态度是不同的，这就是所谓"圈内"与"圈外"之分。《读者》2009 年第 24 期上的一篇文章，反映了一位外国朋友对中国圈内与圈外文化的困惑。③

这位在重庆的外国人，能说一口流利的中国话，甚至重庆方言。可他观察到的一个现象让他大感不解：在大街上两个中国人相遇，彼此木然擦肩而过，这时，如果他们突然发现对方是熟人，就会立即停下来寒暄，于是两个人的脸，突然冰消雪融般地绽放出灿烂的笑容。这位外国朋友提出了一个发人深省的问题："你们中国人为什么只把笑脸留给熟人？"

① Hofstede G. Culture's consequences：International differences in work-related values ［M］. Beverley Hills，CA：Sage，1980.

② 辜正坤. 中西文化比较导论 ［M］. 北京：北京大学出版社：114.

③ 曾颖. 为什么笑脸只留给熟人 ［J］. 读者，2009（24）：62.

他不能理解中国人对圈内和圈外的人给予如此不同的待遇，而这种区别对待的方式对于中国人来说已经成了约定俗成的规则。

群体主义社会中的圈子文化也会被带到异国大学的课堂上，表现为来自群体主义文化个体会将本文化的成员视为圈内人，将来自其他文化的成员视为圈外人，并且对圈内与圈外人采取截然不同的反应。正如特里安蒂斯（Triandis）等人所指出的，圈内人高度合作，但对待圈外人却表现得相当个人主义。①

二、权力距离（power distance）

权力距离是指在一个社会中对于权力与财富的不平等的容忍程度。即"一个国家中的组织机构中的成员在多大程度上希望并接受不平等的权力分配"。② 在权力距离大的文化中，社会成员将地位的差异视为社会现实的一部分，而权力距离小的文化中的成员趋于淡化地位上的差异。

在各国权力距离的比较中，美国属于权力距离小的国家。平等是美国社会重要的价值准则，挑战权威是美国人社会化的重要组成部分。美国人从小就生活在追求平等关系的文化中，因此师生关系也体现出这一文化特点。一位中国的幼教工作者在加利福尼亚一所幼儿园观察到的一节写作课上发生的事使我们了解美国社会是如何对待权威的：③

一名叫珍妮的女教师面对着一群五六岁的美国儿童，指着身后整整几个大书橱里的名家经典著作告诉孩子们，这些是许多伟大人物写的书，它们曾感染、激励过许多人。希望小朋友现在也动手写一本自己的书，像那些写过许多著作的伟人一样。随后，孩子们在珍妮的指导下，或涂鸦式地写几个句子，或画几张画。珍妮把孩子们的"大作"用考究的信封装帧好，然后把孩子们的姓名打印上去，然后再追上一个"著"字，郑重其

---

① Triandis H C，Bontempo R，Villareal M J，et al. Individualism and collectivism：Cross cultural perspectives on self-grouping relationships［J］. Journal of personality and social psychology，1988（54）：325.

② Gudykunst W B. Bridging the differences：Effective inter-group communication［M］. Newbury Park，CA：Sage，1991：27.

③ 吴为善，严慧仙. 跨文化交际概论［M］. 北京：商务印书馆，2010：81.

事地把这一本书排放在《华盛顿选集》《爱因斯坦论文集》和《老人与海》等名著旁边，孩子们为此欢呼雀跃，那神采就好像自己已经变成了伟人一样。珍妮对孩子们讲："你们当中每一位都是世界上最棒的，即使当今的布什、克林顿总统在像你这么大时也不曾写过这样的书。"接着，珍妮又点着一个个孩子的名字，评论某某写的书比林肯小时候写的信更有文采，某某写的书比爱迪生小时候的文章更有条理等。可见，美国教育从小培养孩子的自信，充分展示自己的优势，不屈从于权威。

中国和美国社会分别是权力距离的两种典型。中国属于权力距离较大的社会，等级观念比较严重，下级服从上级被视为天经地义。中国社会权力关系的特点，可以从恭维语的交换上得到说明。社会语言学家对恭维语的实证研究表明，美国恭维语的交流，多半是上级恭维下级。① 与此相反，在中国文化中我们经常看到的多半是下属恭维领导。

中国社会的等级关系在学校情境中体现在教师与学生的关系上，"中国教师总是被视为严厉的权威人物。儒家的传统是师道尊严，即教师应受到尊重，应对学生严格要求。为此，教师是令人敬畏的权威的象征"。②

普莱特等人（Pratt, Kelly & Wong）基于对香港大学 397 大学生的调查指出，在香港大学里师生之间的关系是层级式的。教师的学科知识的价值高于一切。教师被视为学科领域的专家。正如国外一些学者所指出的，在像中国这样的权力距离较大的文化中，教师被视为智慧传播者而不被学生质疑。③

在权力距离大的社会中，教师是课堂的中心，教师处于支配地位。然而在权力距离小的文化中，学生是课堂的中心，师生之间的双向互动受到鼓励。一些在中国大学任教的外籍教师指出，在中国大学，学生们不愿意参与教学过程，他们缺少主动性，是专心听讲的被动的听众。事实上，许

---

① Wolfson N. The bulge: A theory of speech behavior and social distance [J]. Penn Working Papers in Educational Linguistics, 1990 (2): 55 - 83.

② Lu S. Culture and compliance gaining in the classroom: a preliminary investigation of Chinese college teacher's use of behavior alteration techniques [J]. Communication education. 1997 (46): 20.

③ Pratt D, Kelly M, Wong W S. Chinese conceptions of 'effective teaching' in Hong Kong: towards culturally sensitive evaluation of teaching [J]. International journal of lifelong education, 1999.

多来华的外籍教师都抱怨中国学生课堂上比较被动，缺少主动性。

我国学者吴为善、严慧仙指出，中国是一个以伦理为核心的社会，强调社会等级的次序所遵循的规则。基于对中美文化传统的比较，两位学者对伦理支配下的中国社会的人际关系特点进行了精辟的分析：

一是服从权威和长辈。中国社会是一个差序格局的社会，上尊下卑的秩序是维持社会关系的纽带。在处理人际关系上，人们首先要服从权威和长辈，在交际中"权势"和"主从"的关系起主导作用，要求下级对上级绝对服从并保持一致。二是严格的等级身份制。每个人在社会中有其固定的身份，其权利、义务、荣誉、地位以及行为方式都与其身份形影相随。社会通过伦理规范规定一个人言语和行为的尺度。而且人们在评价一个人的价值时往往依据他的社会身份或他所处的社会地位。在人际交往时，说话者的身份比所说的内容更重要。三是根深蒂固的关系取向。一个人的社会关系直接影响其社会地位、生活方式、发展的资源和成功的可能性。[①] 近年来，有人甚至旗帜鲜明地提出人际关系就是生产力这一观点。

与中国社会形成鲜明对比的是，西方社会崇尚平等格局及人际关系。从古希腊时期实施奴隶主民主政治，较早地从以财产关系为基础的社会契约制的城邦组织代替了以血缘关系为基础的宗法社会组织，逐渐形成了与中国传统社会不同的权力分配格局。1776 年，美国《独立宣言》又以法律的形式赋予人生以平等，追求生存、自由、幸福的权利。西方社会平等的人际关系取向有两个明显的标志：首先是服从权威被民主政治所代替；等级身份制被平等意识所代替。人与人之间的平等导致在人际交往中不再以"安分守己"为准则，而是可以充分展现自我，表现个性，我行我素。互相尊重是不同种族、性别、年龄的人与人相处的基本准则。[②]

三、不确定性规避程度（uncertainty avoidance）

不确定性规避被界定为对不确定性和模糊性的容忍程度。不确定性规避程度突出地表现为以下几个方面：

其一，对生活的不确定性的态度。不确定性规避高的文化中，人们眷

---

① 吴为善，严慧仙. 跨文化交际概论 [M]. 北京：商务印书馆，2010：76-81.
② 吴为善，严慧仙. 跨文化交际概论 [M]. 北京：商务印书馆，2010：76-83.

恋故土，倾向于稳定的岗位，追求生活稳定。而不确定性规避低的文化中，成员则喜欢流动，一生多次更换自己的工作，喜欢冒险。不确定性规避高的文化中，人们喜欢先挣来钱，再消费，并且有存款才放心；不确定性规避低的文化中，人们喜欢贷款消费，先享受，后挣钱。

其二，对不同意见的态度。不确定性规避高的国家，如日本、中国，都看重社会的稳定，寻求观点和行为的一致性，对知识采取绝对主义的态度。而不确定性规避低的国家，如美国、加拿大、新加坡等国，对于不同的观点、行为方式的容忍度较高，对知识采取相对主义的态度。

其三，对竞争的不同态度。不确定性规避高的文化认为竞争会引起攻击性行为，应该避免。而不确定性规避低的社会则认为竞争可以带来效率、有助于改进现状。[①]

上述两种文化的差异表现在课堂教学情境中：来自不确定性规避高的文化的学生喜欢严格的课堂结构，而来自不确定性规避较低的文化的学生易于适应灵活的、松散的环境。亚洲的学生往往视教师为学科专家，学术上的不同意见被看作是对教师的冒犯。而美国这类不确定性规避低的国家的学生，把学术上的分歧、争论视为富有刺激的练习。教师鼓励学生诚实地作出反应和表达不同观点，认为这样会提高教师的信誉，因此学生与老师因观点不同而进行争论并无不尊重教师之嫌。

四、阳刚文化与阴柔文化（masculinity-femininity）

在阳刚文化中，人们崇尚成功、强者即标准；在阴柔文化中，情感体验则很重要。在霍夫斯塔德对53个国家和地区的排序中，阳刚文化以日本最为典型；阴柔文化比较突出的是瑞典、挪威、荷兰等北欧国家。反映在学校文化中，在日本这类阳刚文化中好学生是尺度、是标杆；学业失败是不被接受的事情。学生学业优异受到奖励，教师的优异受到尊重。在阴柔文化中，中等生是标准，学业失败只是一件小事。教师的友善被看重，学生的社会技能、社会适应是重点。在这一点上中国的情形与日本相似。中国的家长对孩子的学业表现出极高的期待，如果孩子学习处于中游，便很难得到教师的青睐，父母也很难产生自豪感。相比之下，美国的教师和

---

① 严文华. 跨文化心理学［M］. 上海：上海社会科学出版社，2008：31 - 32.

家长对孩子学习成绩的不同表现接纳度要高得多。① 我在中国和美国都参加过家长会，感到反差比较明显的是：中国教师谈到学习成绩好的孩子总是特别兴奋；而美国教师却对一个学习成绩平平，但是能够和其他孩子愉快相处的孩子可以赞不绝口。

五、高语境文化与低语境文化（high-context culture vs. low context culture）

20 世纪 50 年代，美国人类学家，跨文化研究领域的先驱爱德华·霍尔（Edward Hall）在美国国务院外交讲习所（Foreign Service Institute）举办培训项目，以帮助负责处理海外事务的政府工作人员顺利应对文化差异。在此期间，霍尔确立了高语境文化（high-context culture）与低语境文化（low-context culturc）的概念，并随 1976 年《超越文化》一书而得到广泛传播。②

根据霍尔（Hall）的观点，在高语境文化中，人们在交际时，较多地依赖社会文化环境和情境来传递信息，显性的语码所负载的信息量相对较少，人们对交际环境的种种微妙之处较为敏感；在低语境文化中，人们较多地依赖显性的语码，习惯借助言语的力量来交际。霍尔把高语境文化解释为这种文化，即对意义的理解或者依赖于沟通的情境，只有一小部分是言明的、显码的，更多是通过隐性方式传递的言语信息。而在低语境文化中，大量的信息是明码的。③ 通常在个人主义、低语境文化中直截了当的交流备受青睐；而在群体主义、高语境文化中，含蓄隐晦的交流方式则更受欢迎。

彭凯平、王伊兰将高语境文化与低语境文化在沟通上的差异归纳为以下六个方面。④

第一，沟通中会意的程度的差异。高语境文化中的人敏于捕捉对方的弦外之音，低情境文化中的人则需要对方把话讲得明明白白。中国人在人

---

① 陈雪飞. 跨文化交流论 ［M］. 北京：时事出版社，2010：74 – 75.

② Hall E. Beyond Culture ［M］. New York：Anchor Press，1976.

③ Gudykunst W B, Lee C M. Cross-cultural communication theories ［M］//W B Gudykunst, B Mody, Handbook of international and intercultural communication. 2nd ed. Thousand Oaks，CA：Sage，2002：36.

④ 彭凯平，王伊兰. 跨文化沟通心理学 ［M］. 北京：北京师范大学出版社，2009：79.

际沟通中常常追求"此时无声胜有声"的艺术境界，而这种表达方式会令美国人如坠云雾。在跨文化情境中，如果仅从本国文化的角度去解读对方的沟通行为，就很难产生默契、建立信任关系。

第二，言语表达的明晰性。高语境文化倾向于委婉、含蓄的表达方式，低语境文化则倾向于直接的表达方式。高语境文化不喜欢用直接、坦率、评价的语言，而倾向于用一些礼貌、间接和委婉的语言，因此，高语境文化的人会觉得低语境文化中的人在沟通时显得直白和唐突。在中国文化中，隐性信息是人际沟通与解决问题中的重要组成部分。例如，在课堂管理技巧的运用方面，中国的教师更偏爱用间接和隐晦的沟通方式。他们倾向于让学生体会教师言语的情境性意义或隐含的意义……中国教师喜欢通过言语和非言语手段间接传递信息而不是采取直截了当的方式。[①]

第三，人际关系敏感度的差异。高语境文化中人们的敏感程度很高，善于察言观色，善于综合言语和非言语信息对双方关系的远近亲疏做出判断。相对而言，低语境文化的人则不具有同样的敏感。

第四，表达是否具有戏剧性的差异。低语境文化中的人更喜欢一些戏剧化的表达方式，往往用一些夸张的词汇来淋漓尽致地表达意义。高语境文化对双方的关系和要表达的意义相对比较敏感，因此不需要过分戏剧化的方式来表达要传递的信息，甚至对非言语行为的使用非常节制。这一特点使来自低语境文化的个体理解来自高语境文化的个体变得越发困难。

第五，对沉默的不同理解和反应。高低语境文化具有很大程度的不同，高语境可以用沉默表达多种意义，而低语境通常用沉默表达不满和否定等消极态度。在高语境文化中，沉默可以表示对对方意见的默认，也可以表示在思考，甚至可以表示不认同对方的意见。对沉默的准确把握依赖于主体对双方关系、沟通背景、沟通议题的了解。

第六，对辩论和对话的兴趣。低语境文化喜欢对话和争论，并以语言的表达作为理解、分析和判断的基础；而高语境文化则不喜欢言辞的交锋，唯恐破坏双方之间的礼貌与融洽的关系。例如属于高语境文化的中国人难以理解美国总统大选前候选人公开相互激烈批评，上任后居然能携手

① Lu S. Culture and compliance gaining in the classroom: a preliminary investigation of Chinese college teacher's use of behavior alteration techniques [J]. Communication education, 1997 (46): 26.

共谋国事并相互支持与配合。而对于低语境文化的人而言，与那些不能明确表达自己观点和意见的人共事才最容易产生挫折感，并难以建立信任关系。中国留学生在国外的课堂上参与程度不高，部分是由于中国文化不鼓励争论与观点的交锋，认为意见的冲突会伤和气。

六、单向时间文化与多向时间文化（monochronic time vs. polychronic time）

霍尔（Hall）在《无声的语言》中，对不同文化的时间观念进行了区分。"单向时间文化"（也称单向计时制），是用以描述有序地参与各种活动的个体或群体；"多向时间文化"（也称多项计时制）则用以描述同时参与多个活动的个人和群体。美国属于典型的单向时间文化，而中国属于典型的多向时间文化。①

单向时间文化在时间上有三个基本特点：

其一，强调时间的计划性。倾向将承诺的每一件事情，都列在时间表上并严格按计划执行。美国属于典型的单向时间取向，凡事强调计划在先。通常学术会议通知都在半年以上甚至一年。高校里教师的教学大纲通常会在开学前一周上网供学生查询，大纲不仅包括一学期将讨论的主题、阅读材料，甚至还包括考试的安排及对学生作业的具体要求。学生课后见教师最好的时间是教师设定的答疑时间（office hours），否则需要与教师预约时间才能见面。教师在自己的办公室并不意味着随时可以被打扰，因为他多半在按照自己的时间表完成预期的任务。美国教师上班和下班的时间泾渭分明，教师下班的时间甚至电话打扰都属于不礼貌的行为。美国人对时间的高度计划性，使他们难以接受临时性的、突如其来的决定。习惯于这种时间取向的人来到另一种文化中会感到不知所措。一位来华的美国留学生抱怨道："……学校应该提前公布考试日期以便学生安排旅行日期。现在学期马上就要结束了，可是我们对考试日期一点儿也不清楚。"②

其二，强调对时间把握的精确性。美国人以惜时守时而著称于世，迟

---

① 陈雪飞.跨文化交流论［M］.北京：时事出版社，2010：94.

② 吕玉兰.来华欧美留学生的文化适应问题调查与研究［J］.首都师范大学学报，2000年增刊：165.

到和爽约被视为是难以原谅的错误。在学校里，规定的各项作业的截止日期（deadline）对学生来说极为重要，因为如果不能在截止日期前提交作业，可能意味着该项成绩为零，因为多数教师拒收迟交的作业。

其三，强调事件的顺序性。例如美国人对排队的认真程度，往往令中国留学生刮目相看，凡事即使两三个人也要排队等候。美国人对时序性的尊重还可以从沟通者之间的话轮接续中得到反映。话轮是人们日常会话的基本结构单位。即说话人在任意时间内连续说的话语，其结尾以说话人和听话人的角色互换或各方的沉默等放弃话轮信号为标志。在这种交际过程中，交际者不断地改变自己的角色，即他们不断地在说话人和听话人之间进行角色转换。[①] 作为说话人，他往往要在话轮内提供与当前的话题相关的信息，他也可以在自己的话轮内提供新的话题。但就听话人而言，他就必须对说话人的言语做出恰当的言语反馈，从而表明自己对会话的积极参与。所以会话是交际者双方或多方合作的结果。在北美文化中，沟通者双方的讲话是依次进行的，按照礼貌性原则，双方不会同时讲话。而在中国这一共时性文化中，几个人同时讲话的情况颇为常见，并且这种"七嘴八舌"的情况，往往被视为参与者参与积极性的表现。

另外，从着手任务的情况，我们常常手头多项任务并行，而美国人为了防止多种事件并行所导致的效率低下，通常是严格地计划时间，哪怕办公室离得很近，谈话还要约定时间。一个有趣的现象是，他们上班时比较以任务中心取向，不会利用上班时打电话或上网聊天、与朋友叙旧，而是全力以赴地完成任务，娱乐和休息属于下班之后。所以工作的事情最好上班的时间解决，下班后的时间是私人的。这一文化差异我在和导师的工作交往中体会深刻，他常常提醒我不要尝试同时做三件事，一件做完了再做另一件（"One thing at one time"）。这不仅是个人时间管理的事，而是文化差异。

七、接触文化和非接触文化（contact culture vs. noncontact culture）

爱德华·霍尔（E. Hall）根据不同文化是否鼓励身体接触方面的差异，区分了接触文化和非接触文化两个类别:[②] 接触文化是指那些人际距

---

① 苏晓华，陈莉霞. 浅析英语口语测试中的话轮转换 [J]. 群文天地，2012（6）下: 43.
② 彭凯平，王伊兰. 跨文化沟通心理学 [M]. 北京: 北京师范大学出版社，2009: 222-226.

离较小、身体接触较多、沟通中较多的感官参与的文化；非接触文化是指人与人之间需要保持较大的空间距离、较少的身体接触、较少感官参与的文化。霍尔发现，接触文化多处于热带地区，如阿拉伯地区的伊拉克、科威特、沙特阿拉伯、阿联酋；南美的玻利维亚、古巴、墨西哥、波多黎各、委内瑞拉等。在欧洲，属于接触文化的国家有法国、意大利和土耳其。非接触文化通常在气候较冷的北半球，包括中国、日本、韩国；东南亚的泰国、菲律宾、印度、巴基斯坦等；北美的美国、加拿大；欧洲的奥地利、英格兰、德国、荷兰、挪威。

然而必须看到，同属于非接触文化的不同文化群体之间也存在着差异。例如在英语国家，同性和异性间的人们都有相互拥抱和亲吻面颊的习惯，而在中国只有在情侣和夫妻关系的异性私下才有如此举动。① 换句话说，在北美和其他一些英语国家礼节上身体接触的尺度要大于中国、日本等东亚国家。一般说来，中国人在使用非言语行为的参与上更有节制、更保守。但也有外籍教师观察到，在非正式场合，中国大学生同性之间身体接触多于美国大学生，如，女大学生们手拉手并肩而行的情况在中国大学校园里司空见惯。

此外，即使同属于非接触文化，不同文化对个人空间的需求方面也存在着差异。例如，除了问候礼节外，美国非常重视保持私人空间，极力避免身体的碰撞接触。例如，美国人在邮局或在超市排队时，彼此有足够的距离以避免身体的接触。而中国人在排队时，通常不会太介意由于拥挤而导致的"被动的接触"。

表现在课堂情境中，中国教师身体的参与行为较少，看上去更为冷静，通常会与学生保持职业距离。而美国教师的感官参与行为较多，特别是在低年级。教师经常通过夸张的表情和体态语言与学生互动，如与学生击掌。

上述文化差异的维度，帮助我们认识跨文化教学中沟通双方可能存在的差异。但是我们不能把上述文化间总体的差异，简单地套用在个体身上。可以想象，在多向计时制的文化中不难看到计划性强、对时间把握精确的人。正如萨默瓦等人所指出的："尽管文化给我们提供了一个共同的参照框架，但是我们不是文化的附属品。相反，我们是有理性并且有能够

---

① 杨华. 英语身势语文化内涵对比分析 [J]. 安徽大学学报，2002，26（2）：117－119.

参与自由选择的有思考力的个体。因为我们可以不断学习，并将其运用于与不同文化个体之间的相互作用，并恰当地修正我们的感知、思维以及沟通行为。"①萨默瓦等人强调，关于文化的概括只能将其视为现实的接近版，而不能视其为现实的绝对的表征。因此，切勿用过于简单化的方法来解读文化特性，避免形成对不同文化的刻板印象。

第二节　文化适应的历程

一、文化适应的含义

心理学上，适应是指个体通过自身努力达到与社会环境的平衡。"文化适应是指个体从一种文化转移到另一种与当初生活不同的异质文化中后，个体基于两种文化的认知和感情依附而做出的一种有意识、有倾向的行为选择和行为调整"② 任裕海指出，所谓文化适应，是指在异文化里的居留者对新环境的适应，其内涵包括：缓解所经历的文化冲击；改善其心理适应和增强满意度，提高其在新环境中的行为能力③。瓦德（Ward）等人把文化适应分为两个维度：心理适应和社会文化适应。前者是指进入异文化的个体的主观幸福感及心理健康水平，后者是个体与当地人有效接触和互动的社会能力。④

二、文化适应的阶段

（一）单向适应

当个体置身于一种全新的文化中，突然会发现自己原有的认知、情感和行为方式因与客文化格格不入而失去了功能，于是产生了严重的心理失衡，这种现象被称为文化休克或文化冲击。早在 20 世纪 60 年代，奥伯格

---

① Samovar L，Porter R，Stefani L．Communication between Cultures［M］．北京：外语学习与研究出版社，2000：18．

② 王丽娟．跨文化适应研究现状综述［J］．山东社会科学，2011（4）：44．

③ 任裕海．跨文化适应的可能性及其内在机制［J］．安徽大学学报，2003（1）：105．

④ 王丽娟．跨文化适应研究现状综述［J］．山东社会科学，2011（4）：45．

就用"文化冲击"（cultural shock）这一概念来描述个体投入一个新的文化时所经历的负面情绪体验。他把文化冲击定义为"由于失去了自己熟悉的社会交往信号和符号，对于对方的社会符号不熟悉，而在心理上产生的深度焦虑症"。[①] 文化冲击是旅居者适应异国文化必然经历的心理历程。

一些研究者把个体对东道国文化适应的历程的轨迹描述为跨文化适应的 U 形曲线。奥伯格（Oberg，1960）指出，跨文化适应大致要经历四阶段，其过程类似一个 U 形曲线。这四个阶段分为蜜月阶段、沮丧阶段、调整阶段和适应阶段。[②]

蜜月阶段。旅居者初到东道国，对周围的事物感到新鲜好奇，生活中充满了发现和惊喜。例如，一位来华留学的外国留学生这样描述初到中国时的感受，"哇，我的朋友都很羡慕我，因为我每天吃又好吃又便宜的中国菜"。[③]

沮丧阶段。这一阶段是旅居者文化休克的高发期。个体对新环境的新鲜感已经消失，文化差异带来的种种不适开始显露出来，衣食住行的种种不便，新环境中的安全感丧失，社会联系的切断和归属感的丧失，新的自我身份的迷茫，原有的成功策略不再奏效等。[④] 一项对赴美、英、澳、日等国的中国留学生的调查表明，留学生在异国所面临的问题主要表现在以下四个方面：生活、学习、社会文化、心理适应。其中，89.5%的被调查者曾为文化差异所困扰，如产生跨文化精神疲倦，对新的文化习俗、规范、角色适应困难。86%的被调查者由于学习压力产生焦虑感，40%感到语言交流困难。[⑤] 另一项对留英中国学生人际关系网的调查显示，54%的被调查者的交往范围为本国同胞，38%选择别国的留学生同伴，只有8%

① 陈雪飞. 跨文化交流论 [M]. 北京：时事出版社，2010：261.

② Oberg K. Cultural shock：Adjustment to new cultural environments [M]. Practical Anthropology，1960，7（3）：177 - 182.

③ 吕玉兰. 来华欧美留学生的文化适应问题调查与研究 [J]. 首都师范大学学报（社会科学版）2000 增刊：158 - 168.

④ 常悦珠，陈慧. 北京高校来华留学生教育研究会议论文 [C] .2008（12）：271.

⑤ 方媛媛. 留学生文化适应、影响因素及策略的实证研究 [J]. 内蒙古师范大学学报（教育科学版），2010（7）：39 - 42.

的人选择了英国人。① 一项对来华的外国留学生的研究表明，这一阶段留学生经历了典型的文化休克，他们开始感到孤独，容易生气，喜欢抱怨、发牢骚，对东道国评价消极和不满。例如，一位外国留学生与一位中国朋友的对话反映了前者对中国文化中接受宴请的规则中的困难和挫折：②

C：明天我请你吃饭，好吗？

E：（沉吟微笑，未及表态）

C：God，别不说话，我明白请中国人吃饭，应该说很多次，可是我真的不习惯，so how about telling me how many times I should ask？

调整阶段。旅居者对环境逐渐熟悉，尝试突破本文化的局限，开始接受新的文化规则，采取了一些新的行为方式。随着与当地人接触增多，尝试建立新的人际交往关系。心理上的不安全感和对客文化的排斥降低。例如，一位来华留学生初来中国描述了对中国购物方式适应的过程："初来时觉得买东西讨价还价很不好，觉得很不习惯，认为他在骗我。现在还好，只去固定的地方买东西，和卖货的人熟悉了，好些了"。③

适应阶段。这一时期旅居者已经能自如地应付日常生活的问题，形成了新的朋友圈和社会支持系统，能够正常地工作、生活、休闲娱乐，在新环境中有了安顿感，并能运用当地的规则解决各种问题，获得了类似于在本文化中所具有的对事情的预见能力。能做到入乡随俗，正确解读他人行为的意义，并形成了跨文化移情能力。例如，一个外国留学生谈到："刚来中国时，如果老师说天冷了，应该多穿些衣服，我觉得有点奇怪。可是现在我明白，这是老师关心我们，现在觉得不奇怪。"我认识的一位美国外教，每次来我家几乎都要提上一袋水果，显然，他已经习惯于用中国人的方式和中国朋友往来了。

（二）双向适应

一些研究者注意到跨文化适应并非是单向的，噶勒浩恩（Gullahorn）

---

① 贺平，唐洁. 中国留学生在英国经历的文化冲突现象分析［J］. 四川师范学院学报（哲学社会科学版），2001（5）：84.

② 吕玉兰. 来华欧美留学生的文化适应问题调查与研究［J］. 首都师范大学学报（社会科学版）2000增刊：166.

③ 常悦珠，陈慧. 北京高校来华留学生教育研究会议论文［C］. 2008（12）：278.

夫妇把对客文化的适应与回归主文化的再度适应的轨迹描绘为跨文化适应W 形曲线。该曲线共分七个阶段：

● 蜜月期（honeymoon）：所有见闻都感到十分新鲜，觉得周围人也很可爱；

● 斗争期（crisis）：面对日常生活及工作的种种困难感到无助，常常在斗争与逃脱两者之间徘徊；

● 纠葛期（recovery）：困难和问题无法顺利解决，而情况更加恶化；

● 适应期（adjustment）：逐渐适应客文化日常生活；

● 再纠葛期（refusal of the return）：自以为对异文化已经了解，但对复杂的问题仍不能明晰地把握；

● 归国前期（return home）：期待回国，精神振奋，但对留学国颇有乐不思蜀之情；

● 归国后的冲击（crisis at home）：与期待相反，在生活和与人接触当中，有疏远感，必须进行文化再适应。①

进入 21 世纪以来，毕业后选择回国发展的中国留学生的比例显著提高，但不少人回国后经历严重的文化休克，其中由于不能适应而产生极端后果的不乏其例。因为通常能在国外生活数年、成功完成学业的人基本上内化了留学国的文化规则和解决问题的方式，而回国生存与发展就意味着海归们必须放弃过去几年中习得的留学国的文化规则，而重拾本国的文化规则。例如，在美国开诚布公、敢于直言，有独立见解的品质备受青睐，而同样的行为在中国却不受欢迎。再有，在美国各种机会与资源的分配一般都不会以年龄、性别为标准，而在中国申请各级科研助项目时，年龄常常是非常重要显性和隐性的指标。而以年龄和性别分配资源在美国被视为歧视行为，受到法律的约束，而在中国却司空见惯。许多海归在国外都凭借对课题论证的科学性、专业性获得研究经费，这一点对外国人也毫无例外，而在中国各级课题申请中人际关系就是生产力的潜规则常常让出国数年与国内学术圈中断联系的海归们与科研经费无缘。所以海归们能否尽快"入乡随俗"几乎决定了回国后的发展前景。

---

① 常悦珠，陈慧. 北京高校来华留学生教育研究会议论文［C］. 2008（12）：271.

三、个体跨文化适应的维度

文化冲击给个体已有的认知、情感、行为带来了巨大的挑战，同时也为上述几方面的发展创造了得天独厚的契机。辩证唯物主义认为，社会要求与个体现有的身心发展水平之间的矛盾是推动个体发展的动力。在跨文化情境中，客文化对旅居者在认知、情感、行为上的要求，经过主体能动的筛选和过滤，必然会引起个体心理和行为的变化。

（一）认知的变化

皮亚杰认为，个体认知的发展是个体已有的认知图式与外部环境相互作用的结果。个体的学习是通过同化和顺应两种过程实现的。同化，是指将当前面临的信息纳入已有的认知图式，使原有的认知图式得到扩充的过程。顺应是指当已有的认知图式不足以吸纳当前面临的新信息时，而对其进行调整和重构的过程。通常旅居者在接触客文化之前，通过不同渠道已经获得了关于客文化某些信息。例如，一位中国留学生听说美国教师很平易近人，不拘礼节。在开学的第一次课就发现，任课的史密斯（Smith）教授告诉同学们"Call me Bill"，于是，便更加相信美国老师很平等、不摆架子的说法。换句话说，这一新的观察被同化到他原有的经验系统。当个体遭遇"文化休克"时，即已有的经验不足以理解当前的信息、解决当前的问题时，就要求个体重新检讨自己的认知方式和已有的经验，尝试用客文化中新的规则去解读当前事件的意义。能否突破原有的经验，建立新的经验系统是跨文化适应的关键。因此，在某种程度上说，成功的跨文化适应，取决于个体的同化与顺应的过程。通过同化和顺应，个体对异文化的认识不断深入，其认知图式也在发生变化，获取信息、分辨、整合信息的能力得到增强，认知准确度、复杂度得到提高。①

（二）情感的变化

旅居者对客文化认知方面的变化，必然伴随着一系列主观情感体验方面的变化，（诸如安全感、归属感、认同感、价值感的重新获得与提升）

---

① 任裕海. 跨文化适应的可能性及其内在机制［J］. 安徽大学学报，2003（1）：105 – 108.

和对客文化态度上的变化。旅居者对客文化的情感、态度的变化通常表现为以下三个方面。

第一，由排斥到接纳。起初，旅居者对于周围与自己的期待不同的事感到不舒服，甚至心理上是排斥的。譬如，一位中国人应邀到美国朋友家里参加一个聚会，发现原来并不是一顿丰盛大餐，桌上布置得虽然很漂亮，但是只有几样简单的食物，客人们只是三三两两地站在那里聊天。对于初来不久的中国人来说，这样的聚会似乎太没有吸引力了。但随着时间的推移，这位中国人开始通过聚会结识新的朋友，享受轻松的谈话，扩大了交往的网络，开始体验到了参加聚会的乐趣。

第二，由疏远到亲近。个体初到客文化国时，对自己的文化身份特别敏感，把周围人对自己的反应都视为对自己文化身份的态度，在心理上觉得自己是一个"陌生人"。随着与周围人的更多接触，个体感受到了客文化人的友善，与自己的邻里和同学、同事建立了信任关系，形成了自己的朋友圈，遇到困难时知道向谁求助，形成了社会支持系统。这时旅居者与其他人的人际距离不再是由文化划分的，而是"物以类聚"的结果。

第三，由冷漠到共情。初到客文化国的人很难理解客文化人的情感方式。比如为什么有钱的父母还让子女打工；美国前总统里根的儿子居然还要排队领救济金，在一些中国人看来，这样的父母似乎太狠心。随着对美国文化更多的观察，客居者发现美国家长和中国父母一样爱自己的孩子，只是他们爱的方式不同而已。客居者逐渐开始赞赏美国家长注重培养孩子独立性这一文化特质。2001 年，美国遭遇了震惊世界的"9·11"恐怖分子袭击世贸大楼事件。事件发生后不久，我亲眼目睹了在校园的方块草坪上，许多来自世界各国的留学生、学者和美国师生一起聚会为死难者静默，为死难者家属捐款，并与客文化国的人们分担着同一种悲哀。

（三）行为的变化

在认知和情感变化的基础上，旅居者的跨文化适应最终见诸行为的适应。根据塔夫特（Taft）的分类，个体的适应行为能力包括技术能力与社交能力两个方面。①"技术能力指一些基本的和实际的能力，如语言、工作、学术等方面的技能，它们是个体承担某种社会角色所必需的。社交能力包括与人交谈、适应异文化的行为方式，建立人际关系及解决冲突的能力。"② 居留者在经历无数文化冲击之后，逐步掌握客文化行为的一般规范以及与自己角色相关的专业规范，并能从客文化的角度理解这些规范的意义，从而在恰当的情境中自觉地采取相应的行为，在学习和工作岗位上表现出专业性，在社会交往上表现出得体性，并能够根据情境的需要得心应手地承担各种不同的社会角色，成为异文化社区和岗位上富有建设性的一员，从个体内部来说，达到认知、情感、行为的整合与协调。

四、跨文化适应的多种可能性

贝里（Berry）针对个体与本文化和客文化联系的紧密程度提出了跨文化适应模型。该模型包括以下四种类型。③

整合型，是指个体与原文化和客文化都保持比较密切的联系，并有较高的认同。个人能根据文化情境采取适宜的认知、情感、行为方式，与周围环境保持平衡，达到了一种放眼世界而又能入乡随俗的境界（Think globally and behave locally）。我认识的一位华裔教授，深得美国学生、同事的尊重和中国朋友的喜爱。在教学方面，他采取的是学生为中心的教学方式。例如在量化研究方法课上，他让每个同学自选题目，运用数据库的资料，形成学期论文。这种学生为中心的教学方式很受学生们的欢迎。他在与美国同事交往、合作方面也非常主动、活跃，被视为一个令人愉快、对团体有贡献的人。但是，他并没有脱离中国社区，在重大节日里，他经常召集中国的朋友们到家里聚会，和大家一起分享久违了的中国佳肴，讨论国内的发展变化、新闻时事。也就是说，这位华裔教授已经能在两种文化中得心应手地按照不同文化圈的规则工作和生活，并且乐在其中。

同化型，是指个体与原文化联系不太紧密，对客文化认同较高，原文

---

① Taft R. Coping with unfamiliar cultures［M］//N Warren. Studies in Cross-cultural Psychology（Vol. 1）. New York：Academic Press，1977.

② 任裕海. 跨文化适应的可能性及其内在机制［J］. 安徽大学学报，2003（1）：107.

③ Berry J W. Immigration，acculturation and adaptation［J］. Applied Psychology：An International Review，1997（46）：5-34..

化认同较低，并接受了客文化的价值观和行为方式，比较彻底地融入了新的文化。在留美的中国学生中，我发现有一部分留学生特别渴望融入美国文化，对本国的政府和风俗习惯全盘否定。虽然他们的英语提高很快，并且很自觉地接受了新的文化规则，但是与中国同学和社区则比较疏远。

分离型，指个体与客文化保持距离，对客文化认同度较低，甚至采取排斥和敌意的态度。与本文化保持密切的联系，个人的社会交往对象和社会支持主要是来自本文化的成员。分离型的旅居者对东道国文化比较排斥，他们不断抱怨本文化中的种种好处在客文化中没有，他们对生活没有安顿感。当遇到困难时，他们不能利用当地社区的资源解决问题，不理解、不接纳对方的规则，求助的对象还是本文化成员，甚至是远在他乡的父母或朋友。比如一些留学生，学习上遇到困难时，从不提问，不去学生学习辅导中心，教师答疑时间也不去找教师咨询请教，而是依赖抄中国同学的作业，并且视为理所应当。他们不参加学生社团，在课内课外都是隐形人。这类留学生对留学生活满意感不高，学习收获也相对有限。

边缘型，指个体对本文化和客文化均认同度较低，既不愿意入乡随俗，也不愿意奉行本文化的价值观念行为规范，对自己的文化身份感到困惑，内心感到孤单，不能融入客文化，又不眷恋本文化。有一部分旅居者，他们既不喜欢美国文化，也不喜欢中国文化。他们总能找到两种文化的缺点，并且感到这些缺点难以容忍。他们与两种文化都有隔阂。他们见到国内同胞，觉得自己是美国人，对方不是同类；和美国人在一起时，又感到自己不属于他们中的一员。于是，心理上缺少安顿感，精神上比较苦闷。一些随父母移居美国的青少年体验过这种情绪，甚至他们回归本国时仍被这种边缘心理所困扰。

第三节　文化对沟通主体的影响

在跨文化沟通中，文化差异对沟通主体（信息的发送—接收者）的影响是多方面的，最集中地体现在认知、情感、行为等方面。而在认知方面，文化对感知与思维的影响尤为明显。文化影响个体的感知、记忆、思维、情感、行为，进而影响跨文化沟通的过程和结果。不了解这些文化差异，可能构成跨文化沟通的潜在障碍。

一、文化与感知

不同文化在感知上存在着差异。以不同文化的味觉反应为例，美国朋友来中国访问，好客的东道主通常以盛宴款待，桌上的红烧海参被中国视为美味佳肴，却让美国客人望而生厌。另外，不同文化在审美方面的差异也会导致跨文化中的误读。在第 64 届戛纳电影节红毯仪式上，国内著名影星范冰冰以一身仙鹤红裙礼服亮相，吸引了公众的视线。仙鹤在中国文化中代表着长寿吉祥，同时也寓意着和平安宁。然而，在观众为之喝彩不断的同时，当晚即有一家法语教学机构通过微博对范冰冰的礼服作出了点评，称这套礼服不符合法国文化。因为在法国人的概念里，没有仙鹤只有鹤，而鹤象征着不忠诚、淫荡、愚蠢。[①] 可见，文化影响我们如何感知和理解信息。

正如萨默瓦（Samovar）所指出的，尽管人类知觉的生理机制相似，但文化为我们提供了一个过滤知觉的透镜，它对我们如何解读、评价从外部世界所获得的信息有着极大的影响。在一项经典的研究中，白人母亲对其子女的言语和行为上表现出果断、兴奋、兴趣会做出积极的解释，但当一位（美洲印第安人）纳瓦霍部落的母亲看到孩子有类似言行时却称其为顽皮和缺少规矩。对于纳瓦霍部落的母亲来说，果断的言行是没有礼貌、躁动不安，自我中心、缺少自律的表现。而白人母亲却认为同样的行为是自律、对孩子有益的表现。[②]

不同文化与人们对个体信誉的知觉完全不同。有信誉的人令人信任，说话可靠并心存善意。美国人认为坦诚、有力地表达自己的观点是令人羡慕的特质，因此，认为善于表达并愿意表达的人更为可靠；而在日本，安静并且肯于长时间倾听的人通常被认为更为可靠，他们认为不停地讲话是空洞的表现。在美国人看来，有信誉的人直截了当、理性、决断、不屈服且自信；而日本人眼里的有信誉的人委婉、富有同情心、慎思、灵活、

---

① http：//news. cntv. cn/20110519/109244. shtml.

② Samovar L，Porter R，Stefani L. Communication between Cultures［M］. 北京：外语学习与研究出版社，2000：57.

谦逊。①

二、文化与思维模式

"所谓思维方式，是指一个民族和地区在长期实践活动基础上形成的认识和把握事物本质的途径或思路，并以较为固定的、习惯的形式表现出来，也就是人们的思维习惯。"② 由于不同地理环境、生产方式、历史背景、文化传统、语言文字等方面的不同，人们的思维方式会表现出不同的特征。③ 研究者们认为文化差异影响个体的思维过程、思维内容、思维情境以及思维类型等方面。

（一）整体与局部

西方文化中的思维模式以逻辑分析为特点，而东方文化中的思维模式则具有直觉整体性、笼统性和模糊性的特点。东方人思维是由整体到局部，例如书信地址的顺序是从大到小。而英语中却恰恰相反，由小到大，体现了英美人由局部到整体的思维方式。

中西两种思维方式的差异被威特金（H. A. Witkin）称为"场依存"与"场独立"的差异。场独立型的人对客观事物做判断时，倾向于以自己的内部线索为参照，不易受外来因素的影响和干扰；在认知方面独立于周围的具体背景，倾向于在更加抽象的水平上对信息进行加工，对事物做出独立判断。场依存型的人则相反，他们对客观事物作判断时，倾向于把外部线索作为信息加工的依据，容易受到环境因素的影响。他们强调整体思维，再考虑细节。相对而言，东方文化的思维更倾向于场依存型，西方文化更倾向于场独立型。当然，这并不意味着一种文化中所有成员都属于两种类型中的一种。④

---

① Samovar L，Porter R，Stefani L. Communication between Cultures ［M］. 北京：外语学习与研究出版社，2000：57.
② 陈雪飞. 跨文化交流论 ［M］. 北京：时事出版社，2010：53.
③ 陈雪飞. 跨文化交流论 ［M］. 北京：时事出版社，2010：53.
④ 贾玉新. 跨文化交际学 ［M］. 上海：上海外语教学出版社，1997：97.

（二）直线与曲线

中国人的思维是曲线式的，而西方人的思维是直线式的。由于高低语境的差异，中美文化在信息排序上存在着明显的差异。中国人的思维方式是螺旋式的，通常以一种间接、迂回的方式切入主题，先呈现次要的论据，然后再从这些论据中得出主要的论点作为结论。有人把中国人的思维称为归纳式，即介绍话题之前尽量解释原因，然后再从这些论据中归纳出主要的论点作为结论。美国人则喜欢开门见山，在谈话之初便引入主题，随后提供次要的或支撑性的论据。[1] 近年来有不少准备出国留学的学生让我帮忙写推荐信，由于工作忙，有时我让他们自己先起草，然后我核实修改。审读时有一种情况令我感到恼火：一些学生花大量的篇幅渲染推荐人的背景而不直接说明推荐人与他们在何种场合认识的，似乎推荐人的履历能说明他们本人的特质。

美国的语言学学者卡普兰（Robert S. Kaplan）[2] 基于对 600 名留美学生英文小论文的分析指出，不同的思维方式会影响人们的修辞技法。英语写作的风格是直来直去，论据直接指向论点。论述问题开篇便是主题句，紧跟着呈现一系列分主题，而且每一个主题都伴有相应的案例和图示进行论证，所有观点都紧密相连。而东方人的思维是螺旋式的，喜欢围绕着主题绕圈子，或者说喜欢间接思维，总是从不同的不切主题的观点来说明主题，从不直截了当地论述主题。[3]

（三）求同与求异思维

中国人擅长求同思维，而美国人更长于求异思维。中国人善于考试，因为多数考试都有统一的标准答案。北大辜正坤教授曾指出，"中国人相信真理只有一个，道路只有一条。……当我们说在一件事情上只有一个真理时，人们很容易理解和认同；但当我们说在一件事情上真理不止一个而

---

① 司彩玲. 从高低语境文化交际理论看中美交际模式差异 [J]. 安徽商贸职业技术学院学报. 2009（2）：75-76.

② 陈雪飞. 跨文化交流论 [M]. 北京：时事出版社，2010：56.

③ 司彩玲. 从高低语境文化交际理论看中美交际模式差异 [J]. 安徽商贸职业技术学院学报，2009（2）：75-76.

有多个，就很难被人认同。"①

过于强调求同思维，会导致批判性思维的弱化。美国密西根大学的耶茨教授的一项研究结果发人深省。实验要求美国被试和中国被试对每一项判断题提出其可能不对的证据。耶茨发现，中国被试证伪的能力落后于其他国家的被试。这一实验结果表明，中国被试缺少证伪的习惯。② 这一点可以从我们的教育中找到原因：从小学起，绝大多数课堂是满堂灌，教师讲的似乎都是真理，学生的任务仿佛就是吸收、记忆这些真理。学生很少有机会提出不同观点，即使偶尔有学生提出质疑，也很少受到鼓励。那些与教师思路相同的学生被视为聪明的学生。

中美儿童在求异思维上的差异，还与两种文化中给孩子选择的空间不同有关。美国孩子较早就适应了自己做出选择的情境，而中国孩子甚至上了大学还没有习惯于自己选择。一项关于美国白人儿童和华裔儿童在游戏中的表现的研究为这一观察提供了证据：因戈尔和莱帕特在斯坦福大学幼儿园观察美籍华人儿童和白人儿童在两种条件下玩计算机游戏的成绩。这些孩子被告知有两种设置：自由选择和由妈妈为其选择好最适合他们的设置。研究发现，美国白人儿童在妈妈选择的条件下成绩最差，自己选择的条件下成绩最好；而美籍华裔儿童在自由选择的条件下的成绩不如在妈妈选择条件下的游戏成绩。③

（四）对逻辑关系的判断

跨文化研究表明，东西方文化的被试对事物之间的逻辑关系判断有不同的偏好：东方的被试偏好的是相关判断，关注的是两个概念之间的相关联系；西方的被试偏好的是从属判断，关注的是两个判断之间的逻辑隶属性。④ 在一项心理学实验中，任务是要求美国被试和中国被试判断在三项事物中哪两项应该该归为一类。比如猴子—香蕉—熊猫、香波—空调—头发、教师—医生—家庭作业、中国被试倾向于根据事物之间关系的亲疏程

---

① 辜正坤. 中西文化比较导论［M］. 北京：北京大学出版社，2007：92.
② 彭凯平，王伊兰. 跨文化沟通心理学［M］. 北京：北京师范大学出版社，2009：123 – 125.
③ 彭凯平，王伊兰. 跨文化沟通心理学［M］. 北京：北京师范大学出版社，2009：129.
④ 彭凯平，王伊兰. 跨文化沟通心理学［M］. 北京：北京师范大学出版社，2009：122.

度进行归类，即把猴子—香蕉、香波—头发、老师—作业放在一起；而西方被试曾倾向于根据事物的隶属关系进行归类，如熊猫—猴子，香波—空调，教师—医生归为一类。中国人相对于美国人而言，能够更为准确地估计两种事物相关的程度。与此相反，美国被试对两种事物之间的关系判断，相对不够准确。然而，中国被试则更易于犯虚假相关错误，即把一些毫无相关的对应认为是有意义的相关关系。①

（五）归因判断

跨文化心理学研究表明，归因方式在很大程度上受文化的影响。彭凯平、王伊兰与美国心理学同行针对 1991 年震惊全美的卢刚杀人案事件，通过反现实思维法（根据与现实相反的假设来进行推理和判断），对中国人和美国人对卢刚事件的归因比较发现，中国人普遍认为，如果卢刚在中国就肯定不会杀人，因为他无法获得枪支；另外，如果他有孩子，也肯定不会去杀人。而美国人则认为，即使卢刚已经结婚，他仍然会开枪杀人，而且连他的太太也会惨遭毒手。显然，中国人对情境的变化更加敏感，而美国人则对情境的变化不那么敏感，而更注重个人原因。②

这一归因上的特点反映在教育上，中国强调环境的外部影响，美国则强调个人责任，认为行为的后果是个人选择的结果。美国从小学起就强调"3Rs"，即准备（Readiness）、尊重（Respect）、责任（Responsibility）。学校教育中强调个人决策，要求学生当面临问题时考虑解决问题有多少种可能性，各种解决方案分别会导致什么后果，然后选择效果最好、代价最小的方案。

三、文化与情感

文化中的价值观影响个体的情感体验。彭凯平、王伊兰指出，"在个体主义文化中，如欧洲文化、北美文化，强调自治、独立、与众不同，强

---

① 彭凯平，王伊兰. 跨文化沟通心理学［M］. 北京：北京师范大学出版社，2009：121－122.
② 彭凯平，王伊兰. 跨文化沟通心理学［M］. 北京：北京师范大学出版社，2009：126.

调个人内在独特的重要和作用。群体主义文化中强调集体成员的相互依赖的关系方式，强调集体的归宿感"。① 在美国，个人的荣辱是自己行为的结果，因此出身显赫给年轻人带来的优越感不如在中国那么强烈。例如，美国影片《爱情故事》（*Love story*）的男主人公对于自己是巴特里（Barrett）家族的一员并不感到荣耀，即使校园内矗立着其家族捐赠学校的大楼也没使他产生自豪感和优越感，因为他感知的单位是自己，而不是家族。与此形成鲜明对比的是，2010 年 10 月 16 日晚，河北大学校园飙车撞人者威风十足地叫嚣"有本事你们告去，我爸是李刚！"。② 可见，在中国，个人的身份是与家族的身份交织在一起的，肇事者的霸气源于一种家族身份，他的情绪反应是由此派生出来的。

另外，西方人认为个人的情绪表达属于个人自己的行为，因此它不应该受到别人的影响。而中国人则会认为，个人的情绪反应是随环境的变化而变化的。中国人习惯隐藏自己的情绪，倾向于根据不同环境来表达自己的情绪。有时礼貌、等级、关系亲疏等外在因素，都会影响中国人的情绪表达。所以一个中国人对外在情绪的判断，就会较多地考虑外在因素的影响作用。③

四、文化与行为规范

文化既影响一个社会群体的行为规范，也影响其社会成员的行为习惯。行为规范就是被社会接受的道德标准和行为准则。在某一文化中某一行为是合乎规范的，在另一种文化中看起来不可思议。记得我和另一位中国访问学者第一次在美国参加一个同事的家庭聚会，我们很快发现原来美国人的聚会不是一顿团团围坐的大餐，仅是一些简单的烧烤而已。人们三三两两地拿着杯子站在室外的阳台上交谈。一会儿，我的中国同伴突然走过来，情绪似乎很低落。交谈的缝隙，她终于忍不住对我说，晚会主人上

---

① 彭凯平，王伊兰．跨文化沟通心理学［M］．北京：北京师范大学出版社，2009：115.

② http://www. legaldaily. com. cn/commentary/content/2010 - 10/19/content_ 2320902. htm? node = 8213.

③ 彭凯平，王伊兰．跨文化沟通心理学［M］．北京：北京师范大学出版社，2009：119.

高中的女儿说她拿错了杯子，并且坚持要调换过来。这使我的同伴感到极为尴尬，兴致全无。试想，如果是在中国，一个高中年龄的女孩遇到类似情形大概不会在客人面前这样唐突、不讲面子吧？而以美国的直截了当的沟通风格而言，这个女孩的行为似乎无伤大雅。文化既塑造了我们的沟通方式，也塑造了我们沟通中的感受。

再如，据西班牙埃菲社 2002 年 3 月 2 日报道，西班牙政府向参加阿富汗国际安全和援助部队的西班牙士兵下发禁忌令，内容如下：

- 在大街上和农村地区不许同阿富汗妇女握手。
- 不许给阿富汗妇女拍照。
- 阿富汗人祈祷时不许打断他们。
- 在公共场合，男女不许有亲近行为。
- 在阿富汗人家做客时，不要谈论主人的妻子和女儿。
- 不要践踏阿富汗人祈祷用的地毯。①

座次行为是文化差异体现的较为明显的一个方面。在中国，宴会的座次分配，有不成文的规则，座次的分配，不仅反映了主客之分，还体现了赴宴者的等级地位差异。当师生共同参加一场报告会时，座位的分配通常是遵从教师优先的原则，并且最前排座位通常是留给贵宾的。而在美国，座位往往是随机的。彭凯平、王伊兰在《跨文化心理学》中分享了这样一幕：在加州伯克利大学诺贝尔化学奖获得者李远哲的报告会上，当另一位德高望重的诺贝尔化学奖获得者走进教室时，没有任何美国教师或学生给他让座。这位美国教授对此却泰然自若，站在教室后面的角落里听完了这场报告。而在场的来自中国的学生、学者，却深为有悖于长期在本文化中形成的行为规范而忐忑不安。②

第四节　跨文化沟通的潜在障碍

许多跨文化学者认为，刻板印象、偏见、歧视是跨文化沟通常见的障碍。一些学者对三者进行了区分：刻板印象是从思维角度出发产生的概

---

① 李建忠．导致跨文化交际障碍的几种要因 [J]．外语教学，2002（2）：70－72.
② 彭凯平，王伊兰．跨文化沟通心理学 [M]．北京：北京师范大学出版社，2009：110.

念；偏见大多是从情感角度产生的观念；而歧视则是从行为视角出发的观念。下面我们分别讨论这三种跨文化心理障碍。

一、文化刻板印象

刻板印象（stereotype）一词是由美国政治评论家利普曼（Lippmann）首次采用的概念，用于描述人们对某一个体或群体未经检验的概括性的认知。萨默瓦认为，刻板印象之所以盛行有两方面原因：一方面我们人类从心理上有一种辨识和分类的需要；另一方面，由于环境的复杂性以及个体的经验范围有限性，人们便采取权宜的办法来简化对某一社会群体的认知。[①] 作为对某种群体的认知，刻板印象可能是正面的，也可能是负面的。比如，黑人都有运动天赋，中国人都会功夫，犹太人都富有，美国人都随便，德国人都刻板，等等。一些研究指出，在跨文化交际中，一方面刻板印象有利于加快信息加工的过程，另一方面，由于过于简单概括化，会导致偏见与歧视。

刻板印象会对跨文化沟通造成多重阻碍。首先，刻板印象妨碍我们认识沟通对象的个性特点。它将这种未经检验的对沟通对象所属的文化群体的认知套用于我们面对的个体，从而使我们对于对方的个性视而不见。其次，刻板印象简单化、普遍化、夸张化地呈现沟通对象的特征，这种漫画式的印象如同哈哈镜中看人，以刻板印象与对方互动，往往导致沟通的失败。例如，一位中国大学生持有"美国人慷慨"的刻板印象，于是，大胆地向一位认识不久的美国人请求对方为自己留学申请提供经济担保。这位美国人的回答是"I will see what I can do for you"，这种不置可否的回答害得这位中国学生苦苦等待，而无结果。[②] 最后，刻板印象还通过复制、强化，进而达到自我应验。如社会上流行的关于幼儿教师是一个女性的职业的刻板印象，使幼儿园很难招募到男青年充实幼教岗位。

---

① Samovar L, Porter R, Stefani L. Communication between Cultures [M]. 3rd ed. 北京：外语教学与研究出版社，2000：246.

② 汤薇. 浅析扩文化交际中的文化刻板印象 [J]. 科教文汇，2009，4（中旬刊）：220-221.

国内的一些学者指出，文化刻板印象可能造成对某些文化群体中的成员的排斥，从而拒绝或尽量回避与该文化成员的沟通；文化刻板印象还使我们以对某一文化群体的印象代替对个体的客观观察与客观认知，这种带有成见的交流，必将影响我们与其他文化成员沟通的质量。此外，文化刻板印象可能导致跨文化歧视。当这种文化刻板印象强烈到一定程度，就会导致民族中心主义，即认为自己所属的文化优于其他文化，从而导致对他群体的成员的语言和行为上的歧视。

二、民族中心主义

古迪坎斯特（Godykunst）指出，民族中心主义是一种以本文化的标准来解释和判断他人行为的态度或倾向[①]。世界各地的所有民族都或多或少地存在着民族中心主义的思想。一些学者指出，我国古代历朝历代都自诩为"大唐"、"大清"，称其他民族为蛮夷之国；而希腊人把不讲希腊语的世界其他民族称为"野蛮人"。可见民族中心主义古已有之。现代经济发达的美国也以世界中心自居，认为美国文明是最先进、最正确、最合理的。美国之所以充当国际警察，并不仅仅是由于其实力强大，更重要的是他们自认为是正确价值观的典范。[②] 民族中心主义认为自己的群体是优等的，其他群体是劣等的。"二战"时期，希特勒认为日耳曼人是最优等的民族，犹太人是劣等的民族，导致对犹太人的残酷迫害和屠杀，这是民族中心主义极端的形式，其危害世人皆知。尽管在今天这样一个以"和平和发展"为主题的时代，那种极端民族中心主义已难有立足之地，但是作为一种文化心理，它可能在有意识和无意识的水平上影响跨文化沟通。

许多学者认为，由于我们在生命的早期就习得的民族中心主义，并且主要是在无意识水平上，因此可能构成跨文化沟通的主要障碍。首先，民族中心主义以本民族的标准来衡量其他民族的行为。民族中心主义阻挡了对不同文化的理解，妨碍了跨文化交流的进行。例如，美国对西藏问题很

---

① Gudykunst W B. Bridging the differences：Effective inter-group communication［M］. Newbury Park，CA：Sage，1991：67.

② 吴为善，严慧仙. 跨文化交际概论［M］. 北京：商务印书馆，2010：55.

难与中国合拍，部分是由于他们以自己的标准来看待中国的问题，不了解、不认同中国文化追求大统一、大团圆的价值观念。

其次，民族中心主义导致对其他文化视而不见。拒绝倾听来自其他文化的声音是民族中心主义的一种表现。当全世界非英语国家的学校都在教学生学英语时，美国学校的外语教育却显得极为薄弱。究其原因，一方面是由于英语作为世界性的语言使美国人不学外语仍能和世界保持紧密联系；另一方面不能不说是民族中心主义在作祟，似乎美国的文化最先进，学习其他文化并不迫切。

民族中心主义的一个主要后果就是歪曲进而误读陌生人发出的信息。比如在美国，许多人对中医缺少了解，因此认为只有西医才是科学的，于是便对自己不理解的针灸、按摩、刮痧之类的疗法加以指责。

为了测量民族中心主义，纽列普和麦克劳斯基（Neuliep & Mc Croskey）编制了一套用于跨文化研究的民族中心主义的量表。该量表共有 15个题目，采取 5 点计分法。满分为 75 分，超过 52 分表明有相对较高的民族中心主义倾向，低于 38 分，表明较少民族中心主义倾向。[①] 该量表在跨文化研究中广泛使用。

民族中心主义影响个体对其他文化全体的认知和判断。McCroskey（2002）研究发现，美国学生对外籍教师教学有效性的评价与自身的民族中心主义的水平成反比。

三、偏见

偏见是对某一特定群体所采取的消极态度，它是消极情感（厌恶）与消极认知（负面刻板印象）的复合体，并伴有疏远、排斥、攻击某一群体的行为意向。当年希特勒对犹太人的态度就是偏见的一种极端的表现。刻板印象有积极和消极之分，偏见则完全是消极的。

偏见在人际交往中的表现是多方面的，布里斯林（R. Brislin）认为其表现在以下几个方面：

- 根据自身群体的标准评价其他群体，并认为其他群体是低下的；

---

① Neuliep J W, McCroskey J C. The development of a U. S. and generalized ethnocentrism scale [J]. Communication Research Reports, 1997 (14)：385–398.

● 反感异文化群体成员，但通常不承认有偏见；

● 对异文化成员有敌意，因为对方的存在威胁着本群体的利益；

● 在某种情况下，比如在正式场合中，对其他群体持有积极态度，然而却与他们保持一定距离；

● 反感异文化群体的个人，因为他们做的事情是自己不喜欢的；

● 与异文化群体相处时会产生不自在的感觉，因此，不愿意与之接触。

上述偏见对跨文化交流构成重大的阻碍，影响对异文化成员的认知、情感及相互作用。[①]

---

① 陈雪飞．跨文化交流概论［M］．跨文化交流论．北京：时事出版社，2010：137.

第 3 章

跨文化课堂中的言语沟通

　　课堂上师生沟通主要借助两种信息通道：言语沟通和非言语沟通。古今中外，成功的言语沟通皆是有效教学的必要条件。在跨文化课堂情境中，教学主体之间必须借助某种共同的符号才能实现有效沟通并达成教学目标。然而，由于师生的文化背景不同，在对语言符号的编码和解码过程中双方都会受到本文化经验的影响而导致沟通障碍，从而影响教学过程和教学效果。那么中西方在言语沟通上存在着哪些差异？哪些文化因素可能影响课堂沟通的效果？跨文化教师可以采用哪些言语沟通策略来提高课堂沟通的效果？教师课堂言语沟通中最为关键的是什么？中西方教师有效沟通的行为有哪些异同？本章将对上述问题加以探讨。

第一节　中西方言语沟通的差异

一、两种语言的差异

（一）语音的差异

　　英汉语音系统存在多方面的差异。英语教学专家指出，英汉两种语音在发音方式、音位系统、音节音高、语流节奏等方面都存在着某种差异，无视这些差异，听任于母语的负迁移就会给英语交流造成不同程度的干扰。例如，英语和汉语虽然都由元音和辅音构成，但相似音却有不同的发音方法，缪鹏飞比较了汉语中的 a 和英语中的〔a〕的口腔动作："发汉语的 a 时，口腔肌肉松弛，舌位比较灵活，可在舌前、舌中或舌后，然而舌身始终自然安放。相反，发英语的〔a〕时，口腔肌肉紧张，舌头只能向后收缩，舌后部向软腭抬起。"①在音位上，汉语元音没有长短之分，而英语元音分长元音和短元音。多数汉语的辅音出现在音节开头，而英语的辅音比较灵活，可以出现在词头词尾。一个单词可以由多个音节构成，辅音可以连续出现，如 spring。汉语的音高分布在字上，而英语的音高（语调）分布在短语和句子上。英语的语音有连读现象，而汉语的语音却没有。在词重音分配过程中，英语首先确定重读音节，其余便是弱读；汉语则先确定弱读音节，然后再分配主重音和次重音。另外，一般来说，英语多音节词有一个（少数有两个）重读音节，而汉语多音节词通常只有一个弱读音节，其余便为重读音节。② 英汉语音上的差异还体现在诗歌的韵脚上，中国的诗歌一般都是最后一个词押韵，而英语诗歌却讲究头韵（alliteration）。中国人与英语国家的人在交流过程中，语音上的困难往往不是由于个别单词的发音造成的，而是由于读错单词的重音，或按汉语的习惯重读几乎所有音节从而破坏了英语的意群和节奏感，从而削弱了语音的可懂度及传情达意的效果。从事第二语言教学的专家们不赞成过分纠正语音上的错误，但是建议对那些能够导致歧义的系统性的错误，则需要加以矫正。

（二）语法的差异

汉语和英语语法上的差异可以表现在词类、句子、段落不同层面上。袁昌明对两种语法的对比很有启示：首先，从词类上看，英语重虚词，汉语重实词。英语虚词种类很多，出现的频率高（30%）；汉语的虚词少，

① 缪鹏飞. 英汉音素的辨别 ［J］. 华南师范大学学报（哲学社会科学版），1985（3）：142 –143.

② 许高渝，王之光. 论二十世纪我国的汉英语音对比研究 ［J］. 浙江大学学报社科版，2002（9）：53.

出现的频率较低（10%）。如冠词（a，an，the）、代词（who，whom，which，where）、引导词（there，it）等。其次，从语序来看，英语重后饰，汉语重前饰，即汉语的修饰词总是出现在被修饰词的前面，如"伟大、光荣、正确的中国共产党"。而英语的修饰词、短语、句子可以在被修饰词前，也可以在后。再次，英语重时态、汉语轻时态。英语有多重时态，往往通过动词的变化来体现，（如进行时、过去时、完成时等），汉语只有少数助词（着、了、过）表示对时间的区分。最后，英语重形态，汉语轻形态。英语构词变化多端，通过前缀和后缀的变化可以使词性（beautiful，beauty，beautifully）、词义（meaning，meaningless；successful，unsuccessful）发生变化。① 体察汉英语法的上述差异，并在适当的语境中运用相应的语法规则，是顺利实现跨文化沟通的必要条件。

（三）词汇的差异

贾志梅从英汉词汇在构词特点、形态变化、词汇意义以及并列词语的顺序四个方面对英汉两种语言及英汉词汇的特征进行了比较。首先，从构词特点上看，英语构词主要有两大类：拼缀、组合法；旧词转义法。拼缀、组合法是英语中的一大构词特点，许多新词都是由这种方法构成的，比如，smog（smoke + fog），telecon（telephone + conference），brunch（breakfast + lunch）。再如，babysitter，far-sighted，overstate 等都是通过拼缀、组合法构成的。现代汉语的构词法类型有两种，一是单纯词，二是合成词。根据构成词的音节多少，还可以分为单音节词，双音节词和多音节词，其中以双音节词占优势。以单音节词组合形成合成词是汉语构词的特点。如以"电"作为语素开头的词语有"电脑、电视、电报、电路、电压、电灯、电源、电话、电表、电车"等。此外，英语中的转意法（如名词动用：to water the street）在汉语中相对较少。其次，从两种词汇的形态来看，汉语无形态标记，而英语有标记。后者通过形态来表示不同的动词时态、名词的数格性、形容词的比较级和最高级。② 再次，从词义上看，两种语言也有很大差别。最为典型的是"龙"在汉语中具有特有的

---

① 袁昌明．英汉语法比较与翻译［J］．中国翻译，1990（2）．
② 贾志梅．英汉词汇特征比较［J］．大学英语（学术版），2007（2）：29－32.

文化意蕴，中国人自称是龙的传人，汉语中龙象征着至尊、高贵、卓越；而英语中的"dragon"却是个十足的贬义词，通常指怪物、凶残、魔鬼等可憎可恶的东西。例如，"She is a dragon"形容那女人是个悍妇。再如颜色，红色，在中国代表欢乐、喜庆、进步、成功；而"red"在英语中却有血腥（bloody），暴力（violent）和色情（erotic）之意。再如"竹"在中国有正直、清高、高雅、气节等意蕴，而英语的"bamboo"却无此深意。又如汉语中的"静如处子"，英语中则用"as quiet as a mouse"。所以在跨文化情境中望文生义，对号入座地解读对方的意义存在极大的风险。

二、语用上的差异

所谓语用，是指在口头交流情境中人们使用语言的准则。萨默瓦等人提醒我们："要想用另一文化的语言交流，不仅要了解这种语言的符号不同，而且要了解使用这些符号的规则。当你同本文化的某人交谈时，由于同一文化中的人有许多共同经验，用词去反映你的经验比较容易，然而，当沟通在不同文化的人之间展开时，介入的是不同的经验，用词来表示经验就比较困难。"[1]蒲婧新对中国英语学习者经常出现的语用失误进行了归纳。语用失误不是指一般的语言运用错误，而是说话不合时宜的失误，或者说话方式不妥、表达不合习惯等导致交际不能取得预期效果的失误。[2] 正如英国语言学家詹妮·托马斯（Jenny Thomas）所指出的，"在跨文化交际中，本族语与非本族语使用者之间的交际失败往往不是由于发音、选词或语法上的错误引起的，而是由于思维方式，语言习惯和社会习俗的不同所导致的，这种现象不应称为语言错误，而应称为语用失误（pragmatic failure）。语用失误分为两类：语言语用方面的失误（pragma-linguistic failure）和社会语用方面的失误（socio-pragmatic failure）"。[3]

---

① Samovar L，Porter R，Stefani L. Communication between Cultures［M］. 3rd ed. 北京：外语教学与研究出版社，2000：123.

② 蒲婧新. 语用失误现象与外语教学中跨文化沟通能力的培养［J］. 南京财经大学学报，2008（3）：104

③ 蒲婧新. 语用失误现象与外语教学中跨文化沟通能力的培养［J］. 南京财经大学学报，2008（3）：104.

（一）语言语用方面的失误

1. 将汉语的表达方式套用到英语上

20 世纪 80 年代末，一位国内外事服务人员在接待几位再次见面的美国朋友时说："We are old friends, we have nothing to say"，本来想表达的是"我们是老朋友，没的说"，然而这种在母语中拉近距离的寒暄，让美国客人不知所措。

2. 不能根据语境识别委婉语中暗含的意义

如在听到"It's very cold here"时，说话者也许不是单纯的对天气进行评价，而是暗含了"Please close the window"的请求。

3. 用词象征意义方面的差别

如中国的白象牌电池在国外遭到冷遇，因为商标被翻译为"white elephant battery"，white elephant 在英语中是指消耗人的资源的无用之物。

（二）社会语用方面的失误

社会语用方面的失误是指交际中因为不了解或忽视谈话双方的社会、文化背景而出现的语言表达失误。

1. 不当的问候、寒暄和告别方式

如典型的中国式的问候"Where are you going?"用于和西方人打招呼就有探测个人隐私之嫌。

2. 对恭维或赞美不恰当的回应

例如，一位美国朋友对一位中国留学生说："I love your scarf"，留学生答道："No, it's just an old one. I brought it from China"。这种回答显然受母语文化的干扰，因为中国人一般把谦虚视为美德，对别人的赞美本能地采取拒绝的应答方式。而英语恭维语的回应都比较程式化，"Thank you"就是最得体的回答，因为英语恭维语的应答中奉行"合作性原则"。

3. 由于价值观念差异带来的社会语用失误

比如，中国人聊天时很自然地问及对方的年龄、配偶和孩子的情况；而在西方，年龄、家庭情况都属于个人隐私范畴。除非对方主动透露，否则对方会认为你好打探别人隐私而避之不及。事实上，在一个"长幼有序"、以家庭为核心的伦理文化中，不了解对方的年龄，人们似乎无法确定交往中应把握的礼仪尺度；不聊几句家常，就可能显得麻木不仁，不食人间烟火。中国人对年龄的不确定性容忍度较低，不仅表现在日常交往中，甚至在求职信的内容上也有所体现。中国人的求职信中年龄是必不可少的信息，而在美国求职申请中则不需要提供有关年龄的信息。中国受"礼"的观念影响，在交往过程中会依据对方的年龄身份、地位及当时的情境采取相应的沟通策略，人性化强，语境性强。① 而在西方个人主义文化中，个体以独立的身份与人沟通，年龄与家庭信息属于个人隐私，无视这一点就会给沟通双方都带来尴尬。

三、语篇的差异

关于汉语与英语语篇的差异，有几位语言学和第二语言研究者从不同的角度进行了比较。

（一）语言思维图示：直线式与螺旋式

卡普兰（Kaplan）认为英语与东方语言的差异体现在直线式与螺旋式的思路上。② 英语的表达方式通常是开门见山，把最重要的信息放在开头，然后再提供细节，说明其合理性；而汉语的表达正好相反，通过迂回的方式先做大量的铺垫，把关键信息放在最后，使对方水到渠成地理解和接受自己的想法和主张。针对两种思维表达方式的不同，张一平提供了一位中国（香港）警察和他的英籍上司两种不同思维路线造成尴尬的案例③：这位中国警察（A）打算向上司（B）请假，星期四去送生病的母

---

① 司彩铃. 从高低语境文化交际理论看中美交际模式差异 [J]. 安徽商贸职业技术学院学报, 2009（2）：76.

② Kaplan R B. Cultural thought patterns in intercultural education [J]. Language learning, 1966（16）：1–20.

③ 张一平. 英汉语篇思维模式对比研究 [J]. 社会纵横, 2000（4）：84.

亲住院治疗。由于他请求的方式转弯抹角，与英语直奔主题的语篇方式相左，而没能达到目的。对话内容如下。

A：Sir?

B：Yes, what is it?

A：My mother is not very well, sir.

B：So?

A：She has to go to the hospital.

B：Well, go on with it. What do you want?

A：On Thursday, Sir.

B：Bloody hell, man. What do you want?

A：Nothing, Sir.

这位警察采用了迂回式的沟通策略，为博得上司的同情以期获许可，再三暗示却不明确提出请求，没有意识到听话的一方对这种绕弯子的表达方式有不同的感受。在对方看来兜圈子（beat about the bush）令人反感，既没有效率，又欠真诚。这一例子表明，在与英语文化的人打交道时，必须考虑对方的思维和表达模式。

在书面沟通中，汉语螺旋式思维的方式也很明显。陈威就母语思维对中国学生英文写作的影响指出："英语语篇的组织和发展呈直线型，段落的意思也呈直线顺序发展，一个英语段落通常以一个主题句开头，开门见山地点明这一段落的中心思想，以引起读者的兴趣，然后在以后各句中分析、发展这一中心思想。同时，往往一个句子中有一个脉络清晰的主谓结构，然后利用从句或插入语阐明细节，而中国学生喜欢穿靴戴帽。"例如，一次关于"Food safty"的写作训练中，一名学生是这样开头的:[①]

"With the development of our economy, our living standard has risen rapidly. We can eat everything we want to. But some people make profits by adding harmful things in food."

上述中国学生层层铺垫、转弯抹角的接近主题的写作思路，会让英语国家的读者如坠云雾。因为英语写作的思维路线是开门见山，直奔主题的。

---

① 陈威. 母语思维对中国学生英文写作的影响与应对策略［J］辽宁师范大学学报. （社科版），2011（5）：142.

（二）归纳式与演绎式

斯考伦夫妇（Scoolon & Scoolon）用归纳式和演绎式来概括汉语和英语的话语模式。归纳式的话语模式是先提出次要的论据，层层推进，再呈现主要论点。演绎式话语模式恰恰与此形成鲜明对比：先提出主要论点，然后提出次要论点或证据。[①] 以上述中国警察请假的思路为例，其思考路线为：因为我母亲生病，所以她要住院，因为她要住院，所以我要送她去，因为我要送她去医院，所以不得不请假。非常遗憾的是，他的英籍上司虽然多次给他机会表达他的要点，但他多次错过机会，以致对方没有耐心等到他说出要点。

这种归纳式的话语模式在英文写作中也很常见。中国学生在写英文申请信时，常常沉溺于对细节的描述上，试图让审阅者顺理成章地得出自己符合要求的结论。而英文中合理的表达方式是先表明自己想要达到什么目的，然后再提供自己符合对方要求的证据。这些证据通常不是以抒情的方式呈现，而是通过每个段落开头的主题句提供次要论点，再在每个论点下面充实证据。相同的内容由于话语模式的不同可能使另一文化的审批者形成不同的印象。

（三）作者责任型与读者责任型

海因兹将语篇的差异分为"作者责任型"和"读者责任型"两种模式，即写作中作者和读者在意义的表达和解读中各负多少责任[②]。读者责任型在理解文章时更依赖于读者自身的能力，作者在解释文章思想方面责任较少，而作者责任型要求作者尽最大的责任使文章的内容、逻辑尽量清晰易懂。汉语作为读者责任型的特点比较明显：文章中作者的表达常常是旁征博引、起伏跌宕、追求一种曲径通幽的境界；而读者则需要用心体会、挖掘作者思想感情和写作意图。英语写作的原则则是清晰、简洁在先，风格文采在后（clarity over style），强调作者必须把内容推理过程表现得清晰、透彻。因此从文章开篇起，作者就要说明论点，文章通过连接词形成清晰

---

① Scoollon R, Scoolon S W. Intercultural communication：A discourse approach ［M］. Foreign Language Teaching and Research Press, 2000：78 - 79.

② 吴为善，严慧仙. 跨文化交际概论 ［M］. 北京：商务印书馆, 2010：159.

的逻辑线索，最后还必须重复论点，概括重点，得出结论。

四、表达方式的差异

陈雪飞在《跨文化交流论》中，将东西方的表达方式的差异归纳为两个方面：直接和婉转；插话与沉默。① 以此为基础，我们以课堂沟通为例，分别从两种语言表达的直曲偏好、话语接续、沉默反应三个方面对汉英的表达方式加以说明。

（一）曲直偏好

语言的表达方式受文化特征的制约，或直接、坦率，或委婉、含蓄。在言语沟通的实践中，个人主义与群体主义、高语境与低语境这两个维度常常交织在一起。在前一章所提到的个人主义、低情境文化中，直接、坦率、正面的沟通模式更受青睐，与此相反，在群体主义和（或）高语境文化中，委婉、含蓄、间接的沟通方式更畅行无阻。以上差异体现在请求、建议、回应等方面。

中国文化作为群体主义、高语境文化，不喜欢正面批评或建议，比较注意控制自己的情绪，为了人际关系的和谐，有时会以间接的方式转达意见；相形之下，个人主义、低语境的美国人则感情比较外露，喜欢直截了当的交流方式，讲求办事效率。例如，一个美国学生对自己考试的分数有异议，会直接让教师提供解释。如果学生无法接受教师的解释，便会提交到学校的"听证会"，在由多方代表组成的委员会上公开陈述理由，以求解决。而中国学生对教师不满，往往不会正面提出。

中国文化中的间接沟通方式，会使来自英语文化的人感到费解。例如，一位从美国来的教师在开始授课不久，便被叫到系主任办公室。系主任委婉地表示学生们希望他的教学内容更系统化一些，这件事让这位美籍教师消受不了。她无法理解学生们对自己的课堂教学有意见，为什么不在课堂上直接与她本人沟通，去找第三方来转述是不是因为对自己的学识和品质不够信任？②

显然，上述中国学生和美国教师都希望改善教学，但却偏爱不同的沟

---

① 陈雪飞．跨文化交流论［M］．北京：时事出版社，2010：168.
② 田苗．浅析文化价值观对中美师生处理冲突的影响［J］．价值工程，2011（5）：18.

通方式，在这位教师看来，直截了当比礼貌更为重要。可见中西方直与曲的文化相遇需要双方在表达方式和理解上表现出对对方文化的敏感性。

（二）话语接续

中国留学生在国外学习语言上遇到的一个障碍，就是话语接续问题。因为他们习惯于汉语话语接续中的较长的停顿或间隔，而英语的谈话的话语间隔比较短，中国学生感到难以插话。不太熟悉英语的话语接续信号，是中国学生难以插话的原因之一。一些研究表明，自然流畅的话语接续有三个要素：①言者发出话语交转信号；②听者做出话语接续的反应；③言者迅速转交话语。言者通过对听者表情动作的察言观色来获得对方的是否愿意接续话语的信息。通常话语接续与停顿、目光注视、感叹、手势等信号有关，其中目光注视是话语接续的关键。① 邓肯（Denken）等人列举了六种话语接续信号：① 语调变化；②发音延长；③话语结束的手势多；④运用"you know"之类的常规表达方式；⑤音调的高低；⑥采用完整的句法结构。② 对于留学生来说，有效地识别这些信号，对于有效地参与课堂讨论十分重要。

（三）沉默反应

东方人对沉默的反应与英语国家的人有明显的区别。中国人认为"知者不言、言者不知"、"响水不开"，所以沉默是有涵养的表现。而美国人多认为沉默、缺乏交际是一种无礼的表现。因此，交际中一出现沉默，美国人就讲话填补一下。出于对沉默的不同理解，外籍教师对中国课堂上的沉默现象感到比较难以容忍，挫折感较强。另外，他们对不同情况下学生沉默背后的信息难以把握。一位在中国从事英语教学的美籍教师抱怨，中国学生在课堂上的表现让人费解：多次在课堂上布置的作业和任务，一大部分学生都不能按时完成，但奇怪的是课堂上征求学生作业量、时间上是否能够承受时，学生却往往一言不发，教师把沉默视为没有异

---

① 张传真，张法科. 英语的话语接续与语言习得［J］. 山东外语教学，1989（1）：79.
② 张传真，张法科. 英语的话语接续与语言习得［J］. 山东外语教学，1989（1）：79.

议，然而结果却令人失望。① 这位教师无法解读在这种情境下中国学生的沉默只是出于礼貌，并非没有意见。

五、中西语言的"言辩"观

（一）言辩的价值

贾玉新、陈雪飞等学者指出：中西语言哲学"言辩"观的差异：以个人本位为取向的西方人强调语言的力量，一般比较健谈，惯于表现自己，说话直接，喜好辩论，这有利于向外延伸自我。而群体取向为主的中国文化则倾向于弱化语言的力量，人们不那么健谈，尽量少和别人对立、争辩，因此讲起话来婉转、隐晦。②

中国古代圣贤告诫人们"君子敏于行而慎于言"、"知者不言，言者不知"，而中国民间也流传着"祸从口出"的说法。诉诸言辩的人，被视为或骄傲浮躁，或浅薄无知，或是非之端。因此，中国历史上的雄辩之人大多逆境相伴，如寇准、海瑞这些为民请命的辩才沉浮不定，难逃被贬的命运。

与此相反，西方文化则仰慕辩才，彰显言辩的力量。有这样的格言为证："Be a craftsman in speech that thou mayest be strong, for the strength of one is the tongue, and speech is mightier than all fighting."③（做一个有语言艺术的人能够使你强大，因为一个人的力量在于他的口才，言辞的力量胜过所有的征战。）西方人耳熟能详的威廉·莎士比亚的《裘里斯·凯撒的悲剧》(*The Tragedy of Julia Caesar*) 中布鲁托斯的辩说绝句"不是我不爱凯撒，而是我更爱罗马"（Not that I loved Caesar less, but that I loved Rome more）被视为有胜过千军万马的力量。

西方人依靠言辞来解决问题，赢得支持（如总统竞选演讲辩论），化解冲突，并通过言辩提升个人价值、赢得尊重。

---

① 田苗. 浅析文化价值观对中美师生处理冲突的影响 [J]. 价值工程. 2011 (5)：18.
② 陈雪飞. 跨文化交流论 [M]. 北京：时事出版社. 2010：166.
③ Cain Susan. Quiet：The Power of Introverts in a World that Can't Stop Talking [M]. New York：Crown Publishers, 2012：188.

（二）言辩的主题

中西方的言辩的主题从古代哲人的话题中可见一斑：孔子和苏格拉底堪称中西方古代学者的代表。两者都热衷于聚徒讲学，都没有著作，其思想行为均由其弟子记录整理而成书并得以流传。苏格拉底通过谈话法启发人们关心思想、关心智慧、追求真理；孔子通过对话去启发他的弟子关心伦理、道德和做人的方式。① 东西方的两位哲人的教学追求反映了东西方文化的差异：以古希腊为代表的西方教育注重培养能言善辩的智者；而我国教育的传统在于培养"慎于言"的贤人、君子。

（三）言辩的依托

苏格拉底注重逻辑的力量，注重理性；而孔子言说的标准却不在话语本身的逻辑，而是在言说之外，立足于个人的内心体验。②

在西方，长期以来形成了以逻辑、理性为依托的言辩传统，甚至在身份地位不同的人之间，言辩的力量也能保持弱者的尊严。拿破仑和他的秘书有这样一段有趣的对话：

有一次，伟大的拿破仑骄傲地对他的秘书说："布里昂，你知道吗？你将永垂不朽了。"布里昂没有明白他的意思，问拿破仑为什么这么说。

拿破仑说道："你不是我的秘书吗？"

布里昂明白后，不甘示弱地对拿破仑说："请问，亚历山大的秘书是谁？"

拿破仑没有答上来，他赞扬布里昂说："问得好!"③

他毫不掩饰自己为下属言辩的机智、逻辑、锋芒而折服。

---

① 陈雪飞. 跨文化交流论［M］. 北京：时事出版社，2010：165 - 168.
② 陈雪飞. 跨文化交流论［M］. 北京：时事出版社，2010：166.
③ 卡耐基. 沟通的艺术与处世的智慧［M］. 王红星，译. 北京：中国华侨出版社，2012：
126.

第二节　影响跨文化课堂言语沟通的要素

一、语言沟通的障碍

在跨文化课堂中，在沟通主体使用第二语言的情况下，无论是留学生，留学生助教，还是任课教师，都可能存在一定的语言障碍，许多关于课堂沟通的研究揭示了这方面的问题。

(一) 留学生的语言障碍

在英美国家，外国（特别是亚裔）留学生的语言障碍是比较普遍和突出的问题。费兹（Faez）对加拿大西安大略大学的一项访谈调查发现，教师教育专业的外籍学生面临的主要障碍有两方面：一方面是语言障碍，包括口头和书面沟通技能、反思性书面作业、口音与发音以及与岗位相关的语言学知识；另一方面是文化知识，包括对流行文化、学生中心的教学方法以及教育制度不熟悉。其中，语言带来的问题包括阅读、写作和口语方面。[①]

首先，师范专业的外籍学生在学术阅读和写作方面问题比较突出。他们需要花更多的时间完成各科的阅读和写作作业，无论是阅读教材、（实习时）评阅学生作业、阅读师范专业教师和助教的批语，还是阅读学校和教育部的文献都有困难。写作方面的挑战表现在教案的编写、板书、写家长报告书、描述作业及考核要求、给学生书面反馈等方面。其中他们感到最为困难的是书面作业、写读书笔记、反思性作业（读后感）。除了担心语法错误和表达不够准确，他们中的多数人对在日记中表达个人的情感感到不舒服。

其次，在口头沟通方面也面临挑战。有的师范生不能有效地参加小组讨论和全班讨论，不知道如何插入，有时跟不上讨论的思路，不能像同伴那样迅速地组织思想并即刻表达出来。另外，他们用词不够准确，表达不

---

① Faez F. Linguistic and cultural adaptation of internationally educated teacher candidates [J]. Canadian Journal of Education and Policy, 2010, (2).

够精确，还会由于口音和发音错误感到没面子和紧张。

（二）留学生助教及外籍教师的语言障碍

尽管美国的外籍留学生助教经过考试或其他形式的考查和筛选，已经正式入职的外籍教师经过了更为严格的选拔，但他们在与东道国学生课堂沟通中也存在着一定程度的语言障碍。与一般留学生群体相比，这一群体的语言障碍主要不是语法、词汇上的，而较多地表现为与本国学生在口音、语用、语篇和语言风格上的差异。其中，本科生对任课教师口音的抱怨最多，因为外国口音加重了学生认知负荷。语用、语篇上的差异给学生理解带来困难；语言风格上的差异也影响到师生之间的互动和悦纳。事实上，几十年来美国对外国留学生助教的抱怨就一直没停止过，对其评价也低于本国教师。①

二、沟通焦虑

沟通焦虑是指个体对于与他人进行沟通以及预期与他人相互作用的害怕和紧张程度。沟通焦虑最早局限于口头沟通的范围。后来人们注意到沟通焦虑可以分为特质焦虑和状态焦虑两个方面，并且沟通焦虑与个体内外两方面因素有关。跨文化沟通焦虑，是个体在与来自不同文化的个体进行交流时产生的一种消极的情绪体验。课堂沟通焦虑是指与课堂参与相关的恐惧和紧张。纽列普和麦克劳斯基（Neuliep & McCroskey）编制了"个体跨文化沟通焦虑自陈量表"，该量表由 14 个项目构成，具有良好的信度（0.94），在教学沟通研究中广为使用。

古迪坎斯特（Gudykunst）指出，在跨文化教学中，学生的跨文化沟通焦虑普遍存在，当任课教师来自于其他国家和文化时学生会不同程度地产生跨文化沟通焦虑。②

一些研究表明，不同文化中跨文化焦虑的水平是不同的。有研究者

---

① McCroskey L. Domestoc and Internationl College Instructors：An Examination of Perceived differences and their correlates ［J］. Journal of intercultural communication research，2002：75 – 96.

② Gudykunst W B. Uncertainty and anxiety ［J］. International and intercultural communication annual，1988，12.

采用个体跨文化沟通焦虑自陈量表对中美两国大学生的调查表明，中国学生的沟通焦虑水平高于美国学生。研究者认为，从文化的维度来看，中国属于群体主义文化，美国属于个人主义文化，并且中国的权力距离较大，美国权力距离较小。这种文化差异可能影响到学生课堂沟通焦虑的水平。①

三、沟通意愿

沟通意愿是指一个人愿意与另一个体交流的自愿程度。课堂沟通意愿是一般沟通意愿的情境化的体现，指学生在课堂里沟通的自愿程度。学生课堂沟通的自愿程度既是学生个体的一般特征，也是一种状态特征。研究者普遍使用的沟通意愿量表是一个由 12 个项目组成的测量个体发起沟通的倾向性的工具，以四种不同情境和三个不同的沟通对象为背景的。该量表在人际沟通与教学沟通领域广泛使用。

"学生与教师沟通意愿量表"是根据陈和麦克劳斯基（Chan & Mc Croskey）修订而来，由 4 个项目组成：课后与教师交谈；在教师答疑时间去教师办公室交谈；课堂上向教师提问；课上回答问题或发表见解。②

四、师生的同质性

在跨文化沟通领域，同质性与异质性是芝加哥学派的代表人物帕克及其学生博加德斯共同创建的概念。同质性，是指两个或几个沟通者之间的相似性；异质性，是指两个或几个沟通者之间的差异性，这些相似或差异表现在语言、文化背景、价值观、所拥有的信息等多个方面。③

罗杰斯与博米克在总结各种沟通研究的基础上比较了同质性对沟通的影响：同质性个体之间的沟通多于异质性个体；同质交流比异质交流更为有效；有效沟通可以使个体在知识、态度、行为上产生更大的同质性；沟通者之间有足够的同质性但在某些方面具有异质性会产生最有效的沟通；

---

① Zhang Q. Teacher Immediacy and Classroom Communication Apprehension：A Cross-Cultural Investigation ［J］. Journal of Intercultural Communication Research，2005（1）：50 –64.

② Chan B，McCroskey J C. The WCT Scale as a predictor of classroom participation ［J］. Communication Research Report. 1987，4（2）：47 –50.

③ 陈雪飞. 跨文化交流论 ［M］. 北京：时事出版社，2010：6.

人们对具有同质来源的信息给予更多的信任，通常对于异质来源的信息置信程度较低，除非是专家意见。[①] 上述观点对于我们理解课堂里师生的沟通颇有启示。

教师与学生的同质性主要包括两个维度：背景的同质性与态度的同质性。高马兹和皮尔逊（Gomaz & Pearson）以美国中西部一所学校的257名本科生为对象，对师生同质性与教师信誉之间的关系进行了一项实验研究。其中，师生同质性采用的是上述两个维度；教师信誉度采用的是麦克劳斯基（McCroskey）1966年编制的包括能力与品格的两维度量表。研究者通过对两名美国本国和两名外国博士研究生助教的性别及语言的操纵，发现本科生对母语不同的研究生助教在背景和态度的同质性的评价差异显著，对本国研究生助教的两项评分均高于外籍研究生助教。与此相应的是，美国研究生助教在品格方面的得分高于外国研究生助教。鉴于本国研究生助教与本科生的背景同质性更高，因此在沟通方面更为有效。在态度同质性上，语言也具有显著的效应。美国本科生对本国研究生助教的态度同质性的评分也高于外籍研究生助教。认为他们与本国助教在价值观念、信仰、行为、态度、见解等方面更有共性。与此对应的是，他们认为外籍研究生助教与他们的信仰和思想上不同。[②]

传播学中的共同经验原理告诉我们，经验传播是一种信息传递与交换的活动，教师要与学生沟通，必须把沟通建立在双方共同经验的范围内，如同两个相交圆的重叠的区域内[③]。要学生了解一件事物，教师必须用学生经验范围内能够了解的比喻，引导他们进入新的知识领域。如果师生之间缺少共同经验，教师要通过教育媒体的选择和设计创造共同的经验，才能实现有效传播。

---

① 陈雪飞. 跨文化交流论［M］. 北京：时事出版社. 2010：6.

② Gomez C F. Pearson, J C. Students' perceptions of the credibility and homophily of native and non-native English speaking teaching assistants［J］. Communication Research Reports, 1990（1）：58－62.

③ 南国农. 教育传播学［M］. 北京：高等教育出版社, 1995：233.

五、社会沟通风格

（一）果断性与呼应性

沟通者社会沟通风格（socio-communication style）是指个体发起交往和对他人的沟通的反应与适应所表现出的倾向性。[①] 社会沟通风格通常被分为两个维度：果断性与呼应性。果断性是指一个人在不冒犯他人的权利的前提下，运用有效的、得体的方式捍卫自己的观点。具有果断性社交风格的人在沟通过程中表现得更为积极，更有竞争力，更有主见，更善于发起和结束谈话。呼应性是指个体表现出来的热情、同情心与友善的态度。呼应性高的个体更愿意表达感情，显得友好而真诚。

教师社会沟通风格（teacher communicative style）量表包括两个维度，（果断性与呼应性）共 20 个项目：[②]

- 有帮助的；
- 捍卫自己的观点；
- 独立；
- 对我回应；
- 有力度；
- 有较强的个性；
- 有同情心；
- 有感情的；
- 决断的；
- 对他人的需要敏感；
- 支配的；
- 真诚的；
- 温文尔雅的；

---

① McCroskey L. Domestic and Internationl College Instructors: An Examination of Perceived differences and their correlates [J]. Journal of intercultural communication research, 2002: 75 - 96.

② Hellmann B. Status, status differentials as predictor of student learning, teacher evaluation, teacher socio-communicative style and teacher credibility [D]. West Virginia University, 2001.

● 愿意表达立场；

● 热情的；

● 温柔的；

● 友善的；

● 表现出领导的方式；

● 有进攻性的；

● 有竞争性的。

泰文（Teven）指出，学生对教师沟通风格的看法，并非取决于一次性的互动，而是师生之间连续的相互作用。最近对于教师社会沟通风格的关注，集中于教师沟通行为的模式。果断性被教师描述为追求卓越，坚持目标取向。[①]

伍泰恩和麦克劳斯基（Wooten & McCroskey）对 139 名美国东部一所大学的传播学概论课的学生的调查显示，教师果断性和呼应性都与教师的信任度存在正相关，其中教师呼应性与学生对教师的信任度（$r = 0.59$）高于教师果断性与学生对教师的信任度（$r = 0.27$），然而，教师的果断性与学生对教师的信任是以学生自身的果断性为中间变量的。果断性高的教师能提高果断性高的学生对教师的信任度，对于果断性低的学生却不存在这种相关。教师呼应性与学生对教师的信任度之间的关系则不受学生自身呼应性的影响。研究者建议果断性高的教师在与羞涩、腼腆、内向的学生打交道时要适度地弱化其果断性行为。[②]

（二）正式与非正式

一些研究者指出，在某些层级分明的社会，上级与下属书面沟通时通常会采用非常正式的沟通风格，以强化权力距离和维护权威。这种正式的沟通风格在一些亚洲国家司空见惯。颇为有趣的是，这种正式的沟通风格

① Teven J J. The Relationship among Teacher Characteristics and Perceived Caring [J]. Communication Education, 2001, 50 (2), 159 – 69.

② Wooten A G, McCroskey J C. Student trust of teacher as a function of socio-communicative style of teacher and socio-communicative orientation of student [J] . Communication Research Reports, 1996 (1): 94 – 100.

由于降低了相互身份的不确定性而强化了社会和谐。^① 这种正式的沟通风格，在口头沟通中也颇为明显。比如，在中国的大学里，教师们会使用张院长、李院长等称呼，请示领导对某件事情的意见时毕恭毕敬，而美国的院长和系主任们则喜欢同事们称呼他们 John，Barbara 等。

然而，中国式沟通风格在强调平等的文化成员看来似乎过于彰显权威性。通常在美国等权力距离比较小的文化中，沟通风格比较从平等关系出发，上级往往采用更为随便的沟通风格，以淡化与下级的权力距离。在追求平等关系的文化中，上级的权威需要得到下级的认同。所以美国商务沟通的教科书在如何写书面通知的问题上建议采用友善、非正式的风格以使阅读通知的人最大限度地予以配合，并且要求起草者应从读者的角度出发成文。^②

（三）语言的攻击性与歧视性

语言的攻击性（verbal aggressiveness）是指一种包含打击他人自我概念的沟通行为的特质。语言的攻击性的影响是巨大的，它可以使人产生羞辱、欠缺、无助、绝望、抑郁等反应。研究一再表明，语言攻击能导致不良的关系。虽然对于多种情境下的语言攻击的后果已有大量研究，但是，对于教学领域的语言攻击性的研究则起步稍晚。

因芬特和魏格利（Infante & Wigley）编制的教师言语攻击性量表（Verbal Aggression Scale，简称 VA）由 20 个项目组成，采取 5 级计分法，具有可靠的信度（Alpha 为 0.8）。^③

教师语言的攻击性影响学生对教师的评价。泰文和格海姆（Teven & Gorham）的研究表明，在学生眼里，对学生使用令人泄气或反感的语言的教师比与学生共情、对学生作出积极反应的教师更缺少爱心。^④ 马丁

① Beamer L, Varner I. Intercultural Communication in the Global Workplace [M]. 大连：东北财经大学出版社，2009：164.

② Beamer L, Varner I. Intercultural Communication in the Global Workplace [M]. 大连：东北财经大学出版社，2009：163.

③ Infante D A, Wigley C J. Verbal aggressiveness：An interpersonal model and measure [J]. Communication Monographs, 1986 (53)：61 – 69.

④ Teven J. The relationships among teacher characteristics and perceived teacher caring [J]. Communication Education，2001 (2)：159 – 169.

（Martin）等研究者发现，使用攻击性语言的教师比无攻击性语言的教师在学生看来能力更低、更有距离感、更缺少礼貌。罗卡和麦克劳斯基（Rocca & McCroskey）发现教师语言的攻击性与教师的亲切性成反比。[1] 泰文（Teven）对 249 名本科生的调查显示，教师关爱与教师的应答性相关为 0.77，与果断性相关为 0.13，与教师亲切性相关为 0.53；与教师语言攻击性的相关为 -0.40。四个变量合起来，能预测 0.62 的教师关爱变量。[2]

教师语言的歧视性是指教师采用对某一群体（包括年龄、性别、种族、行为取向）采用贬低、排斥性的语言，这种语言通常引起该群体的消极反应。语言的歧视性首先体现在对不同人群的称谓上。例如，对于美国黑人的称谓经历了从 "negro" 到 "black"，再到 "African Americans" 的变化；对于特殊儿童的称谓也由 "handicapped" 转为 "children with disabilities"，或者 "children with special needs"。教师对学生的称谓必须保持敏感和善意。美国自 20 世纪 60 年代的民权运动以后，对语言的歧视性越来越敏感，甚至对某一群体的隐含的不利评价都会招致很大的麻烦。

上海某高校的美国学生对教师性别歧视的抱怨比较能说明美国文化中对歧视性语言的敏感：几位美国留学生，只有两年的汉语培训便插班参加了中国本科生的语言文学课。临近考试，他们发现自己与中国学生的差距还很大，就向负责他们学习的老师抱怨中国文学太难了。这位男教师便说："那好，我们另外替你们出试卷，降低点难度，你们女孩子大老远跑到中国来，学到这样的程度已经很不错了。"没想到，这几位美国女生对老师的话很反感，并到学校外事处投诉"老师性别歧视"。[3] 大学教师在与英语国家的学生打交道时，要留意"政治上的正确性"（politically correctness）。西方民主社会中，你可以公开反对总统、批评领导，但你不能对不同群体及其成员使用与其身份有关的歧视性的语言，对弱势群体成员

① Rocca K A, McCroskey J C. The interrelationships of student ratings of instructors' immediacy, verbal agressiveness homophily, and interpersonal attraction [J]. Communication Education, 1999 (10)：308 - 316.

② Teven J. The relationships among teacher characteristics and perceived teacher caring [J]. Communication Education, 2001 (2)：159 - 169.

③ 吴为善，严慧仙. 跨文化交际概论 [M]. 北京：商务印书馆，2010：234 - 235.

的语言歧视可以导致教师被解聘等严重后果。

第三节　课堂有效言语沟通的策略

一、何为有效沟通

一些学者认为，沟通的有效性，是指沟通体现出社会性适应的特性。成功的沟通在于减少误解，实现顺畅的交流，达到预期的沟通意图。教师沟通的有效性体现为在师生之间较少误解，学生认为教学达到了预期的目标。[①]

有效沟通还在于沟通双方情感的分享与满足。有人对参加第一届到第四届全国中学生物理竞赛决赛的学生做过关于物理学习兴趣的问卷。统计结果表明：因为自己经常能受到物理老师表扬而对物理学习感兴趣的占78%。这一结果表明，学生对某一学科的学习兴趣的高低，与学生在该门课学习过程中被老师认可的程度正相关。因此，在教学过程中，教师应在信息交流的同时，满足学生的情感的需要。教师对学生的态度是不是赏识的、认可的、赞美的、关注的、包容的，都会通过教师的语气、语调、节奏及面部表情传递给学生，并对学生产生影响。

二、影响言语沟通影响力的要素

从传播学角度看，教师课堂上对学生知识信息的传授、情感态度的培养可以视为教育传播，具有说服的性质。彭凯平等将影响说服的要素归纳为四类：①沟通者特质：信誉、相貌；②信息质量；③听众特质；④信息传播方式。[②] 莫泰特和派特森（Mottet & Patterson）认为教师言语沟通的有效性的结构包括以下成分：言语亲切性、言语的强度、自我坦露、沟通与

---

① Mottet T, Patterson B. A Conceptualization and Measure of Teacher Verbal Effectiveness [R]. 1996.

② 彭凯平，王伊兰. 跨文化沟通心理学 [M]. 北京：北京师范大学出版社，2009，158 - 164.

适应、幽默。[①] 教师沟通行为是一个涵盖范围很广的概念，在教学沟通领域广受关注。研究表明，一些受到表彰的教师不仅通过非言语行为来促进学生的学习，而且采用诸如自我坦露、幽默等言语技巧促进学生的学习。

（一）言语的亲切性

格尔海姆（Gorham）认为，教学沟通，如同其他人际沟通，包括显性沟通和隐性沟通。在隐性沟通中，包括三个重要的维度：追求愉悦、兴奋、权力。喜欢，作为厌恶的对立面，可以用接近来比喻，是指那些能够拉近沟通双方物理和心理距离或增加感觉上的吸引的行为。兴奋是由身体动作的变化以及声音、表情的变化来传达的。权力是通过音量、扩张性、控制、放松状态来传达的。

对于教师言语亲切性的研究主要侧重于权力关系。教师采用亲社会行为而不是反社会的行为调节学生行为，对学生的情感与认知学习有促进作用。亲社会行为包括奖励、专业知识与参照权力。反社会行为包括强制性的或法定的权力。[②]

格尔海姆（Gorham）对教师的言语亲切性进行了结构性的探讨，在前人研究的基础上筛选出 20 个测量言语亲切性的项目[③]：

- 运用个人的课外生活的例子；
- 提问并鼓励学生发言；
- 针对学生提出的话题进行讨论，尽管这一话题并非出于讲授计划；
- 课堂上运用幽默；
- 直呼学生的名字（不加姓氏）；
- 直接称呼我的名字（不加姓氏）；
- 课前课后与学生交谈；
- 在课前、课后、课外主动与我攀谈；

---

① Mottet T, Patterson B. A Conceptualization and Measure of Teacher Verbal Effectiveness ［R］. 1996.

② Gorham J. The relationship between verbal teacher immediacy behaviors and student learning ［J］. Communication Education, 1988（37）：40－53.

③ Gorham J. The relationship between verbal teacher immediacy behaviors and student learning ［J］. Communication Education, 1988（37）：40－53.

- 使用"我的班级"和"我"等第一人称；
- 用"我们班"和我们做什么等；
- 对我的书面作业用评语或口头交流等方式提供反馈；
- 在学生没表明想发言的情况下，指定学生发言；
- 征询学生对作业的感受，对题目、截止日期等的意见；
- 欢迎学生有问题或需要讨论时打电话或到办公室面谈；
- 对学生就有具体、正确答案的问题进行提问；
- 对能够引发学生观点、见解的问题进行提问；
- 赞美学生的作业、行为、讨论；
- 批评学生的作业、行为、讨论；
- 与学生讨论与课堂无关的问题；
- 对学生们以昵称（不用姓氏）相称。

格尔海姆（Gorham）的研究显示，教师言语与非言语亲切性与学生认知领域的学习均存在着正相关，但在班级规模大的情况下，言语亲切性的作用就会削弱，而非言语亲切性的作用却不因班级规模增大而减弱。

（二）言语的强度

尽管关于言语的强烈效果的研究结论多数来自于说服与态度改变的研究，但在教学情境中也同样适用，因为教学中大量的行为是说服与态度改变的修辞行为。言语的强度是指讲话者的态度偏离中庸的程度。研究表明，使用强度高的语言的沟通者有更多的情绪表现，使用更激烈的语汇，观点鲜明、语言更生动，运用更多的比喻。鉴于教学的核心在于教师影响、调动和激励学生，所以研究者假定语言表达更强烈的教师的教学更为有效。

（三）自我坦露

自我坦露是指一个人向沟通对象透露关于个人的信息。自我坦露与吸引力、亲密、信任及人际间的凝聚力密切相关。虽然自我坦露在多数文化中都有拉近人际距离的作用，但是在不同文化中教师自我坦露的效果可能存在着差异。史清敏[①]等人对中美两国教师自我坦露的教学效果进行了跨

---

① 史清敏，张绍安，罗晓.教育自我表露教学效果的跨文化比较［J］.教师教育研究，2008（3）：45-49.

文化比较。他们以来自两所大学的 509 名中国师范生和来自美国一所综合大学的 180 名师范生为对象进行了问卷调查。研究表明，中美两国学生对教师自我坦露的效果都持肯定的态度，认为教师的自我坦露有助于发展师生之间的信任关系，使学生和教师交流教学更为自然亲切，从而愿意向教师倾诉自己的问题。另外，教师自我坦露还有助于学生理解教师讲课的内容，使课堂教学更为生动有趣，更乐于参与课堂活动。但是，该研究还发现，在"师生关系与师生交流"、"学生学习效果"和"课堂参与"三个维度上，美国师范生的反应都显著高于中国师范生。

如何理解中美学生对教师自我坦露的反应上的差异呢？

首先，双方对教师角色的期待不同。中国学生对教师职业的期待是严肃、认真，体现教师的尊严与威信。在课堂上教师谈及个人经历、家人和朋友会有跑题之嫌，因此教师在公共交流中往往采取"慎于言"的安全策略。

其次，中美知识价值取向不同。中国文化具有公共知识取向的价值观，个人知识难以进入主流。古时课堂上传授的是圣人之言，今天是科学知识，因此，凡是不能贴上科学知识标签的都有离经叛道之嫌。因此，凡涉及个人经验之时，许多教师往往心有余悸，不敢越雷池一步。而美国文化崇尚个性，偏爱个性化的表达，因此联系个人经验、趣闻逸事讲解反而更贴近学生的生活，比照本宣科更能受到学生的欢迎。

再次，对教师自我坦露的看法也反映了中美两国对于教育与生活关系的不同理解。中国文化中，学习是未来生活的准备，是独立于生活的一方净土，过早地卷入生活，会对学习造成干扰。我甚至还记得我在中学时学编织，家人训斥我"不务正业"，因为中国人相信学习是学生的天职，花时间做手工之类的生活琐事会干扰学习。与此相反，美国深受杜威教育即生活的影响，教育生活化的倾向明显。小学有"沙滩日"，规定那一天学生们可以披浴巾、穿拖鞋上学。教师也会和学生谈起他们的孩子、宠物之类的话题。美国小学课堂上，教师经常会专门拿出一段时间"Show and Tell"，专门让小学生分享他们生活中有趣或值得分享的事。

（四）沟通适应

沟通适应理论假定人际交流时沟通者双方试图调整他们的语言风格以

博得对方的肯定，提高沟通的有效性，维持社会身份。在跨文化情境中，运用学生语言的教师比运用正式语言的教师被学生视为沟通更为有效。一些研究者认为，沟通的趋同性，可能会增加沟通者的吸引力、可预测性、可懂性以及在接受者心目中的人际参与性。莫泰特（Mottet）认为，教师的沟通适应不仅包括讲话的速度、停顿、运用特定的礼貌策略，监测学生理解的提问，使用更有力度的语言等策略，还包括内容上的适应，如将学生喜爱的电影电视音乐等大众文化纳入讨论，联系大众文化解读所学的概念等似乎都使教学与学生的需要更加合拍。① 近年来，在学生中网络语言颇为流行，教师偶尔使用学生们喜爱的网络语言，会与学生形成更好的互动。

（五）幽默

幽默是人际沟通中广泛使用的策略。在人际交往中，幽默可以缩小人际距离，减少冲突，赢得人们的喜爱。在团体相互作用中，幽默使批评变得更易于接受，有助于增强团体的凝聚力。在公共沟通时，恰当运用幽默具有使听众放松、令人愉悦、传达善意、提高自我形象等多种功能。关于教学情境下的幽默研究表明，幽默是有效的教师言语沟通策略，它能提高教师的亲和力，改善教师在学生心目中的印象。罗宾逊和里奇蒙德（Robinson & Richmond）的调查表明，幽默与教师亲切性相关为 0.50。② 莫泰特（Mottet）的研究表明，学生们欢迎教师自嘲、游戏的态度以及在讲课时恰当地穿插笑话、叙事、趣闻逸事等。③

教师运用幽默可以营造更为愉快的课堂学习环境，从而降低学生的紧张情绪，使学生积极参与课堂互动。因此，幽默被视为提高学生学习动机的策略之一。福里米尔（Frymier）对 314 名大学生调查显示：无论学生自身幽默倾向处于何种水平，幽默倾向性高的教师更能促进学生学习。研

---

① Mottet T P, Patterson B R. A Conceptualization and Measure of Teacher Verbal Effectiveness [R]. ERIC, EBSCO, 1996.

② Robinson R Y, Richmond V P. Validity of the verbal immediacy scale [J]. Communication Research Reports, 1995 (12): 80 - 84.

③ Mottet T P, Patterson B R. A Conceptualization and Measure of Teacher Verbal Effectiveness [R]. ERIC, EBSCO, 1996.

究还表明，幽默与教师亲切性行为具有一致性；幽默倾向高的教师，其沟通风格的得分也更高。研究者认为，幽默是一种有效的教学工具。[1]

另一些研究表明，教师幽默与学生对教师的评论、学生学习结果之间有正相关。格尔海姆（Gorham）发现，幽默与学生的认知学习、情感学习有显著相关。[2] 一些研究者认为，幽默与学习的正相关，主要是由于幽默与注意的保持有关，由于幽默具有调节注意力的效果，因此有助于记忆，进而促进认知。

纽列普（Neuliep）认为，幽默对于教师教学能产生积极作用的三个最重要的理由分别是：使学生放松，引起学生注意以及让学生感受到自己人性的一面。具有幽默倾向的个体在不同情境中采用多种幽默策略，幽默倾向性高的个体比幽默倾向性低的个体看起来更为有趣，更善于沟通，更富有感情，在社会性方面更具吸引力。[3]

教师幽默作为一种教师言语沟通策略在东西方文化中都受到学生的欢迎。大学英语精读课上的一幕令我至今难忘。上课铃响后老师开始讲课了，一位来晚的女同学踩着嗒嗒作响的高跟鞋惴惴不安地走进了教室，由于她的鞋跟比较高，座位又在教室的后面，高跟鞋有节奏地敲打着水泥地，大有绵延不绝之感，全班同学几乎都屏气凝神，不知道老师将作何反应。接下来老师面带微笑的一句旁白令在场的所有人如释重负："She walks in beauty."这是英国诗人拜伦的一首著名的诗：她走在美的光彩中。教室里的紧张气氛一下子舒缓下来，随之爆发出一阵会心的笑声。大学时代已经离我们远去，然而这位老师为我们营造的轻松愉快的学习氛围至今温馨犹在。

---

① Frymier A, Wanzer M. "Make me laugh and they will Learn"：A closer look at the relationship between perceptions of instrucotors' humor orientation and student learning ［J］. 1998.

② Gorham J. The relationship between verbal teacher immediacy hehaviors and student learning ［J］. Communication Education, 1988, 37：40–53.

③ Neuliep J W. An examination of the content of high School teachers' humor in the classroom and the development of an inductively derived taxonomy of classroom Humor ［J］. Communication Education, 1991, 40（4）：343–55.

第四节　教师言语清晰性及其作用[①]

一、教师清晰性的概念

教师清晰性（teacher clarity）通常是指教师能够被人理解的特性。尽管这一概念被广泛使用，学者们对其内涵的理解却同中有异。鲍威尔和哈维尔（Powell & Harville）把教师清晰性解释为教学信息的保真度，即从信息发送者到接收者的传递过程中信息保持原意或不变的特性[②]。麦卡夫（Metcalf）把清晰性视为教师能够清晰讲解、说明或通过其他方式帮助学生对材料透彻理解的能力。[③] 克鲁商克和肯尼迪（Cruickshank & Kennedy）用清晰性来表示导致学生对课题与知识领会的一系列教学行为，并且指出这种领会必须以学习者有足够的兴趣、态度、机会和时间为条件。[④] 塞维克利（Civiley）指出，清晰性涉及教师、信息和学生三个方面，并呼吁关注教师清晰性的群体与个体，文化与民族等维度。[⑤] 切斯拜娄和麦克劳斯基（Chesebro & McCroskey）将教师清晰性定义为：教师通过恰当地运用言语和非言语信息，在学生的头脑中有效地产生关于课程内容与过程的预期意义的过程。[⑥] 这一定义被研究者广为接受。

---

① 王维荣，高艳贺. 教师清晰性：有效教学的关键——美国关于教师沟通行为的量化研究 [J]. 教育科学，2010（6）：69 – 73.

② Powell R，Harville B. The effects of teacher immediacy and clarity on instructional outcomes：An intercultural assessment [J]. Communication Education，1990（39）：369 – 379.

③ Metcalf K K. The effects of a guided training experience on the instructional clarity of preservice teachers [J]. Teaching and Teacher Communication，1992（8）：275 – 286.

④ Cruickshank D R，Kennedy J J. Teacher clarity [J]. Teaching and Teacher Education，1986，2（1）：43 – 67.

⑤ Civikly J M. Clarity：Teachers and students making sense of instruction [J]. Communication Education，1992（41）：138 – 152.

⑥ Chesebro J L，McCroskey J C. The development of the Teacher Clarity Short Inventory（TCSI）to measure clear teaching in the classroom [J]. Communication Research Reports，1998，15：262 – 266.

二、教师清晰性研究的发展线索

（一）关于教师清晰性的早期研究

教师清晰性的概念孕育于 20 世纪 60 年代，产生于 70 年代对有效教学要素的探索。罗森尚和佛斯特（Rosenshine & Furst）通过对 51 项关于有效教学研究文献的归纳得出结论：有效教师具有热情、教学方式多样化、任务中心取向等特点。[1] 其中，教师清晰性被列为各要素之首。促使两位研究者得出这一结论的证据包括：所罗门（Solomon）等人发现在"清晰—表达丰富"与"晦涩—模糊"这一对两极性指标上得分高的教师所教学生的事实性知识得分更高。[2] 斯坦福大学的佛图恩和凯吉（Fortune & Cage）等人发现学生成绩与教师评价中的"讲授清晰"、"教学目标明晰"关系最为密切。[3] 显然，直至 20 世纪 70 年代中期，虽然教师清晰性已作为有效教学的要素进入人们的视野，但这一概念还相当笼统，它的具体表现尚不明朗。

（二）关于教师清晰性结构的探索阶段

20 世纪 70 年代中期，在确定具体的清晰性行为方面，俄亥俄州立大学的系列研究取得了重要进展。他们收集了大量清晰性行为的原始数据，对清晰与不清晰的教师进行区分，并采用交叉检验和推论等方法确定教师清晰性的具体表现。例如，克鲁商尼（Cruickshank）等人运用典型研究法对 1009 名 6—9 年级学生的调查，将 110 项与清晰性行为有关的描述归纳为 12 个类别[4]：

- 对学生学习进步情况提供反馈；

---

[1] Rosenshine B, Furst N. Research on teacher performance criteria ［M］//B O Smith. Research in Teacher Education. Englewood Cliffs, NJ: Prentice-Hall, 1971, 37 –72.

[2] Rosenshine B, Furst N. Research on teacher performance criteria ［M］//B O Smith. Research in Teacher Education. Englewood Cliffs, NJ: Prentice-Hall, 1971, 37 –72.

[3] Rosenshine B, Furst N. Research on teacher performance criteria ［M］//B O Smith. Research in Teacher Education. Englewood Cliffs, NJ: Prentice-Hall, 1971, 37 –72.

[4] Cruickshank D R, Kennedy J J. Teacher clarity ［J］. Teaching and Teacher Education, 1986, 2 (1): 43 –67.

- 循序渐进地教学；
- 使学生对于下一步的活动定向并有所准备；
- 提供关于学生作业的期望标准和评分规则；
- 运用多种教学材料；
- 重复并强调要求及难点；
- 演示；
- 提供练习；
- 根据学生和内容调整教学；
- 说明并举例；
- 交流以便使学生领会；
- 使学生合理地组织（教学）内容。

布什（Bush）等人采用正反典型分析法将上述 110 项具体的教师清晰性行为分成两个由 55 个题目组成的分测验，对全体 9 年级学生（$n = 1549$）进行调查，运用因素分析法和 V 旋转产生了五个因子：1. 解释；2. 使学生明白；3. 以具体的书面或口头的例子来解释；4. 联系/综合；5. 结构性。主效应分析显示，清晰性高的教师经常表现出以下行为：[①]

- 给学生提供个别帮助；
- 提供学生可以理解的例子；
- 根据内容和学生采取不同的节奏；
- 用足够的时间来解释；
- 解答学生的问题；
- 强调难点；
- 给课堂和课后作业提供样例；
- 指导学生为考试进行复习；
- 留给学生足够的练习时间；
- 提供课程内容的细节。

与俄亥俄州的系列研究殊途同归的是，史密斯（Smith）采用了专家会议法（$n = 31$）对 41 项潜在的清晰性指标按价值、可学习性、可测量

---

① Bush A J. An emperical investigation of teacher clarity［R］. Annual Meeting of American Educational Research Association. New York，1977.

性进行评分。然后采用专家认定的指标由两位经过训练的评价者对 99 位社区学院的教师教学录像进行评价，因素分析产生了 3 个因子，10 个行为指标。3 个因子为：1. 组织；2. 使学生明确讲授的条理；3. 运用提问、举例的技巧。10 项行为指标包括：[1]

- 运用针对性明确的例子；
- 让学生提问；
- 解答学生的问题；
- 针对所学内容对学生提问；
- 鼓励学生提问；
- 使学生了解讲授的整体结构；
- 循序渐进地教学；
- 让学生对将要进行的内容有所准备；
- 对重要的内容给予口头提示；
- 讲授过程中适时进行小结。

值得注意的是，尽管此研究采用的方法不同，但从广义上说，其结果与俄亥俄州的结论有相同之处。

一些研究者还对教师清晰性在不同教育阶段、不同教学内容上的一致性进行了检验。例如海因斯（Hines）通过对大学生与中学生对清晰性行为看法进行比较，发现其结果极为相似。因素分析显示，3 个区分度最强的因子为：1. 帮助理解与同化教学内容；2. 解释并示范学生如何完成工作；3. 教学内容结构化，内容及其呈现要有条理。其他学者针对不同的内容、不同学生群体中教师清晰性的一致性或稳定性效果的实验表明，即使在讲授的内容不同的情况下，教师清晰性得分相当稳定，并且教师清晰性的程度与学生学习成绩存在着正相关。[2]

（三）通用测量工具的形成

如果说早期从事教师清晰性研究的主要是教育领域的专家，而后期教

---

① Smith S. The identification of teaching behaviors descriptive of the construct：Clarity of presentation［D］. Dissertation Abstracts International，1978，39（06），3529（A）.

② Hines C，Cruickshank D，Kennedy J. Teacher clarity and its relationship to student achievement and satisfaction［J］. American Educational Research Journal，1985（22）：89 – 87.

育传播学领域的学者在编制实用的测量工具、探索清晰性的多重功能等方面则发挥了重要作用。塞维克利（Civkly）归纳了教育学领域对教师清晰性的描述，并将其与传播学中良好的沟通风格联系在一起。[①] 麦克劳斯基（McCroskey）等传播学者将教师清晰性视为有效修辞风格的核心特征，并且指出，教师清晰性不仅包括口头交流，还涉及书面交流。[②]

鲍威尔和哈维尔（Powell & Harville）率先编制了一个教师清晰性量表，共有 10 个题目，涉及内容和结构的清晰性两个方面。量表内容全部是关于口头交流的清晰性，如课程的讲授、有关内容的举例、教师对学生的问题提供反馈等。该量表的 Alpha 信度系数为 0.93。[③] 其后，西门子（Simonds）编制的《教师清晰性报告》（TCR）中的量表共 20 个题目，不限于教学内容的讲授。其中 10 项与内容的清楚表达有关，如"讲授时举例说明"，"使用黑板、胶片或其他视觉辅助手段"，"对将要涉及的内容做预览"等。另外 10 个题目与教师清晰的传达教学过程有关，诸如作业要求、教学内容与学生的关联、运用反馈增进理解等。该量表的信度为 0.93，其中内容部分的信度为 0.89，过程信度为 0.88。[④] 同年，赛林格和麦克劳斯基（Sidelinger & McCroskey）将上述量表扩展为 22 个题目。除兼顾教学内容和过程两个方面，还增加了书面清晰性测验题目，如课程教学大纲、课堂作业的纲要、课程目标等。量表还设置了语义上的反向题目，如"教师对于课外作业的要求比较模糊"。该量表的信度为 0.95。[⑤]

尽管后两个量表均具有较高的信度和效度，但是由于量表题目较多，与其他通用的教学研究量表的长度不成比例，使用时比较困难，清晰性简表便应运而生。切斯拜娄和麦克劳斯基（Chesebro & McCroskey）对上述

① Civikly J M. Clarity: Teachers and students making sense of instruction [J]. Communication Education, 1992 (41): 138 – 152.

② Chesebro J L, McCroskey J C. The development of the Teacher Clarity Short Inventory (TCSI) to measure clear teaching in the classroom [J]. Communication Research Reports, 1998 (15): 262 – 266.

③ Powell R, Harville B. The effects of teacher immediacy and clarity on instructional outcomes: An intercultural assessment [J]. Communication Education, 1990 (39): 69 – 379.

④ Simonds C J. Classroom understanding: An expanded notion of teacher clarity [J]. Communication Research Reports, 1997 (14): 279 – 290.

⑤ Sidelinger R J, McCroskey J C. Communication correlates of teacher clarity in the classroom [J]. Communication Research Reports, 1997, 14 (1): 1 – 10.

22 个项目采用因子分析，保留了负荷较高的 10 个项目。其中 6 项为低推断项目，包括内容清晰性与过程清晰性。该量表的 Alfa 系数为 0.92。通过正反向排列，这 10 个题目为：

- 任课教师清晰地界定了主要概念（清楚地陈述概念，对学生的不完整、不正确的回答给予纠正，修正用词使定义更清楚）；
- 教师对学生问题的解答不清楚；
- 总体说来，我能领会教师的讲授；
- 教师布置的作业没有明确的说明；
- 教师的教学目标明确；
- 教师的授课通俗明白；
- 教师对课外作业的说明不清楚；
- 教师运用清晰、恰当的例子（运用有趣并有挑战性的例子来说明观点，对学生的不恰当的例子加以改进，不接受不正确的例子）；
- 总体来说，我认为教师的表达不清楚（反向计分题）；
- 教师的讲授清晰明白。

该简表自问世以来，就被广泛地运用于课堂沟通行为的研究，目前已成为教学沟通领域通用的研究工具。[1]

进入 20 世纪 90 年代以后，关于教师清晰性的研究转向与若干结果变量之间的关系方面。研究方法以量化为主，研究对象也从中小学生转向了大学生。研究表明教师清晰性与学生的认知学习、情感学习及状态动机密切相关。同时，教师清晰性还影响到学生对教师的评教以及教师在学生心目中的信誉等。进入 21 世纪，应多元文化教育及教育的国际化的需要，教师清晰性的跨民族、跨地域、跨文化的研究方兴未艾。

三、教师清晰性的作用

（一）教师清晰性与学生学习结果

有关教师清晰性作用的早期研究，多集中于学生学习成绩这一结果变

① Chesebro J L, McCroskey J C. The development of the Teacher Clarity Short Inventory（TCSI）to measure clear teaching in the classroom［J］. Communication Research Reports，1998（15）：262 – 266.

量上，并且学习结果的测量多采用教师自编测验。如艾文斯和盖曼（Evans & Guyman）实验研究，通过对清晰性的不同水平的操纵来确定它与学生成绩以及对教师的态度之间的关系。心理学专业的学生（$n = 19$）被随机指派到高清晰组和低清晰组。两组被试在观看一段教学录像后接受一个关于讲授内容的测验。结果显示：高清晰组的学生成绩明显高于低清晰组。[①] 兰德和史密斯（Land & Smith）以 50 名学生为被试，以清晰性的两个水平为自变量，以处于"理解"和"应用"水平的标准参照测验的得分为因变量，发现两组学生的成绩存在着显著差异（$p < 0.05$）。[②]

一些学者将教师清晰性与布鲁姆界定的学生多方面的学习结果联系起来。斯考特和纳斯鲍姆（Scott & Nussbaum）指出，教师清晰性与认知、情感、动作技能学习（认知、情感、行为）均存在着本质的联系。他们将"学习成绩的可测量的收获"作为认知学习的指标；将"学生对教师及教学内容的态度"或"学生自我概念的积极变化"作为情感学习的指标；将"技能的获得以及已有技能的改进"作为行为学习（即动作技能）的指标。[③] 海因斯、克鲁商克和肯尼迪（Hines，Cruickshank & Kennedy）的研究表明，教师的清晰性影响学生的认知方面的收获以及对课程的满意度。[④] 麦卡夫（Metcalf）对职前教师的实验研究表明：接受清晰性训练组的师范生比未经训练的对比组更多地采用了与清晰性有关的行为，并且前者的学习收获也更大。然而，这种训练并没有提高学生的满意度。[⑤] 这一结果可能意味着教师清晰性是提高学生满意度的必要条件，但并非充分条件。赛林格和麦克劳斯基（Sidelinger & McCroskey）的研究表明，教师清

---

① Evans W E, Guymon R E. Clarity of Explanation：A Powerful Indicator of Teacher Effectiveness, 1978.

② Land M L, Smith L R. Effects of a teacher clarity variable on student achievement ［J］. Journal of Educational Research, 1979（72）：196 – 197.

③ Scott M D, Nussbaum J F. Student perceptions of instructor communication behaviorsand the relationship to student evaluation ［J］. Communication Education, 1981（30）：44 – 54.

④ Hines C, Cruickshank D, Kennedy J. Teacher clarity and its relationship to student achievement and satisfaction ［J］. American Educational Research Journal, 1985（22）：89 – 87.

⑤ Metcalf K K. The effects of a guided training experience on the instructional clarity of preservice teachers ［J］. Teaching and Teacher Communication, 1992（8）：275 – 286.

晰性与认知、情感领域的学习以及教师评价之间存在正相关。[1] 切斯拜娄和麦克劳斯基（Chesebro & McCroskey）对包括教师清晰性在内的教师沟通行为与结果变量进行的相关研究（$n=360$），以"学习损失量"（即由学生同该教师学习与同一个理想教师相比学习收获的损失是多少）为认知学习的指标。结果显示，清晰性与学习损失之间存在负相关，即认知损失小意味着认知收获大，反之则认知收获小。[2]

Chesebro 的实验研究（$n=192$），以对讲授内容的保持量为认知学习的指标，对教师的清晰性的操纵包括不同的题目顺序的变化，各主要观点之间的转折，预览与小结，提供视觉辅助的程度，对概念解释的流利、具体的程度，教师是否避免多余的口头禅等。学生在听完讲授后，完成一项与讲课的目标有关的填空测验。结果显示，接受高清晰性教学的学生对所学内容的回忆量高于对比组。[3] 罗杰、莫雷和卡明斯（Rodger, Murray & Cummings）以加拿大学生（$n=120$）为对象，在对其智商变量控制后将其随机指派到高清晰组和低清晰组。两组学生分别在第一节课上观看一段清晰性不同的教学录像，事后，让学生填写教师行为量表，并在第一次和第二次课之间阅读指定的（与录像有关的）网上材料。学生在观看完教学录像之后，还填写了学习动机量表。第二次课上对两组学生进行了关于录像与阅读内容的测试。结果表明，高清晰性组的学生的测验得分显著高于对比组（$p<0.05$），并且前者学习动机分数也高于后者。[4]

（二）教师清晰性与教师评价

鲍威尔和哈维尔（Powell & Harville）的研究表明，教师清晰性是与

---

① Sidelinger R J, McCroskey J C. Communication correlates of teacher clarity in the classroom [J]. Communication Research Reports, 1997, 14 (1): 1–10.

② Chesebro J L, McCroskey J C. The relationship between teacher clarity, nonverbal immediacy and student affect and cognitive learning [J]. Communication Education, 2001 (50): 59–68.

③ Chesebro J L. Effects of teacher clarity and nonverbal immediacy on student learning, receiver apprehension and affect [J]. Communication Education, 2003 (52): 135–147.

④ Rodger S, Murray H G, et al. Effects of teacher clarity and student anxiety on student outcomes [J]. Teaching in Higher Education, 2007, 12 (1): 91–104.

学生对课程和教师的评价关系最为密切的变量。① 赛林格和麦克劳斯基
（Sidelinger & McCroskey）对大学生关于教师清晰性与结果变量之间的调
查（$n = 204$），采用包括两个分测验（每个测验由四个题目组成）的七点
量表。一个分测验是关于对教师的态度，另一分测验是关于再次修同一教
师课的可能性。两个分测验的信度分别为 0.97 和 0.98。数据分析显示，
教师清晰性（包括口头和书面清晰性）与学生对教师的评价之间存在着
显著的正相关（$p < 0.001$）。研究表明，清晰性是教师有效性的重要组成
部分，清晰的教学能促进学生的认知学习并形成学生对教师和教材的积极
态度。②

琳达·麦克劳斯基（Linda McCroskey）对大学教师清晰性与另一教
师沟通变量的研究发现，本国教师的评教结果高于外籍教师，而教师清晰
性的不同既是造成两组之间教学效果差异的主要原因，也是造成两组教师
评教分数内部差异的主要原因。研究者进而指出，有必要在美国以外的国
家对研究结果的外部效度进行检验。③ 切斯拜娄（Chesebro）的研究也表
明，教师清晰性显著地影响学生对教师、对课程内容的态度。④

（三）教师清晰性与教师信誉度

近年来，关于教师清晰性与教师信誉度之间的关系引起一些研究者的
关注。陶尔（Toale）对教师清晰性、教师失误与教师信誉度等结果变量
之间的关系的研究显示，教师的清晰性与学生的情感学习、教师信誉度之
间存在正相关。其中，教师清晰性可以解释 37% 的关爱特质、27% 的能
力与可信度。⑤ 笔者对教师清晰性、教师亲切性与教师信誉之间关系的跨

---

① Powell R，Harville B. The effects of teacher immediacy and clarity on instructional outcomes：
An intercultural assessment ［J］. Communication Education，1990（39）：69 - 379.

② Sidelinger R J，McCroskey J C. Communication correlates of teacher clarity in the classroom
［J］. Communication Research Reports，1997，14（1）：1 - 10.

③ McCroskey L. Relationships of instructional communication styles of domestic and foreign instruc-
tors with instructional outcomes ［J］. Journal of Intercultural Communication Research，2003，32（2）：
75 - 96.

④ Chesebro J L. Effects of teacher clarity and nonverbal immediacy on student learning，receiver
apprehension and affect ［J］. Communication Education，2003（52）：135 - 147.

⑤ Toale M. Teacher clarity and teacher misbehaviors：Relationships with students' affective learning
and teacher credibility ［D］. West Virginia University，2001.

文化研究表明，对于美国学生来说，教师清晰性可以预测 53% 的教师信誉度，其中，清晰性与关爱特质的相关为 0.45 与能力特质的相关为 0.48；与可信度特质的相关为 0.40。而对于中国学生来说，教师清晰性可以预测 54% 的教师信誉度，其中，清晰性与关爱特质的相关为 0.50，与能力特质的相关为 0.48，与教师可信度的相关为 0.40。[①] 以上两项研究虽然对教师清晰性与教师信誉之间相关的紧密程度的报告略有不同，但是其结论的方向基本相同，并且在清晰性与关爱特质的相关高于清晰性与能力、可信度的相关的结论上相当一致。鉴于目前关于教师清晰性与教师信誉关系的研究还相当有限，在不同文化、不同地区、不同学生群体中对两者的关系的进一步检验就显得十分必要。

第五节　有效倾听的技巧

一、倾听的意义何在

根据国际倾听协会的定义，所谓倾听，是接受口头和肢体语言信息、确定其含义和对此作出反应的过程。[②] 倾听是人际沟通过程的有机组成部分。沟通过程既包括信息发送者对信息进行编码、选择传输通道、发送信息的过程，也包括信息的接收者主动感知信息、对信息进行解码，并对信息发送者提供反馈的过程。离开了信息接收者的倾听，沟通便无法顺利进行。倾听不是一个被动的过程，而是沟通者之间的相互作用，它既包括身体的参与，也包括心理的参与。倾听的一方在接收和解读信息过程中总是伴随着这样或那样的情感体验，并以言语和非言语的方式将这种体验反馈给信息发送者，从而对信息发送者施加影响。

倾听不仅是人际沟通中的有机组成部分，也是教学沟通的有机组成部分。教学过程是师生交往的过程，而交往离不开倾听。国内一些学者指

---

① Wang W A. Cross-Cultural Study of the Relationships Between Teacher Clarity, Nonverbal Immediacy and Teacher Credibility [D]. Illinois State University, 2007.

② 李谦. 现代沟通学 [M]. 北京：经济科学出版社，2009：99.

出："教育是从心灵与心灵的对话开始的，倾听本身就是一种教育。"[1] 以"教"为中心的传统教学过分强调教师的表达能力，而不注重培养教师的倾听能力，倾听仿佛是学生单方面的行为和义务。现代教学强调学生的主体作用，强调教学过程是教师指导下的学生主动建构意义的过程。建构主义认为，个体的认识来自于主体的经验系统与外部世界的相互作用，并且个体的知识建构是在与他人相互作用中实现的。在教学过程中，教师要有效地引导学生实现意义的建构，就需要转换角色，学会倾听，了解并充分运用学生已有的经验，建立与学生平等交流、对话的平台。教师学会倾听，才能把学习和发展的主动权交给学生，使学生真正成为学习的主体、发展的主体。

二、倾听者的差异何在

（一）好的倾听者与差的倾听者

倾听方面的研究者迈克尔·普尔迪对900名大学生和军队学员的调查显示，好的倾听者和差的倾听者的区别如下[2]。

好的倾听者：

- 适当保持目光接触；
- 对讲话者的言语和非语言行为保持注意和警觉；
- 容忍且不打断（等待讲话者讲完）；
- 运用言语或非言语表达做出回应；
- 用不带威胁的语气提问；
- 解释、重申和概述讲话者所说的内容；
- 提供建设性（语言和非言语）反馈；
- 移情；
- 显示出对讲话者外貌的兴趣；
- 表现出关心的态度并愿意倾听；

---

[1] 刘瑞东. 倾听：教师的一种重要的能力 [J]. 中国教育学刊，2007（7）：77.

[2] 桑德拉·黑贝尔斯，理查德·威沃尔二世. 有效沟通 [M]. 李业昆，译. 7版. 北京：华夏出版社，2005：81.

- 不批评、不判断；
- 敞开心扉。

差的倾听者：

- 打断讲话者（不耐烦）；
- 缺少目光接触（眼睛迷离）；
- 心烦意乱（坐立不安），不注意讲话者；
- 对讲话者不感兴趣（不关心、做白日梦）；
- 很少给讲话者反馈或根本没有（语言或非言语）反馈；
- 改变主题；
- 做判断；
- 思想封闭；
- 谈论太多；
- 自己抢先；
- 给不必要的忠告；
- 忙得顾不上听。

（二）被动倾听与积极倾听

彭凯平、王伊兰对倾听的两种类型被动倾听与积极倾听进行区分和比较。"被动倾听，即单纯听对方表述，不提供反馈，不提供支持，不表达自己的观点；积极倾听即在听的过程中，适时提供反馈，提供支持，表达自己的想法"。[①] 要想实现有效的跨文化沟通，需要沟通参与者采取主动倾听的态度和方式，即听话者不但要让对方体会到自己理解其所说的内容，还要表明自己对这些话题感兴趣，从而建立信任，融洽关系。

三、教师有效倾听的策略

中外的沟通学专家提出了不少关于有效倾听的策略。例如美国人本主义心理学家罗杰斯提出五种倾听策略：评价、解释、支持、探索、理

---

① 彭凯平，王伊兰. 跨文化沟通心理学［M］. 北京：北京师范大学出版社，2009：216.

解。① 黑贝尔斯提出倾听过程的注意与感情移入式倾听等建议②。笔者综合中外学者们的观点，并结合自己在国内外大学课堂的观察与体会，为跨文化教师如何倾听分享以下六点建议：

（一）关注式倾听

倾听是一种感知行为，关注式倾听体现了听话人的选择性注意。它表明当沟通的一方讲话时，另一方的身心完全地投入到这一沟通过程之中，并且主动地从讲话人那里获得信息。关注的倾听通常伴有以下情态动作：眼睛注视讲话人；身体前倾或向讲话人一方靠近；面向讲话人；点头呼应。在教学情境中，学生讲话时教师倾听的方式和态度，可以折射出教师对学生的角色期待。当学生发言时教师走下讲台、走近并用鼓励的目光注视着发言者，传达的是"你的观点很重要"，"我们是平等的对话伙伴关系"。如果教师站在讲台后面俯视发言的学生，传达的则是"我看你回答得对不对"，"我是评判者"。

（二）理解式倾听

理解式倾听是指听话人积极地解读讲话人的话语字里行间的含义。听话人可以用自己的话来解释对方的意思，从而确证自己的理解，或使误解得到澄清。理解式倾听有助于沟通双方同步思考，达成共识。在教学情境中，当学生讲话时，教师可以用自己的语言梳理学生的观点，或对学生的发言进行画龙点睛的概括和提升，以反映自己对学生的理解和认真倾听的态度。

（三）探索式倾听

探索式倾听是指通过进一步的询问获得更为丰富的、准确的信息。探索式的倾听还能传达你对更多的信息的关注，对讲话的内容感兴趣。在教

① 彭凯平，王伊兰. 跨文化沟通心理学 [M]. 北京：北京师范大学出版社，2009：217.

② 桑德拉·黑贝尔斯，理查德·威沃尔二世. 有效沟通 [M]. 李业昆，译.7 版. 北京：华夏出版社，2005：83 –91.

学情境中，探索式倾听通常是通过追问实现的。教师采取探索式的倾听能调动谈话者的积极性，与学生共同建构话题，发挥学生学习的主动性。

（四）支持式倾听

支持式倾听是指听话者用言语和非言语方式传达对讲话人所表达的内容的认同，并鼓励对方继续表达。试想当你和别人讲话时，对方一言不发，甚至一点表情也没有，你还会继续吗？多半你会怀疑，对方还在听吗？对方愿意听下去吗？人类言语沟通的特点是沟通的交互性。讲话人需要对方的确认、鼓励和支持。如学生发表观点后，教师可以插入"你讲得很有道理！"（It makes a lot of sense to me！）

（五）移情式倾听

移情式倾听是指听话人设法从对方的观点来理解他的感受，并把这些感情反馈回去。[①] 例如，当学生告诉你确定小组研究论文的选题有多么困难时，作为教师你可以告诉他你非常理解他此时的挫折感，当年在做博士论文选题时也经历了类似的挫折。情感移入式的倾听能够传达理解，这种理解不仅是认知上的，而且是情感上的，这种理解有助于引起师生间的共鸣，融洽师生关系。有时学生回答比较有挑战性的问题时屡屡尝试却表达不出来，我会告诉他们："我非常高兴地看到你们认真思考了，现在正处于孔子说的'愤'、'悱'状态"。接下来我会鼓励他们和同桌商量一下，如何准确地把自己的想法表达出来。学生们知道我理解他们此时的状态，所以减少了表达不到位所产生的挫折感。

（六）评价式倾听

倾听过程中提供反馈，有助于讲话者了解自己讲话的效果。在教学过程中，学生主体地位的确立，有赖于教师的认可和支持。而教师对学生的认可和支持最有效的办法是给学生话语权，并对学生行使话语权给予支持

---

① 桑德拉·黑贝尔斯，理查德·威沃尔二世. 有效沟通［M］. 李业昆，译. 7 版. 北京：华夏出版社，2005：93.

和肯定。因此，教师积极倾听可以通过提供正面的反馈来体现。如对于学生提问，美国教师通常会说"That's a good question！"针对学生的发言，教师可以回应"That's a new perspective"。通常，对于学生符合逻辑的发言，我都会给予赞许，如果有同学提出新的问题，对老师的观点和占统治地位的观点提出合理的质疑，我会带头与全班同学一起给他（她）鼓掌。教师用心倾听学生的发言，并给予积极的评价极大地提高了学生的自信心和表达的欲望。

第 *4* 章

跨文化教学中的非言语沟通

在人际沟通中，非言语行为传递着大量的信息。正如语言学家戴维·爱伯科龙比所指出的：人用发音器官说话，他的交谈却要借助整个身体。课堂教学是师生交往最频繁、最集中、最典型的情境，非言语沟通作为师生沟通的一个重要渠道，对教学活动的过程和结果有着重要影响。特别是当教师与学生来自不同的文化背景时，教师是否能恰当地运用非言语行为，并正确地解读学生的非言语行为，关系到师生关系、课堂学习的氛围，关系到学生学习动机与结果，关系到教师的信誉度以及学生对教师及课程的满意度。那么什么是非言语行为？非言语行为有哪些类别？不同类别的非言语行为有何功能？跨文化教师如何识别中西方非言语行为的差异并积极调适、有效地运用非言语行为？上述问题的回答，对于有效地实现课堂里的跨文化沟通至关重要。本章将尝试对上述问题加以探讨。

第一节　课堂非言语行为及其分类

一、非言语行为界说

关于非言语行为的术语繁多，如非言语符号、非言语交际，体态语言、态势语等。国外一些学者把非言语行为界定为"除口头以外的所有交际行为"。伯贡和赛因（Burgoon & Saine）指出："非言语交流是不用言辞表达的，为社会所共知的人的属性或行动，这些属性或行动由发出者有目的地发出或被看成有目的地发出，由接收者有意识地接收并有可能进行反馈。"① 萨默瓦和波特采用非言语沟通的概念，指出"非言语沟通包括在沟通环境中传播者及其对环境的运用而产生的对传播者或接收者具有潜在价值的一切刺激"②。

体态语（body language）的概念是由美国人类学家伯德惠斯特（Bird-whistell）率先提出的。他于 1952 年出版了《体态语导论》（*Introduction to Kinesics*），指出人的身体各部位运动肌的动作、器官都可以表达和交流信息、感情和态度③。体态语包括目光语、手势、身体姿势、表情、举止动作、触摸等方面。我国《心理学大辞典》有体态语言的词条："体态语言是社会交际活动中，以姿态、手势、面部表情和其他非言语手段来交流信息、情感和意向，又称身体语言。"④《辞海》中非言语交际是指不用词语进行的交际活动，包括两类，一类指手势、身势、面部表情、目光注视、触摸、服饰、空间利用、时间观念等；一类是"副语言"。

我国传播学领域的学者关世杰把"非言语"界定为："在交流环境中除去语言刺激以外的一切由人类和环境所产生的刺激，这些刺激对交流双方具有潜在的信息价值，或者说，它是在语言之外进行交流的所有符号。"⑤

周鹏生对非言语行为进行了广义与狭义的区分：广义的非言语行为是指个体运用非语言符号进行交际时发出的动作或表现的姿态；狭义的非言语行为指个体运用自身身体的非言语符号进行交际时所发出的动作或表现的姿态。⑥ 关于非言语行为的内涵他强调以下几个方面：首先，非言语行为是不借助语言符号系统的。其次，非言语行为与个体的身体是紧密联系

---

① 杨平．非言语交际述评 [J]．外语教学与研究，1994（3）：1-6.

② Samovar L，Porter R，Stefani L．Communication between Cultures [M]．3rd ed．北京：外语教学与研究出版社，2000：149.

③ 杨平．非言语交际述评 [J]．外语教学与研究，1994（3）：1-6.

④ 朱智贤．心理学大辞典 [Z]．北京：北京师范大学出版社，1989：662-663.

⑤ 关世杰．跨文化交流学——提高涉外交流能力的学问 [M]．北京：北京大学出版社，1995：22.

⑥ 周鹏生．教师非言语行为研究简论 [M]．北京：民族出版社，2006.

的。再次，非言语行为和言语行为同是人际交往不可缺少的手段，非言语行为和言语内容在人际交往中是紧密结合在一起的。

二、课堂非言语行为

人类学关于非言语行为的研究较早地运用于跨文化的相关职业，后来，教师非言语行为逐渐进入人们的视野。如雷德尔（Redl）和瓦恩曼（Wiveman）1957年提出，教师在处理学生问题行为时，可以采取"言语反应"和"非言语反应"两种方式，其中，采取"非言语反应"方式可以最大限度地降低对其他同学的干扰。①

贝雷克（Brake）在其专著《课堂语言：高中教学过程中交往的意义》（*Classroom Language*：*the Meaning of Communication in Junior School Introduction*）中，把师生交往行为分为四类：组织的行为、要求的行为、应答的行为和反馈的行为，并将这些交往行为总括成更大的统一体——教学系统。这些行为中既包括师生的言语行为，也包括师生的非言语行为。②

凯斯（Keith）认为，研究教师的行为可以从以下七个方面入手：1. 视线方向；2. 表情丰富程度；3. 接近程度；4. 姿势；5. 头部活动；6. 表示意志情感的姿势；7. 身体接触。③ 弗兰德斯（N. A. Flanders）于20世纪60年代建立了研究非言语社会互动的观察表，来研究课堂上师生的互动行为及教师影响力。

周鹏生认为，教师非言语行为的内涵的理解要考虑教师的职业特征；要考虑非言语行为与言语行为的相对性；要考虑教师的非言语行为的教育教学情境性。因此，他将教师非言语行为界定为在教育教学情境中出现的、以交际为目的而发出的非言语行为。教师非言语行为具体表现为：课堂中的非言语行为、课堂外用于教育情境中的非言语行为；课堂外教师用于交际情境中的非言语行为。④

---

① D. 阿姆斯特朗，等. 中学教师实用教学技能［M］. 高佩，译. 北京：中国劳动出版社，1991：362.

② 吴盘生. 交往——当代美国学校教育中的关键性课题［J］. 外国中小学教育，1991（6）：28－30.

③ 周鹏生. 教师非言语行为研究简论［M］. 北京：民族出版社，2006：24.

④ 周鹏生. 教师非言语行为研究简论［M］. 北京：民族出版社，2006：12－17.

教学过程是师生围绕着教学目标而展开的交往和互动的过程。在这一过程中，教学主体间不仅借助于言语行为，同时也借助于非言语行为传递信息、表达思想感情。教师课堂非言语行为是指在教学情境中，教师围绕着教学目标通过非言语信息传播渠道与学生进行互动、沟通的行为。

三、课堂非言语沟通的种类

关于课堂教师的非言语行为，有这样一段描述①：

迪安是一位高中的生物教师，在课程设置上，他总是最大限度地为个体间或小组间的交流创造条件。学生进行小组讨论时，他在教室中来回巡视。当与组内的某位学生谈话时，他经常蹲下，平视学生，或将双肘支在桌子上，弯下身来，目光注视着学生的双眼，轻声与学生交谈。

这位高中生物教师运用了哪些非言语行为与学生沟通呢？首先，"在教室来回巡视"传达了教师主动调整与学生的距离，对学生讨论进展情况给予关注；"蹲下来，平视学生"，传递的是民主平等的师生关系；"注视学生的双眼"是坦诚交流的信号；"与学生轻声交谈"意味着放下权威，扮演学生知识建构的合作者、学习伙伴的角色。

关于非言语行为的分类方法繁多，可谓仁者见仁，智者见智。一些学者倾向于以非言语行为的存在或表现形式进行分类，另一些学者则从其特有的功能进行分类。

（一）以表现形式与来源为标准的分类

在传播学、社会心理学、行为学中影响比较大的分类当属社会心理学家卡克·贝克（Beck）关于非言语行为的三分法：1. 有声的动姿，如点头、挥手、微笑等；2. 无声的静姿，如呆若木鸡、低头不语、闷闷不乐等；3. 有声但无固定意义的副言语，如笑声、叹息声、呻吟声等。②

---

① 迪尔奥. 师生沟通的技巧［M］. 潘琳，译. 北京：北京师范大学出版社，2006：26 － 27.

② 宋昭勋. 非言语传播学［M］. 上海：复旦大学出版社，2008：10.

布兰德莱（Bradley）将非言语行为分为两类：身体行为和有声行为。身体行为包括姿态、举动、眼神、表情、手势；有声行为包括音调、音域、音量、语速和音质。①

美国的泰勒（A. Taylor）将非言语沟通分为三类：一类是通过听觉渠道传递的，包括音色、类语言和环境响声；第二类通过视觉渠道传递的，包括动作（如手势和运动、肌肉力度、面部表情、眼神的运用）、外貌（包括静态和动态的）、物体的运用、距离（包括人际距离、界域行为）；第三类是通过其他途径传递的，包括时间、气味和环境等。②

美国学者库伯（Cooper P.）将教师非言语行为划分为近体距离、空间布置、环境因素、时间利用、装束打扮、体态语、体触和副语言等类型。③

国内学者李杰群教授根据非言语的信息载体，将非言语行为分为：表情、动作、界域、服饰、副语言、时间、场景等。④

（二）以实际功能为标准的分类

20世纪70年代，艾克曼和弗里森（P. Ekman & W. Friesen）按照非言语行为的成因、用法和代码情况将非言语行为分为象征性动作、说明性动作、情绪表露性动作、调节性动作和适应性动作。⑤ 国内一些学者结合教育教学活动的一般规律及体态运动方面的特点，把教师非言语行为分为象征性、说明性、表露性、体调性和适应性行为。

英国心理学维多利亚（Victoria）根据教师对学生的支持程度，把教师非言语行为分为七类⑥：

- 热情－支持型（热情的鼓励，感情上的支持）；
- 接受－帮助型（集中注意力，耐心，愿意听，接受，同意）；
- 阐述－指导型（详尽阐述，指示、指导）；
- 中间型（很少甚至没有支持）；

① 杨平．非言语交际述评［J］．外语教学与研究，1994（3）：5.
② 孔令智，汪新建，周晓虹．社会心理学新编［M］．沈阳：辽宁人民出版社，1987：285.
③ 毕继万．跨文化非言语交际［M］．北京：外语教学与研究出版社，1999：149.
④ 李杰群．非言语交际概论［M］．北京：北京大学出版社，2002：49－56.
⑤ 云贵彬．非言语交际与文化［M］．北京：中国传媒大学出版社，2006：26.
⑥ 沈力军．课堂上的非言语行为［J］．外国中小学教育，1983（6）：33－34.

- 回避 – 动摇型（回避、动摇、迟钝、不耐烦）；

- 忽视型（漫不经心，无兴趣，不愿意和学生在一起）；

- 不同意型（不同意，不满意，不支持，阻止，反对）。

上述两种分类对于我们理解课堂师生非言语沟通的表现及功能提供了不同的视角。笔者赞同将非言语行为分为有声的非言语行为和无声的非言语行为两大类。有声的非言语行为也称副语言行为（paralinguistic behavior），又称辅助语言行为，主要指语调的运用，如语言的轻重断续、抑扬顿挫等。无声的非言语行为（body language）包括说话者的眼神、表情、手势、姿态、距离、服饰等。

第二节　非言语行为的功能

一、非言语行为对语言的辅助功能

美国心理学家艾伯特·梅拉宾有一个大胆的结论：在人际交往中通过语言传播的信息只占 7%，通过声音传播的占 38%，面部表情占 35%。[①]

非言语行为的作用已被人类学、心理学、社会学等学科所揭示。1972年，美国学者阿盖勒在《人类社会互动的非言语交际》中指出，非言语行为的功能有三个方面：处理、操纵眼前的社会情境，辅助语言交际，代替语言交际。[②]

我国体态语专家耿二岭认为，从与语言的关系来看，非言语行为起着加强语义、辅助语义、转变语义等功能；从其对人际沟通的宏观作用来看，非言语行为起着交流思想、传达情感、昭示心理、标志关系等作用。[③]

二、非言语行为对课堂教学的辅助功能

尽管对非言语行为的专门研究始于 20 世纪 50—60 年代，在教学领域

---

① 邵培仁. 传播学 [M]. 北京：高等教育出版社，2007：190.

② 孔令智，汪新建，周晓虹. 社会心理学新编 [M]. 沈阳：辽宁人民出版社，1987：288.

③ 耿二岭. 体态语概说 [M]. 北京：北京语言学院出版社，1988.

的研究则起步稍晚。沈力军认为，教师非言语行为具有影响语言传授、影响师生关系、影响纪律、加强教师对班级的控制等功能。① 库伯（Cooper）认为，教师非言语行为具有执行规章制度、回应和强调、表明态度与感情、引导与控制学生的对话、课堂控制等功能。② 李如密认为，教师非言语行为具有传递信息的功能、交流感情的功能和控制调节的功能。③ 陈明华认为教师非言语行为具有情意功能、直观功能和暗示功能。④ 周鹏生认为教师非言语行为的功能主要包括支持性功能、沟通功能、管理功能和激发功能。⑤

理解非言语行为在课堂教学中的作用还可以从实现教学目标所发挥的功能来考虑。根据布鲁姆的教育目标分类学，教学目标包括三个领域：认知，情感，动作技能。教师的非言语行为对于实现上述三方面目标都有辅助作用。

认知领域包括知识的掌握与认知层次的提高（从记忆到创造）两个方面。教师在对知识进行解释说明时，非言语行为可以作为直观手段描摹事物的性状，增进的感知、理解。形象生动的手势、语调还能提高学生的注意力，能帮助学生加深对所学内容的记忆；动作启发还可以活跃学生的思维。

从情感领域来看，教师的非言语行为有助于提高学生的学习兴趣，融洽师生关系，给学生以良好的审美感受，提高学生对教师的满意度，提升教师在学生心目中的信誉度。

从动作技能领域来看，教师的非言语行为能够充分发挥其示范作用，并能用于监测、调控学生的行为，有助于其动作技能的形成和良好行为习惯的养成。

① 沈力军. 课堂上的非言语行为 [J]. 外国中小学教育，1983（6）：33－34.
② 毕继万. 跨文化非言语交际 [M]. 北京：外语教学与研究出版社，1999：149.
③ 李如密. 教学艺术论 [M]. 济南：山东教育出版社，1995：296.
④ 陈明华. 论态势语在课堂语言交际中的功能及原则 [J]. 教育科学，1995（1）：56－58.
⑤ 周鹏生. 教师非言语行为研究简论 [M]. 北京：民族出版社，2006.

第三节　课堂里的非言语沟通

尽管课堂中的师生非言语沟通几乎涉及非言语行为的各种类型，为了便于突出课堂中那些作用显著的、影响较大的非言语行为要素，我们将从教师的目视行为、表情、手势姿态、空间的运用、副语言行为及服饰行为等方面加以讨论。

一、目视行为

（一）目视行为的功能

目视行为是指眼睛（包括上下眼睑、睫毛、眼球、泪腺及瞳孔）的动作，通常包括目光指向、目光接触时间、瞳孔变化和眼神变化三个方面。

根据目光的方向，注视可以有多种方式，如正视、扫视、环视、窥视、瞥视、仰视、俯视等。

目光接触的时间，传达了对沟通对象的兴趣和关注程度。布鲁克斯（R. Brooks）认为，教师注视学生的频率上的变化反映出教师对学生的偏爱程度，而课堂上的偏爱往往造成学生之间的分化。[1]

眼神的运用是指通过眼部的细微动作和注视行为传递信息的过程。眼神是心灵的窗口，从眼神中能洞悉个体内心世界的万千气象；同时，眼神也是信息的发射站，传递着大量丰富的信息。汉语中描述人眉眼动作的词汇占汉语身势语词汇总量（860 条）的六分之一，如眉开眼笑、挤眉弄眼、暗送秋波、横眉怒目、目瞪口呆、目不斜视等。[2]

美国学者约翰·科勒（John Coler）通过对 19 位教师的课堂观察发现，教师平均用 44% 的时间直视前方，39% 的时间注视他左面的学生，19% 的时间注视他右边的学生。[3]

---

① 张勇编译. 美国关于体态语言的研究 [J]. 外国中小学教育, 1988 (6)：25 – 26.
② 杨华. 英语身势语文化内涵对比分析 [J]. 安徽大学学报, 2002, 26 (2)：117.
③ 罗淑华. 教师课堂体态语言浅论 [J]. 教育科学, 1991 (1)：10 – 13.

萨默瓦和波特（Samovar & Porter）认为，眼神的接触与交流至少有以下六种功能:①

- 表示一定程度的关注、兴趣和兴奋；
- 影响态度的变化和说服力；
- 调节相互作用；
- 传达情感；
- 确定权力与地位关系；
- 在印象管理中起核心作用。

中国的学者们将眼神的功能归纳如下:

- 表达情绪情感：喜、怒、哀、乐、爱、欲、惧等；
- 展示人格特质：目不斜视（正人君子）、贼眉鼠眼（苟且之辈）、正视（勇气）；
- 体现权力关系：俯视、仰视、平视；
- 人际调节控制：监视、窥视、瞪视、盯视；
- 表达关注：目不转睛（看跳水动作）、不屑一顾（无须关注）；
- 收集信息：看眼色（人际关系情境）。

（二）眼神在课堂教学中的作用

眼神是教师非言语行为中的有机组成部分，也是教师非言语行为中最核心、最生动、最丰富，也是最精致的部分。眼睛具有独立的表达情感的功能，如热情或冷漠、喜悦或悲哀、友善或敌意、崇敬或蔑视等都会从眼神中流露出来。在课堂教学中，教师不仅可以借助眼神的运用来表情达意，而且还可以通过观察学生的眼神及时、准确地了解他们的内心活动，获得反馈信息。

张大社对教师眼神的作用并对教师眼神的运用提出了建议②。

眼神的作用如下:

- 唤起学生注意，起到组织教学的积极作用；

---

① Samovar L，Porter R，Stefani L. Communication between Cultures ［M］. 3rd ed. 北京：外语教学与研究出版社，2000：158.

② 张大社. 教师眼神的作用及其运用失当心理分析 ［J］. 小学教学参考，2006（3）：77–78.

- 唤起学生自我存在的意识，起到沟通师生感情的良好作用；
- 能有效地表达教学内容，给予理解的形象展现与补充。

（三）目视行为上的文化差异

尽管在各种文化中眼神都发挥着传情表意的重要功能，但在不同文化中眼神的运用规则可能存在着差异，这种差异会造成潜在的沟通障碍。在多数文化中，地位高的人比地位低的人可以更自由地注视对方，这反映了眼神与权力、印象中的权力有关。[①] 美国文化要求人们在交谈中直视对方，并且认为这是诚实的标志；反之，则被认为是不诚实、轻蔑、恐惧、冷淡或心不在焉、内疚等。一个人在听对方说话时，如果注视说话人，则表示赞同对方的观点，或对对方所讲的内容感兴趣；而把目光移往别处，则表示不赞成对方的看法，或保留意见。如果说话人注视听话人，则传递对自己说的话有把握；将视线移开，则意味着有意隐瞒着什么。美国还有一句话"不要相信不直视你的人"。在英美文化中，交流双方保持目光接触，是一种必要的礼貌。[②] 有研究者统计，美国人在面对面谈话时，说话者大概 40% 的时间在看着对方，而听者 60% ~ 75% 的时间在看着说话者。所以英美人在演讲的时候，如果中国听众常常要避开这种眼神交流，就会令外国演讲者产生误解甚至恼火，以为听众对演讲并不感兴趣。[③]

在中国文化中，人与人之间交流时，一般不直视对方的眼睛，特别是在晚辈对长辈、下级对上级尤其如此，晚辈和下级常见的姿势是颔首低胸以表示谦卑与尊敬。[④] 国内有人做过调查，学生喜欢的教师眼神有以下几种：

- 和蔼可亲的眼神；
- 明亮、充满生气的眼神；
- 充满微笑与自信的眼神；

---

① Beamer L, Varner I. Intercultural communication in the global workplace [M]. 大连：东北财经大学出版社，2007.

② 吴为善，严慧仙. 跨文化交际概论 [M]. 北京：商务印书馆，2010：200.

③ 陈雪飞. 跨文化交流论 [M]. 北京：时事出版社，2010：234.

④ 杨华. 英语身势语文化内涵对比分析 [J]. 安徽大学学报，2002，26（2）：117 – 119.

- 充满慈爱、关怀的眼神；

- 充满鼓励和信任的眼神；

- 热情的眼神。

学生们不喜欢的教师眼神包括以下几种：

- 无精打采的眼神；

- 严厉的、横眉冷对的眼神；

- 眼睛盯着书本和黑板、不正眼看学生的眼神；

- 傲慢的、居高临下的眼神；

- 斜眼看人，充满厌恶的眼神；

- 冷漠的、充满厌烦的眼神；

- 总盯着某个学生的眼神；

- 茫然木讷的眼神。①

在不同文化中目视行为有不同寓意，不理解这种差异往往导致师生之间的沟通障碍及误解。例如，眼神的运用遵循着不同的文化规则。黑人、土著印第安人、拉美人不鼓励儿童直视教师的眼睛，认为儿童直视长辈是不礼貌的。在中国文化中，儿童倾听师长讲话时低眉颔首表示礼貌、恭敬。而白人父母从小就教导儿童听人讲话时一定要看着对方的眼睛以表示专注和诚意。当拉丁裔的学生在因纪律问题受到教师批评时，往往低下头、避开教师的目光。这一反应可能使白人老师恼火，误以为学生漠视老师的批评，殊不知在学生的本文化中受到老师责罚时低头和避开老师的目光是尊敬的反映。纽约市中学一位校长用目光来鉴别学生是否诚实导致导致了不公正的事件②。

一个15岁的波多黎各女孩在美国纽约的某一中学读书，一天和几个女孩子一起躲在厕所里，被怀疑偷偷地抽烟。除了这个女孩外，其他女孩都犯有前科。但是这个女孩一贯表现良好，结果家长和邻居均来求情，校长坚持己见，由此触发了一次示威游行。事后，一位西班牙语教师发现校

---

① 刘凤英. 眼神·教学·素质 [J]. 徐特立研究，1999（2）：57－58.

② 惠长征. 非言语行为在跨文化交际中意义的差异 [J]. 中国电力教育，2008（9）上：247－248.

长之所以深信不疑，是因为他找女孩谈话时，她一直把头低垂，似内心有愧。于是这个教师向校长解释：在波多黎各的文化里，一个循规蹈矩的学生是不会直视大人的，这是一种尊重和服从的表现。一场风波遂得以解决。

二、表情

（一）表情的类别

表情是指人的感情或情绪的外在表现形式。[①] 人类的喜、怒、哀、乐、爱、欲、惧等基本情绪都可以从面部表情中得到体现。学者们认为，人类表情一部分是天生的，而另一部分则是在不同的文化环境中习得的，在什么情况下展示或不展示表情，展示什么样的表情，不同文化都有其不同的社会规范。

我国的一些学者认为人类的基本表情包括以下七类[②]：

- 哭与悲伤（哭、悲哀和痛苦的表情）；
- 笑与欢乐（不同的笑；高兴、喜悦的表情；柔情、爱情的表情）；
- 神伤（反思、思索；失神；不平；决断的表情）；
- 怨与怒（怨恨而激怒、愤怒、轻侮等表情）；
- 傲慢（傲慢、轻蔑、谦卑等表情）；
- 惊与恐（惊异、惊愕、恐怖等表情）；
- 羞与愧（惭愧、羞辱、过失感等表情）。

伍德沃斯（R. S. Woodworth）基于 100 个被试的面部表情的动作绘制了一个直线量表以反映感情与表情之间的复杂关系。人的情感从愉快到不愉快分别呈现出以下六类表情[③]：

- 喜爱、幸福、快乐；
- 惊讶（疑惑、犹豫……）；

---

① 李杰群. 非言语交际概论［M］. 北京：北京大学出版社，2002：25.
② 李杰群. 非言语交际概论［M］. 北京：北京大学出版社，2002：49 - 56.
③ 宋昭勋. 非言语传播学［M］. 上海：复旦大学出版社，2008：95.

- 恐惧、痛苦；
- 愤怒、果敢；
- 厌恶；
- 轻蔑。

（二）表情的功能及文化差异

人类的表情，还反映了参与沟通各方的身份地位。在权力距离较大的文化中，权势较大的一方往往有意或无意地运用面部表情作为维持其身份地位的手段。

2011年10月22日网络上转载了一则报道：小学生早上在校门口执勤，见到老师都给老师敬礼，可是，很多老师却连一个表情都没有。[①]

面部表情反应是师生关系的晴雨表。在成人世界中，礼貌的原则是"互惠的"，也就是说，以礼待人是相互的。当小学生对教师以礼相待时，教师面无表情，不讲"互惠"，那么教师向学生传达了什么信息呢？师生的地位是不平等的，礼貌的义务是单方面的。这种隐性课程对于孩子学习平等待人、公正待人是具有破坏力的。因此，教师的表情教育影响力不可低估，其影响作用的方向要靠教师主动把握。

中美两国师生课堂上面部表情的差异比较明显。多数中国教师在课堂上的表情比较严肃，即使那些表情温和的教师，也比较注重把握微笑的尺度。相比之下，美国教师似乎不大掩饰自己积极的情绪，他们表情更为丰富、变化的幅度更大，笑得更无拘无束。

中美学生课堂上的表情也呈现出与本文化的教师一致的趋势。东野圣时指出："中国学生在口语课上，表情要比基础英语课上放松许多，听到幽默之处，女生微笑，有时咯咯地笑，偶尔男生会大笑，听不明白的时候，大部分学生面带难色，但表情变化幅度不大，比较收敛、温和。而美国学生做不同的表情，五官变化非常明显，比中国学生要夸张、开放得多。"[②]

Linda（化名）在中国讲课已有多年的经验，是一位深受学生欢迎的

---

① 王燕燕．别漠视了学生的问候［J］．基础教育论坛，2012（6）：33．

② 东野圣时．从课堂非言语行为看中美学生文化性学习风格的差异［J］．山东省农业管理干部学院学报，2010，27（2）：190－193．

外籍英语教师。她和我分享了她 1989 年初来中国教学时经历的一次难忘的"文化休克"。开学的第一节课，在自我介绍之后，她让同学们用英文做一下自我介绍，学生们的反应令她十分难过：所有的学生都深深地低下头，表情绷得很紧……教室里一片沉默。这使她倍感挫折，当晚给远在美国的母亲打电话哭诉着学生们竟然如此讨厌她。她那时还不了解中国学生的表情特点，将头埋在胸前不过是紧张、害羞而已。在中国大学课堂里，特别是 80 年代末的课堂文化中，学生还不习惯于在课堂中扮演主角，唯恐自己喧宾夺主。而在美国，目光交流代表兴趣、尊重。可怜的 Linda 便发现学生的表情中没有任何迹象表明她赢得了学生的喜爱和尊重。

三、身势语

（一）身势语的概念及分类

身势语主要包括手势和姿势两方面。手势是指运用手指、手掌和手臂动作变化传达信息的行为。姿势动作是指身体的姿态及各部分的动作。

艾克曼和弗里森根据其功用将人体动作分为如下五类[①]：象征性行为（emblems）、解说性行为（illustrators）、情绪表达行为（affact displays）、体控性行为（regulators）、体适性行为（adaptors）。我国学者董远骞等[②]将手势分为四类：情谊手势、指示手势、象形手势、象征手势。李如密（1995）将教师手势分为会意性手势、指示性手势、强调性手势、描述性手势和评价性手势等类别。

（二）身势语的文化差异

琳达·比默和艾里斯·瓦尔纳（L. Beamer & I. Varner）认为，手臂的动作占据一定的空间，因此具有放大讲话作用的效果。手臂动作较大的讲话人可能使听众感到威慑，并看上去权力更大。在多数文化中，通常男性比女性的手势动作更大。但是与许多亚洲国家相比，美国女性的手臂动

---

① 宋昭勋. 非言语传播学 ［M］. 上海：复旦大学出版社，2008：87.
② 董远骞，张庭凯. 教学的艺术 ［M］. 北京：人民教育出版社，1993：163.

作更为丰富。①

　　不同文化中手势的差异还表现为即使看似相同的手势，在不同文化中的寓意可能不同。无视这些差异，将导致跨文化沟通的冲突。例如，竖起大拇指的手势在许多文化中是夸赞、肯定等积极的信号，而在澳大利亚则是侮辱的信号。陈雪飞教授在《跨文化交流论》中提供了一个有趣的案例②：

　　一对美国夫妇到澳大利亚旅游，因为违反交通规则要接受交警的处罚。交警看到两个人是外国人，违规行为又较轻，便打算不开罚单，教育两句了事。美国夫妇非常感激，纷纷冲交警竖起大拇指表示赞许，结果触怒了澳洲交警，他愤怒地开了一张很重的罚单丢给两人。

　　在不同文化中，手势运用的频率和幅度有所不同。美国教师普遍较多地运用手势，动作幅度也较大。与此相反，中国教师课堂上手势的运用较少。手势的运用体现出讲话者的投入状态和是否有激情。同时，课堂上教师手势的运用也折射出课堂政治。敞开的手掌是坦白和诚恳的象征。掌心向上的手势，让人产生亲近感，传达尊重同时也易于赢得尊重；掌心向下的手势被称为指令式，经常表示控制和命令；伸出食指其余四指弯曲，被视为专制式，是粗暴和缺乏自制力的表现③。在美国文化中，教师请学生发言时通常伸出手臂，掌心向上，而不用食指去指点某个学生。当学生有出色的表现时，一些教师会与学生击掌表示肯定、赞赏和激励，同时也传达了教师与学生平等、亲密无间。另外，美国学生在课堂发言时通常也伴有一定的手势动作，美国课堂上表现力丰富的学生通常受到更多的青睐。根据东野圣时对英语口语班的中国学生和汉语班的美国学生的观察，"中国学生课堂上基本上没有多少手势语，用得最多的是点头和摇头表示知道或不知道，对话或短剧中也少见手势。美国学生的手势要多很多，在不知

　　① Beamer L，Varner I. Intercultural communication in the global workplace［M］. 大连：东北财经大学出版社，2007：178.
　　② 陈雪飞. 跨文化交际概论［M］. 北京：时事出版社，2010：212.
　　③ 李杰群. 非言语交际概论［M］. 北京：北京大学出版社，2002：74.

道怎么回答老师问题时，除了摇头，有的同学双手一摊，耸耸肩。两国学生最大的区别是举手的频率：中国学生主动举手的较少，而且总是集中在几个人，全班平均每人每节课举手次数不到一次；相比之下，汉语班的美国学生要主动得多，老师讲课的过程中，不管是谁，一有问题马上举手询问，一堂课下来，老师被频频打断，粗略统计，平均每人每节课举手将近三次。"①

　　课堂中师生体态语方面的文化差异也会导致"文化休克"，甚至剧烈的文化冲突，从而影响到师生关系及教学效果。在埃及首都开罗曾发生这样一件事：一位英国教授上课时，身体靠着椅子背，双脚跷起朝向学生，这种行为激怒了埃及学生。学生们示威游行，强烈要求开除这位英国教授，因为这种行为是对穆斯林传统的侮辱。②

　　1997 年，我在美国印第安纳州立大学访学期间，参加了一个电脑培训班。教师一边讲解一边指导我们按步骤操作。老师告诉我们，如果谁遇到困难，随时举手提问，他会马上提供帮助。我的电脑基础一定是班上比较差的，所以很快就发现自己"卡"住了。因为不忍心让老师为我一个人停下来影响全班的进度，轻易不敢举手求助。但后来看到其他学员不时地寻求帮助，终于放下顾虑，准备入乡随俗。果然，我一举手就被老师注意到了，并迅速朝我走来。然而以下发生的一幕却让我瞠目结舌：这位身材高大的男老师，走过来后迅速地跪在我身旁指点着屏幕教我如何操作。从没见过老师跪下的我吃了一惊，接着头开始变大，听觉也变得迟钝，思维也不能集中……尽管老师耐心十足，可我却无法从中受益——习惯于看到教师威仪形象的我，感到了极大的压力和不安。之后的那节课里，我再也不敢提问了。"文化休克"的体验使我事后完全忘记了那节课究竟学的是何种操作，因为当时我还不明白与学生保持视线平等是美国教师传递师生平等的体态语言。

　　东野圣时还对中美学生课堂上的姿态进行了对比："中国学生即使面对一位轻松幽默的美国教师，也改变不了一贯的姿势。他们的坐姿比较统

---

① 东野圣时. 从课堂非言语行为看中美学生文化性学习风格的差异 [J]. 山东省农业管理干部学院学报，2010, 27 (2)：190 – 193.
② 吴为善，严慧仙. 跨文化交际概论 [M]. 北京：商务印书馆，2010：195.

一而正规，听课时女生坐得规规矩矩，上身挺直，头部摆正，男生相对放松些，但也没有特别的姿势。大部分同学头部方向随老师位置的变化而变化。而汉语班的美国学生们面对中国教师，依然坐得松松垮垮，整个班的同学体态多种多样，有的男生甚至四仰八叉。"①

四、空间距离

（一）空间距离的分类及文化差异

萨默瓦和波特（Samovar & Porter）指出，我们运用空间和距离来传达信息，对这种信息系统的研究叫作体距学。关于个人空间、座次安排、室内布局的研究被称为体距学。② 我国学者李杰群等认为，空间距离及其运用具有显示人际关系、标志社会地位、表示社会态度、反映情绪状态等功能。③

霍尔（Hall）首创了空间关系学和私人空间的概念，并揭示了空间的使用和语言一样能传达信息。他指出，每个人与他人交往时都有保持距离的需要，都有一个无形的类似气泡式的个人空间。人们对个人空间的需要受性别、年龄、关系密切程度及文化的影响。他将人类交往的距离按亲疏程度分为四类：亲密距离、个人距离、社交距离和公共距离④。

亲密距离：0—18 英寸。适用于夫妻、父母与子女、恋人等亲密关系。

个人距离：1.5—4 英尺。适用于坦诚、友好的关系，但有分寸。

社交距离：4—12 英尺。适用于公事公办，措辞客气，无秘密可言。

公共距离：12 英尺甚至更远。适用于正式的讲话，措辞规范、音量提高。

在许多文化中，个人空间是神圣的。个人空间是美国个人主义文化的一个体现。美国人在人际交流时对空间距离极为敏感，对个人空间要求较

---

① 东野圣时. 从课堂非言语行为看中美学生文化性学习风格的差异 [J]. 山东省农业管理干部学院学报，2010，27（2）：190-193.

② Samovar L, Porter R. Stefani L. Communication between Cultures [M]. 3rd ed. 北京：外语教学与研究出版社，2000：164.

③ 李杰群. 非言语交际概论 [M]. 北京：北京大学出版社，2002：189-200.

④ 胡文仲. 跨文化交际学概论 [M]. 北京：外语教学与研究出版社，1999：117-119.

大，个人领域的意识较强。除了家庭成员外，与其接触不应超过个人距离，否则会使对方感到不安和不快。美国大学教师们几乎都有自己的办公室。虽然面积不大，但有墙相隔满足了他们对于个人领地的心理需求。另外，教师办公室的门多数情况下是敞开的，但是一般同事之间并不随意闯入，学生也只有在教师公布的答疑时间才会进入，而绝不会因为路过教师的办公室而随意打扰。

由于文化和人口密度的缘故，中国人在人际交往中体距较近，个人空间的意识比较薄弱。中国的多数大学老师没有个人的办公室，而是集体的办公室，如果老师在办公室，学生会不期而至，有的学生是来请教与学习有关的问题，也有的学生只是想和老师聊聊天而已。

（二）体触行为的文化差异

不同文化对身触行为的期待是不同的。握手似乎是许多文化中共有的可接受的身体接触方式，然而与谁握手、如何握手却存在着文化差异。一位中国驻外人员有这样一次由握手而引起跨文化误读的经历。一次他请学生到使馆看中文电影，一位学生携新婚妻子同来，见面后他主动与学生的妻子握手以示欢迎。不料学生却因为老师主动同他妻子握手而不悦。这位老师不知道按巴基斯坦的习俗男士不能主动与初次见面的女子握手。[①] 可见，跨文化交流中必须留意不同文化的体触规则。

美国人初次见面时握手一般短促、有力。许多中国女性为保持女性的矜持握手只伸出指尖轻握一下或等待被握。在美国软弱无力、不加控制的握手被称为"死鱼"，传递的是冷淡、不真诚等消极信号，因此在第一次与美国人打交道时正确地握手对于建立良好的关系，塑造良好的自我形象非常重要。

拥抱是美国常见的社交礼仪，而改革开放前的中国，成年人中拥抱的多是恋人关系。改革开放后，国人对外国人拥抱的礼节由好奇到接受，但入乡随俗并非轻而易举。1986 年，我国著名学者胡文仲教授对从美国进修归来的 20 名中国教师对 46 种社交行为的适应情况进行了调查，发现中

---

① 吴为善，严慧仙. 跨文化交际概论［M］. 北京：商务印书馆，2010：197.

国教师在美国最难适应的便是体触、接吻、拥抱。① 关于中美体触行为的差异，一位在中国任教的美国朋友和我分享了他的观察：美国同性之间体触行为较少，而中国人的同性之间，特别是女性之间的体触行为较多。例如在中国大学校园里女同学之间手拉手是司空见惯的，而同样的行为在美国大学里，则可能会被视为同性恋。

在中国，小学教师拍学生的头顶以示喜爱和夸奖。大学教师有时轻拍学生的肩膀以示鼓励。而在美国文化中，除父母外，其他人则不能随便触摸孩子的头，那是他（她）的私人领地。

（三）课堂布局与互动模式

教室里的座次安排在很大程度上影响师生互动模式。礼堂式的座位暗示的是信息源在讲台上，其余人的角色均是听众，因此，学生很难与处于公共距离的老师平等对话。即使教师提问，学生的回应也只针对教师，很难与其他学生产生互动，因为他们无法保持目光交流。美国第二语言教学研究者曾对学习德语的美国学生做过一个实验：安排学生每两人一组进行对话，他们的德语水平相当，只是座位的安排不同：一组为面对面的座位安排；另一组为背对背的安排。由于后者只能相互听到对方的声音，而没有目光支持和面部表情，结果对话很快中断，而对面而坐的小组则比较顺利地持续交谈。

马蹄式（U形）的空间布局可以让每一个学生享有同等的参与机会，能保持目光交流，并能看到对方的表情反应，比行列式的座位安排更有利于形成互动。多中心的小组式，则强调以学生活动为主、生—生互动是课堂的常态。美国小学一个班级的人数通常不超过 25 名，学生座位往往采取小组式，小组成员经常要相互配合一道完成共同的目标。例如，在一个小学四年级的数学课上，学生每四人一个小组面对面而坐，小组共用一个天平秤。教师要求学生把天平一端的砝码设置在某一固定的位置上，让学生先独立思考（不要动手）天平秤另一端如何设置砝码才能使天平两端保持平衡。在学生提出个人假设之后，小组成员动手操作检验各自的假设，最后教师组织全班一起分享各种解决方案，并引导学生发现砝码的数

---

① 胡文仲. 跨文化交际学概论［M］. 北京：外语教学与研究出版社，1999：111.

量与距离之间的互换关系。中国课堂班级规模比较大，所以学生参与的机会相对较少。即便是肯于回答老师问题的学生，多半也只将回答指向老师，其他人则仍是旁观者。这与传统的师生角色观念有关，但也不排除行列式的座位安排带来的阻碍。

中国学生对课堂互动的需求，正在发生积极的变化。即使在行列式的座位不能改变的情况下，学生也希望与教师面对面近距离沟通。笔者对本校 200 多名大学生关于教师课堂有效沟通行为的调查表明，学生们喜欢老师经常走下讲台，到学生中来，拉近与学生的距离。学生在评教中也经常把这一点视为教师主动与学生互动的表现。事实上，不仅是大学生，小学生也反映了这种诉求。江苏省的一位小学教师，在反思有效课堂教学行为时也传达了类似的信息：" 以前，我不爱到学生堆儿里去，觉得站在讲台边，板书方便。后来有些学优生就大着胆子给我提意见了：'老师，我们有时候遇到难题想问问您，可是又不敢，您能不能常下来走走呀！' 这条意见给我的触动很大，学生们说得有道理，为什么要远离他们呢？后来我的这个坏习惯有了改变。同学们对老师的转变感到高兴。当然这种融洽的教学气氛也促进了教学效果的提升。"[①] 可见，改变空间距离对营造良好的课堂沟通氛围有着不可估量的作用。

五、副语言行为

（一）副语言行为的类别

副语言（Paralanguage）又被称为类语言，是 "指超出言语交际和分析范围的不同性质或种类的伴随语言的声音"。有两种类型：一种是功能性发声，如笑声、哭声、叹息声、呻吟声、咳嗽声以及因惊恐而发出的喊叫声等；另一种是伴随有声语言出现的语音特征，如语音、语调、语速、语顿、音质、音高、停顿等[②]。副语言是言语交际的有机组成部分，虽然没有明码语言那样明确、固定的含义，但是它能对语言的明码部分起到加强（如强调、渲染）、削弱（如轻描淡写、敷衍了事），甚至否定（如讽

---

① 张海燕. 有效课堂教学行为的探究 ［J］. 新课程 · 小学，2010（1）：83.
② 宋昭勋. 非言语传播学 ［M］. 上海：复旦大学出版社，2008：70.

刺、质疑）等作用，并能表达细致的情绪情感。

（二）副语言行为的功能

"功能性发声是指有声音但无固定意义的非言语符号系统"。[1] 宋昭勋对功能性发声的两种类型及功能进行了细致的分析。哭声、笑声、叹息声、尖叫声等属于特征音；汉语中的"嗯"、"啊"、"哦"之类；英语中的"um-hum"等鼻音和喉音的组合叫作隔断音。功能性发声具有传情、表意、调控等功能。例如，汉语中用"唔"、"啊"之类的声音表示听话人正在洗耳恭听，鼓励对方继续讲下去；如果听话人一点声音反馈都没有，讲话人便会犹豫是否继续讲下去。

1. 语调

语调是指音高的变化所造成的旋律模式，通常传达说话者情绪方面的信息。人类的许多情绪情感，都可以通过语调得以体现，并且在对语调的感知和理解上，各文化之间既存在着共性，也存在着差异。传播学上有个经典案例：一位悲剧明星应邀出席一个欢迎外宾的宴会，席间，许多客人要求他表演一段悲剧，于是他用意大利语念了一段"台词"，外宾们虽然听不懂，却被他那悲惨凄凉、如泣如诉的语调和悲悲切切的表情所感动，许多人不禁洒下同情的泪水，可是这位明星的朋友却忍俊不禁，跑出门外，大笑不止。原来这位悲剧明星朗诵的并不是什么悲剧中的台词，而是宴席上的菜谱![2]

国外 20 世纪 60 年代的一项实验揭示了语调在表达感情中的作用：

让八位实验对象（四男四女）朗读若干毫无意义的英文字母，力求正确地表达愤怒、害怕、高兴、嫉妒、喜爱、紧张、骄傲、悲伤、满足、同情这十种感情，然后由三十名批评者来分辨。结果表明，人们能解读出这些并无实在内容的字母在不同语调中表现出来的感情。[3]

---

① 宋昭勋. 非言语传播学［M］. 上海：复旦大学出版社，2008：78.
② 宋昭勋. 非言语传播学［M］. 上海：复旦大学出版社，2008：73.
③ 宋昭勋. 非言语传播学［M］. 上海：复旦大学出版社，2008：72.

语调的运用对于教师来讲至关重要。前苏联著名教育家马卡连柯曾说过，"只有学会用十五种至二十种声调来说'到我这里来'的时候，只有学会在脸色、姿态和声音的运用上能做出二十种风格韵调的时候，我才变成一个真正有技巧的人"。①

2. 语气

语气是思想感情运动状态支配下语句的声音形式。语气传达了说话者对指说对象是与非的认知和爱憎的情感体验。②《文史博览》2012 年第 6 期介绍了以其慷慨激昂的播报语气和语调而著称朝鲜中央电视台著名新闻主播李春姬。文章引用了朝鲜月刊画报《朝鲜》对这位播音员的赞誉："她嗓音强劲有魄力，且号召力极强，拥有出众的口才，每当发表声明、讲话时，能让敌人肝胆俱裂。"③ 而同是这位铿锵有力的女主播，在中朝两国春节之际向中国人民发出了温馨的问候。可见，语气的运用在传达情绪情感及信息能量方面的作用非同寻常。

3. 重音

英语中重音的运用非常重要。通常重音通过音量加大，速度变缓，元音拉长等起到强调或引起注意的作用。有一次，林肯低着头擦自己的靴子，恰巧被一位外国外交官看见了，他讽刺林肯说："总统先生，你经常给自己擦靴子吗？""是的，"林肯答道，"你经常给谁擦靴子？"通过重音的变化，林肯机智地摆脱了对方的奚落，而令对方陷入作茧自缚的境地。④

4. 静默

静默是在交际语境或过程中保持沉默。沉默现象具有文化差异，在英语文化中，沉默通常传递的是消极信号；而在汉语文化中，对沉默的解读

---

①　马卡连柯. 论共产主义教育［M］. 刘长松，杨幕之，译. 北京：人民教育出版社，1981：443.

②　宋昭勋. 非言语传播学［M］. 上海：复旦大学出版社，2008：74.

③　南北. 朝鲜央视女主播的特殊待遇［J］. 文史博览，2012（6）：50－51.

④　卡耐基. 沟通的艺术与处世的智慧［M］. 王红星，编译. 北京：中国华侨出版社，2012：107.

则具有更大的情境性和灵活性。有人观察到中美两国学生课堂上表现的差异：在中国英语课堂上，当教师提问后请大家举手发言时，中国学生总是有短暂的沉默。而对外汉语班的美国学生在类似情境中，几乎从来没沉默过，而是频频举手提问老师问题、及时迅速地回答老师提出的问题，课堂气氛始终非常活跃。

（三）副语言行为的文化差异

2011 年春，我赴日本新泻大学讲学一周，介绍中国课程改革的情况。日本学生似乎比中国学生课堂上表现得更安静，更不主动提问。为了能增加学生对讲课内容的参与，我穿插了与日本课程对比性的提问。我发现每次提问之后，他们习惯性的反应长时间的"Mm——"。有时让他们确证某些信息时，他们会用长时间的"ah——"。这些副语言行为是日本学生独有的。这种反应体现了日本学生的犹豫和不确定，同时也传达了他们在思考教师的问题，而不是无动于衷。跨文化教师必须对这些副语言行为保持敏感，了解他们的寓意。

东野圣时发现，与中国学生相比，美国学生的副语言更丰富。"这一点主要体现在课堂讨论和对话表演等活动中，美国学生在小组讨论中，除了声音大，常听到他们的笑声和叫声，音调变化大，有的女生发出很尖的说话声，男生的音量则大而浑厚，每个人都愿意在讨论中发言。中国学生整体音量要低、更均匀一些，很少有人大声叫。另外在正式回答老师的问题之前，很多中国学生习惯地发出'mmmh'的间隔音预示自己要提供答案或者没有把握，而美国学生很少做出这种反应，他们一般直接回答或用具体语言告诉老师他们不确定。"[①]

六、服饰行为

（一）教师着装及功能

服饰行为包括个体的着装和佩戴饰物两大方面。服装是教师的社会性

---

① 东野圣时. 从课堂非言语行为看中美学生文化性学习风格的差异［J］. 山东省农业管理干部学院学报，2010，27（2）：190－193.

皮肤。尽管人们普遍认为教师仪表影响学生对教师的印象，但直接关于教师仪表对课堂教学效果的影响的实证性研究却并不多见，而且多数研究采用的是照片而非真实课堂情境中的主体。

一些研究表明，着装影响对个体个性的判断。格尔海姆（Gorham）的实验研究采用男女各一名经过训练的研究生助教，以不同的着装分别在六个平行班中以同一方式、针对同一内容做讲座。讲座之后，学生填写教师评价表，其中还包括教师是热情还是冷静；与自己是否具有同一性等项目的表格。实验采用的是 2×3 的设计：2 个因素分别为亲切性与着装。其中，亲切性分为两个水平：高亲切性、低亲切性；着装分为三种水平：职业装、职业休闲装、休闲装。研究表明，在真实的情境中，着装对印象的影响小于使用照片时的情况。着装对印象影响的最大方面体现在对讲话人属于内倾或外倾的判断。其他研究者，也发现了着装与个性之间有显著的正相关性。[①]

1989 年，威廉·萨尔比（William Thourlby）在《你的穿戴决定你是谁》一书中指出，一个人的着装可以影响对这个人教育水平、社会背景、经济水平、成功程度、道德品质等的判断。[②] 一些研究者发现，被咨询者的焦虑水平与咨询者的着装有关，并关系到对咨询人员的专业知识与吸引力的判断。还有研究表明，过路者更容易从穿着随便的谈话者之间穿过，而不容易从穿职业装的谈话者之间穿过。

在公共演讲领域大量证据表明，个体的仪表影响听众对演讲者及其发出的信息的反应，在演讲开始时尤其是这样。演讲者的装束影响听众对其所传播的信息的置信度。一些研究者则反对将着装的效果不加区分地套用到大学课堂教学情境中，因为大学课堂教学情境中也许存在着某些影响着装效果的独特的中间变量。课堂情境中师生双方长期相互作用，时间因素可能削弱包括着装在内的初次印象的效果。由于课堂教学是指向知识促进的，其作用可能有别于商业活动和其他职场。

纽豪斯（Newhouse）通过对中小学的研究发现着装对教师彼此间的相互作用有显著的影响。年龄、性别、时尚的程度影响其受欢迎程度。[③]

---

①　Gorham J, Cohen S H, Morris T L. Rashion in the classroom Ⅱ: Instructor immediacy and attire [J]. Communication Research Reports, 1997 (14): 11 –23.

②　William T. You are what you wear [J]. New York: Forebes/Wittenburg&Brown, 1989.

③　Newhouse R C. Teacher appearance in cooperative initiation processes [J]. Journal of Instructional Psychology, 1984 (11): 158 – 164.

其他研究者发现，尽管教师并不统一着装，教育行政人员期待和偏好较为正式的教师着装。他们认为，着装与学校的成功有关，并坦言在教师求职面试时，他们的决定受求职者着装的影响。他们不喜欢随便的着装，认为教师着装过于随便会导致课堂纪律的涣散，认为保守或运动风格的着装有助于提高学生的成绩。

关于高中生对装束不同的教师照片的印象研究表明，学生对正式着装比对随便着装的教师给予更多的尊重。莫里斯（Morris）通过大学生对客座教授的评价的实验研究，揭示了教师职业装束有利于学生对教师能力的评价，但与师生同质性无关。然而，随便的穿着却与较高的教师社会性、外倾性、演讲内容的趣味性评价存在正相关性。①

洛奇（Roach）调查了美国西南部一所大型高校传播学专业 355 名本科生对研究生助教的着装评价。评价工具是一项由两极形容词组成的包含 7 个等级的着装评价表。题目包括正式—非正式；不平整—熨烫过；得体—不得体；肮脏的—洁净的；职业的—非职业的；妥帖的—松垮的；时尚的—落伍的。该量表测得的信度为 0.88。调查还采用了编制的由 7 个项目组成的学生着装倾向性量表。量表包含四个维度：着装意识；表现主义；实用性；设计者。着装意识是指在多大程度上调查者关注自己的着装。表现主义是指个体选择暴露性的着装的倾向；实用性是指个体关注使用功能胜于美学效果的倾向；设计者是指在多大程度上着装者愿意从事服装设计的职业。②

研究表明，学生本人的着装倾向与对教师的着装评价无关。教师着装与学生的情感学习相关为 0.50，与认知学习的相关为 0.36。研究还发现，教师着装越专业，学生的不良行为越少发生，反之，教师着装随便，学生的不良行为则增多。最后，教师着装的专业性与学生对教师的评价呈显著正相关（$r = 0.51$）。当将研究生助教的着装按职业化程度进行分组比较，

---

① Morris T L. Gorham J. et al. Fashion on the Classroom: Effects of attire on student perceptions of instructors in college classes [J]. Communication Education, 1996, 45 (4): 135 – 148.

② Roach K D. Effects of Graduate Teaching Assistant Attire on Student Learning, Misbehaviors, and Ratings of Instruction [J]. Communicatoin Quarterly, 1997, 45 (3): 125 – 141.

学生对着装高度职业化的助教评价高于着装中度和低度职业化的助教。①

总之，着装反映了一个人的职业。着装还可以反映一个人的态度、价值观念及信仰。着装甚至可以反映一个人的个性与性情。无论正确与否，以着装判断人不失为一种信息来源的渠道，一个形成看法和见解、一个他人如何与其相互沟通的基础。

（二）佩饰行为

尽管美国公民享有宗教信仰自由，但是由于教师的行为具有示范性的特点，公立学校的教师在课堂上不允许佩戴带有宗教色彩的装饰，如十字架项链等。无视这些要求，可能遭到学生投诉，因为美国采取教育与宗教分离的政策。学生的佩饰行为则不受类似教师的约束，美国大学本科生的佩饰行为的尺度比较开放，他们不仅可以佩戴有宗教象征意义的饰物，戴耳环、鼻环、舌环也都不足为怪。但教师教育专业的学生下中小学见习、实习时，都有严格的专业规定：如衣服上下不能露，要穿运动装或正装进入学校。

中国教师的佩饰行为正向多样化方向发展，"朴素大方"不再是教师着装的唯一风格。与此相应的是，大学生的着装、佩饰也越来越开放，呈多样化趋势。对于学生而言，佩饰行为在大、中、小学的要求不同，通常大学相对比较自由、开放，而中小学则限制较多，某些佩饰要求，还有一定的"标签"味道。有时，佩饰行为还会成为一种区分学生优劣的手段。例如《中国教育报》（2011 年 10 月 23 日第二版）刊载了一篇评论：《给学生戴绿领巾，激励还是歧视?》文章援引了《华商报》的新闻："随着下课铃响，小学生们在老师的领引下排队回家。最先走出校门的是一年级的学生，队伍自然被他们佩戴的领巾颜色分成了两类：一部分孩子带着鲜艳的红领巾，另一部分孩子则带着绿领巾，这是发生在西安市未央区第一实验小学的一幕。"教师要求差生戴绿领巾反映了在小学学生的独立人格并未得到应有的尊重。

领巾是一种非言语社会符号，红领巾标志着优秀、向上，在中国文化

---

① Roach K D. Effects of Graduate Teaching Assistant Attire on Student Learning, Misbehaviors, and Ratings of Instruction ［J］. Communicatoin Quarterly, 1997, 45（3）：125 – 141.

中，与之对应的绿领巾所暗示的含义则是不言而喻的。这种标签行为，表面上是辨识差异、区分优劣、敦促改进，而对于当事人，特别是自我概念未形成的小学生来说，对其自尊心及自我认同的潜在伤害是不可估量的。教师的任何教育行为都是有后果的，这种强制性的负面的佩饰行为传达的是教师对学生的何种感情、给学生的是怎样的自我暗示呢？无独有偶。新华网9月27日报道，深圳一所小学三年级的一位老师给差生脸上盖蓝章，"以督促其改进"。

佩饰行为具有标签效应，即标签可以对个体产生暗示，使个体的自我期待及后继的表现与标签趋于一致。标签可以是视觉的（如绿领巾，脸上的蓝章），也可以是语言的、文字的。美国军队里发生的一件事能帮助我们更好地理解标签效应。某个兵营招募了一批新兵，这些新兵虽然有着坚强的毅力，却有着一些不容易改掉的坏习惯。这些新兵文化程度较低，似乎不适合对他们讲大道理。教官采取了很多措施去改变他们，以使他们成为合格的军人，然而都奏效不大。后来，教官告诉他们，应该经常给家里寄些信，以免家人惦念，并且提供了一些信件供他们参考。这些信的内容大致是告诉家人他们已经在部队里养成了良好的生活习惯，许多以前的坏习惯都改正了，请家人放心。等他们把信写好发出去后，奇迹发生了：这些顽固的士兵逐渐克服了从前的坏习惯，他们变得讲卫生、守纪律、精神面貌焕然一新，终于把自己打造成了合格的军人。[1] 这一事例告诉我们，如果我们的教师也能多给学生一些积极的暗示，"自我实现的预言"也会发生在那些所谓的"差生"身上。

第四节　教师非言语亲切性及其作用[2]

一、教师亲切性的概念

"亲其师，信其道"是中国古代教育中的经典智慧。事实上，现代东

---

① 卡耐基.沟通的艺术与处世的智慧［M］.王红星，编译.北京：中国华侨出版社，2012：94.

② 王维荣.教师亲切性：有效教学的重要变量——美国关于教师课堂沟通行为的微观研究［J］.2011（6）：55-60.

西方学者都在从不同角度探索如何提高教师亲和力的课题。

现代学术界对亲切性的关注始于对非言语行为的早期研究。梅拉宾①首次采用"亲切性"这一术语来表示那些使人与人之间产生亲和力的行为。安德森（Anderson，1979）将这一概念用于描述教师沟通行为，指出具有亲切性的教师与学生交流时距离更近，面带微笑、保持目光交流、运用姿态手势、触摸，姿态放松、而且声音富于变化。教师亲切性被定义为"增加师生间非言语互动并且传递亲切感的教师非言语行为"。② 可见，早期对教师亲切性的界定主要偏重于非言语方面。

教师亲切性后来被扩展到言语方面。纽列普（Neuliep）指出，所谓"教师亲切性是指那些缩小师生之间空间和心理距离的教师言语和非言语沟通行为"。③ 其中，言语亲切性可以借助于表示同一性的用词（如我们，我们的）以及传递兴趣、喜欢、支持、鼓励的话语得以体现，或者对学生以名相称（省略姓氏），询问学生个人的情况，征询学生的意见等；非言语亲切性可以通过轻松，愉快的表情、手势、微笑以及得体的触摸、目光接触、声音的表现力以及互动式的教室座位布局得以体现。④

二、教师亲切性的结构及测量

安德森（Anderson）基于已有非言语行为的研究，并受梅拉宾亲切性概念的启示，对教师亲切性的结构及其测量做了开创性的工作。她编制了一个由"一般性指标"（GI）和"具体行为指标"（BII）两部分组成的教师亲切性量表。GI 是一个高度概括的指标，主要依赖主观判断。BII 是由28 个项目组成的具体行为指标。⑤ 该量表所测量的学生对教师亲切性的感

---

① Mehrabian A. Some referents and measures of nonverbal behavior [J]. Behavior Research Methods and Instrumentation, 1969 (1)：203 – 207.

② Anderson J F, Norton R W, Nussbaum J F. Three investigations exploring relationships between perceived teacher communincation behavors and student learning [J]. Communication Education, 1981, 30 (10)：377.

③ Neuliep J W. A comparison of teacher immediacy in African-American and Euro-American college classrooms [J]. Communication Education, 1995, 44 (3)：267.

④ Civikly-Powell. Can we teach without communicating? [J]. New Directions for Teaching and Learning, 1999, Winter, 80：61 – 67.

⑤ Anderson J F, Anderson, P A, Jensen, A D. The measurement of nonverbal immediacy [J]. Journal of Applied Communication Research, 1979, 7 (2)：153 – 180.

受是基于与其他教师的比较。由于参照对象不同，师生之间对亲切性水平报告的一致程度较低。[①] 为克服过于依赖被试主观判断的缺点，雷蒙德（Richmond）等研究者将此量表修订为由 14 项具体行为指标组成的非言语亲切性量表（NIM）。该量表主要由一些可观察的具体行为指标组成，并采用了里克特式 0—1 的等级记分法。[②] 这一量表具有可接受的信度（0.70—0.85），因此在 20 世纪 90 年代的研究中广为采用。

格尔海姆（Gorham）还编制了一个包括 20 个项目的"言语亲切性量表"。[③] 量表的题目包括教师援引自身的经验举例；鼓励学生提问或发表见解；课堂上运用幽默；称呼学生的名字（不加姓氏）；课前课后与学生交谈，使用"我们"而不是"你们"这类包容性的字眼，欢迎学生课外打电话或当面咨询问题，征询学生对作业题目、截止日期的态度等。该量表为不少研究所采用，但由于其建构是基于学生对心目中最好的教师行为特点的描述，其表面效度曾受到质疑。

为了便于同时研究多个变量，麦克劳斯基（McCroskey）等人将雷蒙德等人编制的量表简化为"教师非言语亲切性行为印象量表"（"the Perceived Nonverbal Immediacy Behavior Scale"，简称 PNIBS）[④]，包括以下 10 个具体指标：①运用手势；②声音呆板单调；③与全体学生保持目光交流；④对全体学生微笑；⑤教态拘谨；⑥在教室里走动；⑦教态自然大方；⑧对个别学生微笑；⑨声音具有表现力。其中，第 2、5 项为反向记

---

① McCroskey J C, Richmond V P, Sallinen A, Fayer J M, et al. A cross-cultural and multi-behavioral analysis of the relationship between nonverbal immediacy and teacher evaluation [J]. Communication Education, 1995, 44 (4): 281 –291.

② Richmond V P, Gorham J S, McCroskey J C. The relationship between selected immediacy behaviors and cognitive learning [G]. Communication Yearbook, 1987 (10): 574 –590.

③ Gorham J. The relationship between verbal teacher immediacy and behaviors and student learning [J]. Communication Education, 1988, 37 (1): 40 –53.

④ McCroskey J C, Richmond V P, Sallinen A, Fayer J M, et al. A cross-cultural and multi-behavioral analysis of the relationship between nonverbal immediacy and teacher evaluation [J]. Communication Education, 1995, 44 (4): 281 –291.

分题。由于该量表便于与其他量表配合使用并显示出较高的信度（0.82 - 0.86），①② 自问世以来广泛用于教学沟通领域的研究。

应跨文化研究的需要，张与奥特泽尔（Zhang & Oetzel）运用归纳法编制了涵盖言语和非言语行为的中国教师亲切性量表（CTIS）。该量表包括教学、关系、个人三个维度，由以下15个题目构成：①敬业；②讲课认真；③课堂投入；④认真回答学生的问题；⑤教学有耐心；⑥理解学生；⑦对学生一视同仁；⑧尊重学生；⑨不伤学生的自尊心；⑩鼓励学生；⑪对学生的问题及时提供反馈；⑫具有良好的品德；⑬为人师表；⑭平易近人；⑮举止大方。③ 经检验，该量表具有良好的表面效度、内容效度和结构效度，从而为中美教师亲切性的跨文化比较增添了有效的测量工具。

三、教师亲切性的作用

（一）教师亲切性与学生的学习结果

教师沟通领域的学者们从认知学习、情感学习、动作技能三个维度探讨了教师亲切性与学习结果变量之间的关系。正如罗德里古兹（Rodriguez）等人所指出的："过去二十年间，教学沟通领域的报告中颇为一致的证据便是教师非言语亲切性与学生情感学习、认知学习之间的正相关。没有其他任何教师沟通变量如同教师亲切性与学生情感和认知领域的学习之间关系那样稳定。"④

安德森（Anderson）率先对教师亲切性与学生学习结果之间关系进行了探索。研究结果表明：教师亲切性与大学生的情感学习之间存在显著相

---

① Glascock J, Ruggiero T E. The relationship of ethnicity and sex to professor credibility at a culturally diverse university [J]. Communication Education, 2006, 55 (2): 197 - 207.

② Sidelinger J C, McCroskey. Communication correlates of teacher clarity in college classroom [J]. Communicatin Research Reprots, 1997, 14 (1): 1 - 10.

③ Zhang Q. Oetzel J G, Gao X, et al. Teacher immediacy scale: Testing for validity across cultures [J]. Communication Education, 2007, 56 (2): 228 - 248.

④ Rodriguez J I, Plax T G, Kearny P. Clarifying relationship between teacher immediacy and student cognitive learning: Affective learning as the central mediator [J]. Communication Education, 1996, 45 (4): 293.

关，但与认知学习无关。① 安德森的研究，引发了后继研究者对教师亲切性的持续关注。鲍威尔（Powell）与哈维里（Harville）对美国境内不同族裔学生的研究表明，非言语亲切性与学生情感学习之间存在正相关，并且这种关系模式在美国白人，拉美裔、亚裔美国人中普遍存在，三个族裔之间仅存在微弱差异。② 桑德斯（Sanders）与威斯曼（Wiseman）对亚裔、非裔、拉丁裔及美国本土的学生的研究发现，以上四个族裔中，亲切性行为与认知、情感、行为三方面的学习都存在正相关。其中，某些亲切性行为（如富于变化的声音、微笑、目光接触）对各族裔学生的影响比较一致，而其他亲切性行为对各族裔的影响可能不同。③ 弗雷米尔（Frymier）与豪赛尔（Houser）对大学生的研究也表明，教师非言语的亲切性与学生情感学习之间存在一定程度的相关，并且女生比男生对教师亲切性更为敏感。④

一些研究者还对非言语亲切性与认知学习的关系进行了探索。雷蒙德（Richmond）等人以学生自我报告作为学习结果的指标，发现教师非言语亲切性不仅与情感学习有关，而且与认知学习存在正相关。⑤ 凯利（Kelly）与格尔海姆（Gorham）采用实验法检验教师非言语亲切性对学生学习的影响。该研究以教师与学生的接近度和目光接触为自变量，以学生对学习内容的回忆为因变量。实验结果表明，教师非言语亲切性对学生短时记忆的效果有显著影响。目光接触与身体的接近度可以解释19%的学生回忆量方面的差异。研究者认为教师亲切性能够提高学生的兴奋与注意水

① Anderson J F. Teacher immediacy as a predictor of teaching effectiveness [M] // D Nimmo. Communication yearbook 3, New Brunswick. NJ: Transaction Books. 1979: 543–559.

② Powell R, Harville B. The effects of teacher immediacy and clarity on instructional outcomes: An intercultural assessment [J]. Communication Education, 1990, 39 (4): 369–379.

③ Sanders J A, Wiseman R L. The effects of verbal and non-verbal immediacy on perceived cognitive, affective, and behavioral learning in the multicultural classroom [J]. Communication Education, 1990, 39 (4): 341–353.

④ Frymier A B, Houser M L. The teacher-student relationship as an interpersonal relationship [J]. Communication Education, 2000, 49 (3): 207–219.

⑤ Richmond V P, Gorham J S, McCroskey J C. The relationship between selected immediacy behaviors and cognitive learning [G]. Communication Yearbook, 1987 (10): 574–590.

平，因此能提高对讲授内容的再现。① 克里斯坦森（Christensen）与门泽尔（Menzel）在美国中西部一所大学的研究支持这样的结论：教师亲切性与学生学习结果的三个领域皆存在线性关系，教师亲切性的不同水平在认知学习结果上存在着显著差异。②

格尔海姆（Gorham）通过对不同班型学生的调查指出，除了教师非言语亲切性外，教师言语亲切也能促进学生的学习。而且，班型越大，教师亲切性的作用就越大。因此，在大班授课的情况下教师尤其要注意运用言语和非言语亲切性缩小师生之间的距离，从而促进学生的学习。③ 威特（Witt）与维尔里斯（Wheeless）在美国西南部一所大学的实验研究表明：非言语亲切性比言语亲切性对于（以回忆量为指标的）认知学习的影响作用更大，对情感学习的影响为 26%④。

关于教师亲切性与学生认知学习的关系也有不同的研究证据。罗德里古兹（Rodriguez）等人将美国西部一所大学调查数据与早期研究者的数据进行了比较，确立了"非言语亲切性—情感学习"的关系模式，即认为情感学习是教师亲切性与学生认知学习之间的主要中间变量。⑤ 考姆斯德克（Comstock）等人采用所罗门四组实验，将 259 名大学生随机分为三组，检验亲切性在三种不同水平上对认知、情感、行为学习的影响。实验结果表明，教师亲切性与以记忆水平为指标的认知学习之间呈倒 U 形关系。即在适度的教师亲切性的情况下，学生对于学习内容回忆的效果好于教师亲切性过高或过低的情况。就情感学习而言，教师亲切性与学生听课的动机水平、对授课内容的态度、对教师的态度之间也呈倒 U 形关系。

---

① Kelley D H, Gorham J. Effects of immediacy on recall of information [J]. Communication Education, 1988, 37 (3): 198 – 207.

② Christensen I J, Menzel K E. The linear relationship between student reports of teacher immediacy behaviors and perceptions of state motivation and of cognitive, affective, and behavioral learning [J]. Communication Education, 1998, 47 (1): 82 – 90.

③ Gorham J. The relationship between verbal teacher immediacy and behaviors and student learning [J]. Communication Education, 1988, 37 (1): 40 – 53.

④ Witt P L, Wheeless L R. An experimental study of teachers' verbal and nonverbal immediacy and students' affective and cognitive learning [J]. Communication Education, 2001, 50 (4): 327 – 342.

⑤ Rodriguez J I, Plax T G, Kearny P. Clarifying relationship between teacher immediacy and student cognitive learning: Affective learning as the central mediator [J]. Communication Education, 1996, 45 (4): 293.

就行为学习而言，适度的教师亲切性的效果优于亲切性过高或过低的情况；而在两种极端的情况中，亲切性过高的情况要好于亲切性过低的情况。据此研究者得出结论：非言语亲切性与学生的认知、情感、行为学习之间是非线性关系。与许多其他研究不同的是，这项研究对非言语亲切性进行操纵，而不是以学生对教师非言语行为的印象为指标；行为学习以真实行为，而不是预期行为为指标；认知学习以实际认知收获，而不是对认知收获的主观判断为指标。①

切斯拜娄（Chesebro）的相关研究虽然也支持教师非言语亲切性与认知学习之间的正相关，② 但是，同一研究者的实验研究表明，教师非言语亲切性对学生的认知学习没有显著影响。针对这一矛盾，研究者承认由于对亲切性的操纵是通过录像进行的，其效果可能逊于真实情况下亲切性的效果。③ 卡莱尔（Carrell）与门泽尔（Menzel）关于不同媒介（真实、录像、配有录音的 PPT）所传达的亲切性的研究支持了这一分析：以录像为媒介的亲切性比真实情境下亲切性对所学信息回忆效果的影响要弱。④

（二）教师亲切性与学生的学习动机

教师亲切性与用于提高学生动机的行为之间存在着部分交叉关系。布罗菲（Brophy）将学生的学习动机区分为特质动机和状态动机。状态动机是指某一时间学生对某一特定课程、内容的态度；特质动机是指更为稳定的、学生对学习的一般态度。⑤ 凯勒（Keller）提出 ARCS 模式，即由注意（attention）、关联性（relevance）、信心（confidence）、满意度（satis-

---

① Comstock E R, Rowell E, Bowers J W. Food for thought：Teacher nonverbal immediacy, student learning, and curvilinearity [J]. Communication Education. 1995, 44 (7)：251 – 266.

② Chesebro J L, McCroskey J C. The relationship between teacher clarity, nonverbal immediacy and student affect and cognitive learning [J]. Communication Education, 2001, 50 (1)：59 – 68.

③ Chesebro J L. Effects of teacher clarity and nonverbal immediacy on student learning, receiver apprehension, and affect [J]. Communication Education, 2003, 52 (2)：135 – 147.

④ Carrell L J, Menzel K E. Variations in learning, motivation, and perceived immediacy between live and distance education classrooms [J]. Communication Education, 2001, 50 (3)：230 – 240.

⑤ Brophy J, Good T L. Teacher behavior and student learning [M] //Wittock M C. Handbook of Research on Teaching. 3rd ed. New York：McMillan, 1986：328 – 375.

faction）组成的动机模式来揭示影响学生学习动机的条件。① 研究者们所提出的提高学生动机的建议与教师亲切性行为具有很大一致性。譬如教师热情、微笑、身体前倾、目光交流等，既被视为提高学生状态动机的行为，同时也被视为教师亲切性行为。② 雷蒙德（Richmond）对教师非言语亲切性与学生动机之间的关系的研究表明，教师非言语亲切性对于学生动机的影响远胜于变换活动方式。其中，声音的变化、微笑、目光接触起主要作用。研究者推断，教师沟通行为与学生学习结果之间的关系可能是以非言语亲切性对动机的影响为中介的。③ 克里斯多菲尔（Christophel）通过两阶段的研究发现，非言语亲切性比言语亲切性更能预测学生的学习；与特质动机相比，教师非言语亲切性与学生状态动机的关系更为紧密。因此，非言语亲切性通过调节状态动机而直接或间接地影响学生学习。④ 弗雷米尔等人指出，教师非言语亲切性与学生认知领域学习之间的关系是以学习者的状态动机为中介的，⑤ 教师非言语亲切性与状态动机之间存在一定程度的相关。⑥

（三）教师亲切性与学生对教师的评价

教师非言语亲切性不仅关系到学生学习结果，而且也关系到学生对教师的评价。安德森（Anderson）的研究表明：46%学生对教师的态度，20%学生对教学内容的态度，18%学生对教师要求的配合行为是由教师非

① Keller J M. Strategies for stimulating the motivation to learn [J]. Performance and Instruction, 1987, 26 (8): 1−7.

② Keller J M. Strategies for stimulating the motivation to learn [J]. Performance and Instruction, 1987, 26 (8): 1−7.

③ Richmond V P. Communication in the classroom: Power and motivation [J]. Communication Education, 1990, 39 (3): 181−195.

④ Christophel D M. The relationship among teacher immediacy behaviors, student motivation and learning [J]. Communication Education, 1990, 39 (4): 323−340.

⑤ Frymier A B, Houser M L. The teacher-student relationship as an interpersonal relationship [J]. Communication Education, 2000, 49 (3): 207−219.

⑥ Frymier A B. A model of immediacy in the classroom [J]. Communication Quarterly, 1994, 4 (2): 133−144.

言语亲切性决定的。① 学生对亲切性高的教师所教课程的态度更为积极。②
莫尔（Moore）等人以美国一所私立大学学生为对象，检验了教师言语、
非言语亲切性与学生评教之间的关系。他们以格尔海姆 1988 年编制的教
师亲切性行为量表和美国考试中心的学生评教报告（Student Instructional
Report）为测量工具。该研究发现：教师亲切性与学生评教之间存在正相
关。教师言语亲切性、非言语亲切性与师生互动、教师讲授方面关系更为
紧密。此外，班级规模、学生的预期分数影响学生对教师亲切性及对教师
的评分。③ 克里斯坦森与门泽尔的研究也表明，教师亲切性与学生对课程
内容、对教师的态度之间均存在类似的关系。④

麦克劳斯基（McCroskey）等人检验了在不同文化情境下（美国主流文
化、澳大利亚、波多黎各、芬兰）教师亲切性与高校学生对教师评价之间
的关系。研究表明，尽管各国大学生对教师的亲切性水平报告有所不同，
但教师亲切性与学生对教师的评价的两个指标之间都存在正相关。其中教
师亲切性与"教师对学生的态度"的相关为 0.44—0.69，与"愿意修同一
教师另一门课"的相关为 0.52—0.66。⑤ 切斯博娄（Chesebro）的实验研究
发现，教师亲切性在学生对教师的态度上具有显著的主效应（$p < 0.001$）。⑥

一些学者还考察了教师亲切性的性别差异。莱斯特（Rester）和爱德
华兹（Edwards）用书面情境反应法在美国南部一所高校的调查发现，学
生对教师亲切性的反应受性别的影响。女教师亲切过度被解读为关爱，而

---

① Anderson J F. Teacher immediacy as a predictor of teaching effectiveness ［M］//Nimmo D. Communication yearbook 3, New Brunswick. NJ: Transaction Books. 1979, 543 –559.

② Anderson J F, Norton R W, Nussbaum J F. Three investigations exploring relationships between perceived teacher communincation behaviors and student learning ［J］. Communication Education, 1981, 30 (10): 377.

③ Moore A, Masterson J T, Christophel D M, et al. College teacher immediacy and student ratings of instruction ［J］. Communication Education, 1996, 45 (1): 29 –39.

④ Christensen I J, Menzel K E. The linear relationship between student reports of teacher immediacy behaviors and perceptions of state motivation and of cognitive, affective, and behavioral learning ［J］. Communication Education, 1998, 47 (1): 82 –90.

⑤ McCroskey J C, Richmond V P, Sallinen A, et al. A cross-cultural and multi-behavioral analysis of the relationship between nonverbal immediacy and teacher evaluation ［J］. Communication Education, 1995, 44 (4): 281 –291.

⑥ Chesebro J L. Effects of teacher clarity and nonverbal immediacy on student learning, receiver apprehension, and affect ［J］. Communication Education, 2003, 52 (2): 135 – 147.

男教师亲切过度则被理解为控制。① 另一项研究表明，学生对男教师亲切过度有反感，如若发生在课堂以外（如教师办公室），则被视为性骚扰。可见，教师亲切性的情境性不容忽略。

（四）教师亲切性与教师信誉度

教师亲切性不仅与学生对教师的评价有关，而且还与学生心目中的教师信誉度有关。伯古恩（Burgoon）发现，低亲切性与较低的能力、个性及社会性评价相联系。低亲切性传达的是疏远、距离感、差异和控制；而高亲切度传达的是参与、亲近、共性以及适度的控制。② 同一研究者的实验研究表明，教师非言语亲切性与教师信誉度之间存在正相关。其中，较高的亲切性与良好的人格判断有关（$r = 0.29$），令人愉悦的表情与较高的能力判断有关（$r = 0.26$）。③ 格拉斯考克（Glascock）与卢基尔罗（Ruggiero）以美国拉丁裔大学生为对象的研究表明，无论教师的族裔和性别如何，非言语的亲切性与教师信誉度的各维度（能力、关爱、可信度）之间都存在着正相关。④

斯威特（Thweatt）与麦克劳斯基（McCroskey）通过两阶段的实验研究，检验教师非言语亲切性、教师失误对教师信誉度各维度的影响。结果表明，当教师亲切性较低时，无论教师是否存在失误，其信誉度都随之降低；当教师亲切性较高时，教师信誉度因教学失误显著下降。研究者推断，非言语亲切性可能弥补教师失误对教师信誉度（特别是"关爱"维度）的负面影响。⑤ 约翰逊（Johnson）与米勒（Miller）将教师亲切性与结果变量之间的关系的研究扩展到不同文化中。研究者对美国和肯尼亚各

① Rester C H, Edwards R. Effects of sex and setting on students' interpretation of teachers' excessive use of immediacy [J]. Communication Education, 2007, 56 (1)：34 – 53.

② Burgoon J K, Hale J L. Nonverbal expecgtancy violations：Model elaboration and application to immediacy behaviors [J]. Communication Monographs, 1988, 55 (1)：58 – 79.

③ Burgoon J K, Birk T. Nonverbal behaviors, persuasion, and credibility [J]. Human Communication Research, 1990, 17 (1)：140 – 69.

④ Glascock J, Ruggiero T E. The relationship of ethnicity and sex to professor credibility at a culturally diverse university [J]. Communication Education, 2006, 55 (2)：197 – 207.

⑤ Thweatt K S, McCroskey J C. The impact of teacher immediacy and misbehaviors on teacher credibility [J]. Communication Education, 1998, 47 (4)：348 – 358.

一所私立大学的研究表明：在两种文化中，教师的言语、非言语亲切性与教师信誉度之间均存在正相关。①

泰文（Teven）与汉森（Hanson）通过两项实验研究检验教师亲切性以及口头关爱对教师信誉度的影响。研究发现，非言语亲切性在教师的能力、可信度上存在主效应；亲切性与关爱之间存在中度相关（$r = 0.45$）。② 王（Wang）对中美两国各一所大学教师清晰性、教师亲切性与教师信誉之间关系的研究表明，在两种文化中，教师亲切性与教师信誉之间存在同样的正相关（$r = 0.27$），并且教师亲切性与教师信誉的三个维度都存在着正相关。所不同的是，在美方样本中教师亲切性与关爱这一维度关系更为紧密（$r = 0.30$）；在中方样本中教师亲切性与教师能力关系更为紧密（$r = 0.31$）。③ 可见，即使教师亲切性与某些教学结果变量之间的关系是确定的，但对其表现形式及其文化寓意的解读必须抱以审慎的态度。

（五）教师非言语亲切性的文化差异

考利尔（Collier）和鲍威尔（Powell）以美国非洲裔、拉丁裔、亚裔及美国白人等不同族裔的大学生为样本对教学有效性的看法进行了调查。研究者发现，各族裔的大学生在教师非言语行为的重要性的认识上存在着共识，然而，文化的确影响学生对教师亲切性的看法。白人学生喜欢教师可接近、友善；拉丁裔学生喜欢温暖并提供支持的教师；黑人学生喜欢富有戏剧性风格，并善于调动学生积极性的教师；亚裔学生喜欢为人师表的教师。④

---

① Johnson S D, Miller A M. A cross-cultural study of immediacy, credibility, and learning in the U. S. and Kenya [J]. Communication Education, 2002, 51 (3): 280 – 292.

② Teven J J, Hanson T L. The impact of immediacy and perceived caring on teacher competence and trustworthiness [J]. Communication Quarterly, 2004, 52 (1): 39 – 53.

③ Wang W. A cross-cultural study of the relationships between teacher clarity, nonverbal immediacy and Teacher Credibility [D]. Illinois State Univeristy, 2007: 61 – 62.

④ Collier M J. Powell R G. The effects of student ethnicity on judgments of instructional communication [J]. Annual Meeting of Speech Communication Association, Chicago, Illinois, 1986.

第五节　跨文化教师课堂非言语行为的调适

一、提高对非言语行为的意识

无论教师本人是否意识到，课堂中教师的非言语行为始终传递着各种信息，并且任何传播都是有后果的。然而，许多教师对自身的课堂非言语行为及其后果缺乏必要的认识。周鹏生对 167 名小学教师的调查表明，23.3% 的教师认为，教师的姿势等非言语行为与他的素养水平关系不密切，有 20.9% 的人意识不到自己在打手势，有 29.3% 的人不能确切地意识到自己的面部表情，还有 22.2% 的人不能确切地意识到自己的姿势。可见一部分非言语行为是无意识发生的。① 在跨文化课堂里，教师的非言语行为无时无刻不在传递各种信息，如果教师不能意识到自己的非言语行为及其后果，就可能造成沟通障碍，进而影响目标的达成及教学效果。因此，跨文化教师要有意识地对自己的非言语行为进行自我观察，并监测其效果。

其次，教师要尽快学会正确解读学生的非言语行为传递的信息，这样才能及时地获得课堂中另一教学主体的反馈，从而进一步调整自己的教学行为，使自己的教学更加有的放矢。

二、识别并克服干扰性的非言语行为

在跨文化教学情境中，要求来自异文化的教师完全改变过去在本文化中多年来形成的非言语沟通的符号系统、全盘采用东道国的非言语符号系统既不必要，也不可能。那么教师应该在多大程度上掌握和运用学生群体所熟悉的非言语语码呢？这一点的要求，我们不妨借鉴一下第二语言教学专家们对外国口音问题上的建议，即努力去除那些能够导致歧义或引起负面情绪反应的非语言行为。以课堂中常见的副语言行为为例。在汉语中，当教师聆听学生的发言时，许多教师将耳朵向学生方向倾斜，沉思并伴有"嗯"（降调）表示赞许、鼓励。而在美国课堂上学生发言时，教师往往

---

① 周鹏生．教师非言语行为研究简论［M］．北京：民族出版社，2006：3.

与学生保持目光接触，并伴有"en, hen"声调上扬，以表示我在听，有道理，接着讲之类的意思。如果美国学生发言时听到老师一个沉重的"en"，一定会对老师的态度感到莫名其妙，不知所措。再如，教师的表情。在中国，许多教师喜欢通过肃穆的面部表情保持课堂的秩序，维护教师的尊严，中国教师想传达的是教学是一件神圣的事情；而美国学生期待教学是互动式的，轻松愉快的，所以表情丰富，体态语言丰富的教师更能引起学生的兴趣。表情严肃、体态语言贫乏的教师会让学生感到疏远、缺少共同语言。

三、通过非言语行为的训练实现课堂里的文化适应

非言语行为的训练可以沿着两条路线进行。一条是从不同非言语类别出发，比如从无声的非言语行为和有声的非言语行为这两类出发，从头到脚，眼神、手势、身姿、空间距离等是如何运用的。另一条路线采取以特定功能的实现为线索，整体把握课堂的非言语行为。比如，课堂的组织调控通常通过哪些非言语行为来实现，如扫视、拉长语调以引起学生关注，启发激励通常采用哪些非言语行为，解释指导采取哪些行为。这样，使非言语的训练既循序渐进，又符合课堂的教学情境。

非言语行为的学习和训练，属于布鲁姆教育目标分类学中的动作技能领域。凡属动作技能，观察和模仿必不可少。有目的的课堂现场观察有助于了解非言语行为的动态特点。课堂教学的录像便于进行多次观察、细致分析；观察和思考结合，并与东道国的教师伙伴进行研讨，便于了解非言语行为的语码以及效果。再者，可以通过微格教学，反观自己的非言语行为表现，并请同伴诊断哪些课堂非言语行为会产生何种效果，哪些非言语行为需要矫正以避免消极效果，哪些行为的掌握会事半功倍。

第 5 章

跨文化教学中的教师与学生

　　教师与学生作为活动中的两大主体，是教学过程中最为活跃的因素。在课堂情境中，师生双方无时无刻不在相互影响、相互作用。在任何文化中，师生关系都是影响教学活动及其效果的一个重要方面。然而，当师生来自不同文化时，原文化对双方角色的期待不同、师生关系的表现方式不同，这些差异会给双方的沟通造成一定的阻碍，进而影响教学的活动和结果。那么，如何理解师生关系及其作用？东西方文化中师生关系又有何不同的传统、有何不同表现？在跨文化情境中，有哪些因素会影响到师生关系、损坏教师信誉？跨国学习的留学生又面临哪些角色适应问题？不同文化的学生在学习风格上有哪些差异？揭示这些问题对于跨文化教学的教师和学生成功地扮演自己的角色、有效地实现跨文化沟通，进而达成教学目标非常重要。本章将对上述问题加以探讨。

第一节　师生关系的含义及其作用

一、师生关系的含义

　　教师与学生是教学沟通的两大主体，师生关系既是师生教学沟通的结果，也是教学沟通的背景和前提条件。那么何为师生关系呢？我国学者从不同学科视角分别对其内涵进行了界定。

陈桂生认为，"师生关系实际上包含三重关系，即社会关系、教学工作关系以及自然的人际关系。这些人际关系或社会关系都是以一定教育结构为背景的，师生关系实际上是一种教和学的活动连接起来的工作关系"。①

刘建华认为，"师生关系实质上是一种教育和被教育的关系。也就是说是指教师和学生在教育教学过程中结成的相互关系，包括所处的地位、发挥的作用以及相互影响的关系和态度"。②

张蕾认为，"高校师生关系是以教师的知识传授行为与学生的信息接收行为为基础，在相互影响、相互作用的过程中形成的人与人的社会关系。从本质而言，是人际互动在高校这个特定的社会情境下的集中体现，因此师生双方交往的效果不仅受到教学环节互动行为的影响，还必然与师生双方所处的群体特征、教育制度、社会环节等密切相关"。③

邵晓枫认为，"师生关系，是指学校教育中教师和学生之间的关系，是一种产生于教育教学过程中的特殊的人与人之间的关系。这是一种由伦理关系、社会关系、心理关系、教学关系、法律关系等构成的立体的、动态的人际关系。"④

二、师生关系的作用

（一）国内对师生关系作用的研究

1. 师生关系影响学生的学习动机和学习结果

国内一些学者认为，教师与学生是教学活动中最核心的组成部分，师生关系的好坏，直接影响到教育活动能否顺利完成及教育质量的高低。师

---

① 陈桂生：略论师生关系问题［J］．教育科学，1993（3）；5-9.

② 刘建华．师生交往论——交往视野中的现代师生关系研究［M］．北京：北京师范大学出版集团，2011：62.

③ 张蕾．冲突抑或和谐——高校师生关系满意度调查［J］．当代青年研究，2010（6）：26.

④ 邵晓枫．百年来中国师生关系思想史研究［M］．成都：四川大学出版社，2009：1.

生关系对学生的学习心理和学习成绩有着重大的影响。师生关系对学生学习心理的影响主要表现在对学生学习动机和学习能力的影响上。研究结果显示，正向的师生关系与学习动机呈正相关，负向的师生关系与学习动机呈负相关。[①] 敖翔认为，和谐的师生关系具有高效功能，即教师和学生在和谐愉悦的情绪中，教与学都能收到良好的效果。和谐师生关系还具有激励功能，即能激发学生的学习动机，学生因喜爱教师而迁移到所教的学科。[②] 不少学者认为，师生关系影响着教学的质量。

2. 师生关系影响学生的人格和心理健康

师生关系对学生人格和心理健康有重大影响。有研究表明，良好的师生关系与学生人格特征中的乐群性、稳定性、有恒性、敢为性、自律性呈显著正相关。[③] 还有研究表明，师生关系满意度与学生自尊的发展有显著正相关，满意的师生关系会促进学生自尊的发展。杨玉兰、孟立君认为，师生关系影响着教学主体的发展。敖翔[④]认为，和谐的师生关系具有心理保健功能，即师生能保持稳定的情绪、愉快的心境、敏锐的智力和具有适应周遭生活环境、与他人建立和保持和谐关系的心理状态。

3. 师生关系影响师生作为人本身的价值

邵晓枫指出，"教师与学生从事教育活动的整个过程，也是其人生过程的重要阶段。因此，师生关系不仅体现了教育价值，还体现了师生作为人本身的价值"。[⑤] 敖翔认为，和谐的师生关系有利于营造宽松的、有利于发挥人的全部潜力的环境。[⑥]

4. 师生关系影响学生的道德发展

敖翔认为，和谐的师生关系具有教化的功能，即教师的行为和思想对

---

① 邵晓枫. 百年来中国师生关系思想史研究［M］. 成都：四川大学出版社，2009：187.
② 敖翔. 现代大学和谐师生关系及其功能刍议［J］. 大教资料，2011（上）.
③ 邵晓枫. 百年来中国师生关系思想史研究［M］. 成都：四川大学出版社，2009：1.
④ 敖翔. 现代大学和谐师生关系及其功能刍议［J］. 大教资料. 2011（上）.
⑤ 邵晓枫. 百年来中国师生关系思想史研究［M］. 成都：四川大学出版社，2009：1.
⑥ 敖翔. 现代大学和谐师生关系及其功能刍议［J］. 大教资料. 2011（上）.

学生的道德品质和观念的作用。① 邵晓枫认为，师生关系对学生道德发展的影响较大：它影响学生道德活动的动机水平，影响学生道德行为习惯的养成，影响学生道德评价和知行统一。②

（二）国外对师生关系作用的研究

1. 师生关系影响学生学业成绩与信心

米卡里和帕凿斯（Micari & Pazos）的研究表明，尽管大学生的成功受很多因素的影响，但学生与教师的互动被确认为是影响学生学习成功的关键因素。在高难度的、引起焦虑的课程中，师生互动就更为重要。他们以有机化学课为例，对来自六个班级的113名本科生就师生关系、学习成绩、学生对本门课的信心及对科学的认同感等方面进行了调查，回归分析表明，师生关系能有效地预测学生得分及学好本门课的信心。③

2. 师生关系影响学习共同体的形成

克莱斯（Cress）对美国130所大专院校的调查显示，非白种人学生、女大学生、同性恋大学生最易于在课堂内外目睹并经历偏见与歧视。幸运的是，紧密的师生关系的形成有助于减少校园的消极氛围并形成接纳式的学习共同体。④

关于克莱斯的结论，我有一段难忘的经历。在美国留学期间，所遇到的老师和同学都很友善，所以对种族歧视没有切肤之痛。但有一个一起修过几门课的加拿大的白人男士与亚洲同学迎面相遇时，从不打招呼，也没有必要的视线接触。我们都知道他种族观念很强，所以平时和他保持距离。一次在一门教学技术课上，他的言论字里行间流露出对亚洲教育，特别是对中国"考试中心"的教育的不屑和偏见。我们几个亚洲同学被激

---

① 敖翔. 现代大学和谐师生关系及其功能刍议. 大教资料［J］. 2011（上）.

② 敖翔. 现代大学和谐师生关系及其功能刍议. 大教资料［J］. 2011（上）：188.

③ Micari M, Pazos P. Connecting to the Professor：Impact of the Student-Faculty Relationship in a Highly Challenging Course［J］. College Teaching, 2012, 60（2）：41–47.

④ Cress C M. Creating Inclusive Learning Communities：The Role of Student-Faculty Relationships in Mitigating Negative Campus Climate［J］. Learning Inquiry, 2008, 2（2）：95–111.

怒了，于是他的话一结束，我就向他提了几个问题：请问你读过几本关于中国教育的书？有没有读过中国人写的关于中国教育的书？他被问得很尴尬，接下来我谈到隋末唐初出现的通过考试择优录取的取士制度的优越性以及对于推动社会下层参政、促进社会民主化的积极作用。另外，中国作为一个多元文化的国家，教育上也具有多元化的特点，特别是近年来的课程改革正朝着教育模式多样化的方向发展。最后，我还建议感兴趣的同学多读读近年来关于中国教育改革的书。接着，来自韩国和泰国的同学也分别介绍了两个国家的教育情况，课堂讨论的气氛空前激烈。

期末我在系材料室用微波炉热饭时，遇到了教那门课的 L 老师，想到自己那天情绪一定非常激动，言辞激烈，就向老师说："不好意思，我那天太激动了。您是不是觉得我太激进了呢？"她真诚而爽朗地笑了，对我说："你做得对，该有人纠正他的偏见。"临走前，她又补充道，"顺便说一下，你这门课的成绩是 A！"这件事使我深切地体会到，当种族歧视冲击到我们个人时，正直无偏见的教师的理解、支持，积极健康的师生关系是多么重要。

三、教师影响力来源的文化差异

（一）权威的作用

有权威、有信誉的人说的话，容易被对方所接受。说话的人是谁，资料的来源是什么，会影响传播效果。美国耶鲁大学霍夫兰曾做过这样的研究，他把内容相同的有关原子弹的文章，分别发给两组受试者，对第一组说，该文为美国某一著名原子能科学家所写，对第二组则说，它是一般的消息来源。结果发现，第一组对文章的相信程度和引起态度的改变超过第二组的四倍。[1]

霍夫兰在另一项实验中，把一篇关于影响少年犯罪的因素的文章由三种不同身份的人宣读，第一位是法官，第二位是普通人，第三位是品德不良又无法律常识的人，在座的听众事后评分，结果听众相信法官的，不大相信普通人的，对品德不良的人根本不信。[2]

---

① 南国农，李运林. 教育传播学［M］. 北京：高等教育出版社，1995：234－235.
② 南国农，李运林. 教育传播学［M］. 北京：高等教育出版社，1995：234－235.

(二) 教师权威的两种来源

教师权威有两种：一种是来自外在的，由社会赋予的；一种是教师以自身的特质和努力所赢得的。从前的教师是知识和道德的化身，作为社会的代表，天然有一种权威。这是一种外在的由社会赋予的权威。在现代社会，光靠这种权威就不行了，还必须依靠内在的权威，即教师自身的学识、品行、修养等，让学生发自内心地佩服和喜欢。①

在中美两种文化中，教师所借助的是两种不同的影响力：在以权力地位为轴的中国社会，教师凭借的主要是教师职位所赋予的权威；而美国作为一个权力距离较小的国家，教师的影响力必须通过自己争取才能获得，在一个契约社会，教师作为承诺服务方，必须建立自己的信誉才能拥有并发挥自身的影响力。

泰文（Teven）将教师权力视为信息发送者为了最大限度地在说服对象身上达到影响效果所采用的一种行为模式或言语和非言语信息策略。② 权力印象是指在多大程度上学生认为教师有能力影响学生的存在。布罗菲和古德（Bophy & Good）认为，作为社会化要素的教师，通过其在多大程度上鼓励和抑制学生行为而影响学生的行为。学生对特定教师的印象来自于教师说什么、做什么，以及如何说。学生对教师权力及信誉的看法直接影响学生对教师的感情及教师课堂教学的有效性。③ 权力印象量表（The Perceived Power Measure，PPM），是根据法兰西和瑞文（French & Raven）提出的五种权力来源编制的：法定权、强制性、奖赏权、认同权、专家权。量表共有 25 个题目，要求学生报告教师使用上述五种权力的情况。每种权力都从以下方面进行回答：赞同—反对；真实—不真实；正确—不正确；错误—正确；是—不是。各维度均有较高的信度。④

---

① 邵晓枫. 百年来中国师生关系思想史研究 [M]. 成都：四川大学出版社，2009：242.

② Teven J J. Herring J E. Teacher influence in the classroom：A preliminary investigation of perceived instrutor power, credibility and student satisfaction [J]. Communication Research Reports，2005，22（3）：235 – 246.

③ Thweatt K S, McCroskey J C. The impact of teacher immediacy and misbehaviors on teacher credibility [J]. Communication Education，1998（47）：348 – 358.

④ Brophy J, Good T. Teacher-student relationships：Causes and consequences [M]. New York：Holt, Rinehart & Winston, 1974.

泰文（Teven）等人①对教师的权力同教师信誉、学生满意度的关系进行了分析。结果显示，教师的专业权与学生对教师能力、对教师信任度的评价均呈显著正相关（$r=0.68$）。教师参照权力与学生对教师的信任度也有显著正相关（$r=0.63$）。教师的参照权与专业权与学生满意度的报告相关分别为 0.78 和 0.70。教师奖励权力与学生满意度的相关为 0.33；教师法定权力与学生满意度为 0.20。（最后一点值得关注：教师强制性权力用得多少，不同教育阶段情况应该有所不同，师生关系也有很大变化。）

泰文（Teven）等人②的研究表明，教师关爱与学生对教师的评价、学生的情感学习与认知学习呈正相关。大量证据表明，关爱是有效教师的重要特征。有爱心的教师不仅能促进学生学习，而且能引起学生更多的情感反应，形成更为积极的课堂氛围。一些研究表明，教师关爱能提高学生的出勤率和学生学习成绩。关爱还能降低学生干扰性行为，提高学生的学业成绩。

关爱与善意有关，能使学生感受到关爱的因素可能包括以下三个维度：共情、理解、响应性。关爱的测量包括九个项目：①关心我—不关心我；②心里装着我的利益—心里没有我的利益；③以自我为中心—不以自我为中心；④在乎我—不在乎我；⑤敏感的—麻木不仁的；⑥不理解的—理解的；⑦不回应的—回应的；⑧了解我的感受—不了解我的感受；⑨了解我的想法—不了解我的想法。经检验，量表具有较好的表面效度，信度为阿尔法 0.92。③

---

① Teven J J, Herring J E. Teacher influence in the classroom: A preliminary investigation of perceived instructor power, credibility and student satisfaction [J]. Communication Research Reports, 2005, 22 (3): 235 –246.

② Teven J J, McCroskey J C. The relationship of perceived teacher caring with student learning and teacher evaluation [J]. Communication Education, 1997 (46): 1 –9.

③ Teven J J, McCroskey J C. The relationship of perceived teacher caring with student learning and teacher evaluation [J]. Communication Education, 1997 (46): 238.

（三）关于好教师的跨文化比较

福克斯和布鲁克夏尔（Fox & Brookshire）采用特尔斐法，对91名教育学院的教师进行调查，发现有效教学的教师具有以下五个特征：

①个性特征：友善、成熟、热情；

②专业特质：态度、知识、准备；

③人际关系：平易近人、公正、诚实；

④教学技能：方法、评分、组织；

⑤沟通技能：亲善、联系、开放。①

在上述五个类别中，专业素质最为重要，其他几个类别的排序为：个性特质、沟通技能、教学技能、人际关系。

克雷默（Kramer）等人通过小组访谈发现，高效教师会有条不紊地采用多种多样的教学方法使学生理解教学内容；低效教师呈现材料的方式则不能使学生理解。高效教师精力充沛并且教学富有激情，低效教师使课堂沉闷。高效教师在课堂活动，阅读材料和考试之间有明确的联系；低效教师与上述联系并不明显，学生不得不自己去解决这些问题。高效教师随和，平易近人；低效教师则傲慢，居高临下，拒人千里。高效教师在课前、课上、课下与学生频繁互动；低效教师则回避与学生沟通或以令人反感的方式互动。最后，学生们反映：从高效教师那里学到的不仅是学科内容，而从低效教师那里学到的则很少。②

克雷默（Kramer）等人还对大班与小班教学情境下的高效教学因素进行了比较。研究表明，小班教学情境下有三种不同类型的高效教师，他们具有以下共性：精力充沛，平易近人，不枯燥。他们关心学生的学习，提供必要的个别关注，为营造一种舒适的教学氛围，频繁地引用故事和例子。他们不回避与学生的目光接触，对于提问的学生不贬低，讲授便于

---

① Fox A M, Brookshire W K, American Educational Research Association, W. C. Defining Effective College Teaching Using the Delphi Technique and Multiple Linear Regression［J］. The corvention of the American Education Research, 1971.

② Kramer M W, Pier P M. A Holistic Examination of Students´Perceptions of Effective and Ineffective Communication by College Teachers［J］. Annual Meeting of American Communication Association. Chicago, 1997.

理解。

在上述共性的基础上，绝大多数小班高效教师被界定为"人际互动型"教师。这类教师与学生互动行为的频繁程度及质量都有别于其他教师。特别是他们征询学生的观点、看法及反应，他们采用讨论的方式，他们知道学生的名字，不贬低学生，他们务实、博学而且幽默。

第二类小班高效教师被称为结构清晰的讲授者。他们条理性强，学识渊博，他们呈现教学大纲并按大纲执行。他们知道学生的名字，学生在课内外都能得到老师的帮助。他们主要采取讲授的方式，他们能阐明课与课、学习内容与考试之间的联系。他们似乎不会把教学置于科研之下。

第三类小班高效教师属于"整合型"教师，他们最突出的特点是善于在课与课，阅读、考试之间建立意义联系，这类教师既不是讨论的主持人，也非讲授者。他们不会让学生不知所措。他们务实，考试公平，考基本概念，而非具体事实。他们幽默，并且课后在需要时给学生时间。

大班高效教师的特征。大班有效教师可以分为四种类型。四种类型教师的共性是：精力充沛，不枯燥，知识渊博，随和、平易近人，幽默。

最常见的大班高效教师是学生中心型教师。这类教师对学生有积极的看法，了解学生的背景，关注学生的学习，不会因学生提问而贬低学生。他们的考试内容明确，不因班型大而忽略征询学生的意见，他们运用个人的故事和例子，不回避与学生的目光接触，声音不单调。

第二类大班高效教师属于雄辩型教师。他们以讲授为主，但通俗易懂，声音不单调，不照本宣科，他们知识不贫乏，不乏自信，不忽略教学大纲。然而他们不进行小组活动，叫不出学生的名字，但他们能帮助学生了解学科和教师。

第三类大班高效教师属于整合型教师。教师最突出的能力是融会贯通，在知识之间建立联系。特别是在讲授时，能使课与课、阅读的内容以及考试内容之间建立联系，使学习内容与学生生活相联系。不会因学生提问而对其贬低，了解学生的基础，使学生理解教材，理解教师。

第四类大班高效教师是学科激励型教师。这类教师的特点是能使学生理解教师，理解教材，并学会将所学的信息运用于学生生活实际。他们了解学生的背景，知道如何帮助学生。他们运用个人的故事和例子，不会把教学放在科研之下。他们不贬低提问的学生，不回避与学生的目光接触，声音不单调。

李琼通过对北京市 12 所中学的 4850 名学生的调查概括了当今中小学生心目中的好教师形象，并将其与美国、日本学生的看法进行了比较。研究表明，三个文化中对理想教师的素质的描述分为职业道德、人格素质、专业知识与教育教学能力四个部分。其中，中国学生对好教师的看法比较全面地反映了上述四个方面，但最为看重的是教师职业道德，其次为人格素质，再次是教学能力与专业知识。与中国学生不同的是，美国学生、日本学生心目中的好教师几乎都与人格特质和职业道德有关，而且都未提到教师的知识素质。美国学生与日本学生的侧重点也有所不同，美国学生最看重教师的人格特征，如友善的态度、有耐心、兴趣广泛、幽默感，教育能力与方法则排在最后，而日本学生看重的前两个方面分别为职业道德和教学能力。①

中美学生对好教师的期待与各自的文化有关，东方文化素来重视仁道，强调人情、伦理；西方比较理性，强调科学、民主，崇尚个性。这种价值取向反映在教育中，中国受儒家文化的影响，强调"学高为师"、"身正为范"，教师传道、授业的职责比较突出，因此学生对教师的教育教学能力期望较高。而美国在教育上崇尚民主平等与个性，重视学生的意见，重视与学生对话，相互理解与平等的师生关系，因此更看重教师的人格魅力。

第二节　中美师生关系的比较

一、中国师生关系的传统与现状

（一）中国师生关系的传统

中国是一个以伦理为轴心的社会，师生关系通常被视为仅次于直系亲属关系的最重要的社会关系。刘建华指出，中国传统文化的本源是儒家伦

---

① 李琼. 学生心目中的教师形象：一个跨文化的比较 [J]. 比较教育研究，2007 (11)：18 - 22.

理文化，其核心思想在于维护统治阶级的地位和尊严。这一思想从许慎的《说文解字》对"教"字的解释中可见一斑："教，上所施，下所效也"。这里"教"字暗含着师生关系是上下关系。这种上下、尊卑、高低、贵贱的等级秩序不仅是封建政治核心理念，也是师生关系的直接体现。教师不仅是社会"礼"的代表，也是政治"道"的化身，社会无形中赋予教师至上的权威，天、地、君、亲、师被列为膜拜的地位，学生处于绝对服从的被动地位。虽然在教育史上韩愈曾强调师生间相互学习，提倡师生在道和业面前的平等关系，宋朝的书院在教育教学中也采用过民主的管理方式，但在整个漫长的封建社会中，受"师道尊严"思想的影响，师生关系是以教师为中心的，师生关系是紧张的、冷漠的，呈现出不平等和专制性的特点。[①]

邵晓枫对中国传统师生关系思想的积极因素与消极因素进行了透彻的分析。其积极因素有以下七个方面。[②]

第一，提倡尊师重道。荀子提出"国将兴，必贵师而重傅……国将衰，必贱师而轻傅"。《学记》中指出"凡学之道，严师为难。师严然后道尊，道尊然后民知敬学"。可见，在我国早期的教育典籍中便确立了师道尊严的师生关系主旋律。

第二，从先秦开始，出现师生平等、民主的思想因素。这种思想首先体现为教学相长。《礼记·学记》中记载："是故学然后知不足，教然后知困。知不足然后能自反也，知困然后能自强也。故曰教学相长也。"意为教和学两方面互相促进，共同提高。其次，不迷信老师。孔子主张"当仁不让于师"。韩愈在《劝学篇》中更是明确"弟子不必不如师，师不必贤于弟子"。其三，亦师亦友。如柳宗元主张学生要以师为友。

第三，重视教师的引导作用与学生的主动性相结合。孔子说"不愤不启，不悱不发，举一隅不以三隅反，则不复也"。孟子主张"深造自得"。《礼记·学记》："道而弗牵，强而弗抑，开而弗达。"

---

① 刘建华. 师生交往论——交往视野中的现代师生关系研究 [M]. 北京：北京师范大学出版集团，2011：43-44.

② 邵晓枫. 百年来中国师生关系思想史研究 [M]. 成都：四川大学出版社，2009：15-21.

第四，教师要重视学生个性特点，因材施教。如孔子针对子路和冉有关于"闻斯行诸"的问题给予了截然不同的回答。孔子对前者的回答是"有父兄在，如之何其闻斯行之？"而给后者的回答则是"闻斯行之"。孔子对两位弟子的同一问题给予不同回答的理由是"求也退，故进之；由也兼人，故退之"。

第五，注重师生感情的和谐。孔子提出要"诲人不倦"，并且身体力行。颜渊死后，孔子伤心欲绝。孔子死后，弟子们为他守丧三年，还不忍离去。

第六，强调教师的自身修养。古代教育家都很强调教师的自身修养。孔子说："其身正，不令而行；其身不正，虽令不从。"

第七，尊重学生的天性。如王守仁指出："大抵童子之情，乐嬉游而惮拘检，如草木之始萌芽，舒畅之则条达，摧挠之，则衰萎。"① 主张教师要尊重儿童的天性来施教。

邵晓枫对中国传统师生关系思想中的消极因素归纳为以下四个方面。②

首先，中国传统师生关系思想偏重于从社会本位的角度出发思考师生关系。中国传统社会本位的价值取向，使师生关系向社会的需要一端倾斜，而弱化个体需要。虽然教育史上关注学生的言论也不乏其例，但类似思想未占主流地位。朱熹主张教育目的在于"明人伦"，即做到"父子有亲，君臣有义，夫妻有别，长幼有序，朋友有信"。因此，维系既定的社会关系是衡量师生关系的价值尺度。

其次，中国传统师生关系思想中存在着明显的不平等因素。孟子说"师也，父兄也"，认为老师如同父亲与兄长。荀子首次把教师地位提到了与天、地、君、亲并列的地位，所以"言而不称师"、"教而不称师"属于大逆不道。

第三，中国师生关系思想以教师为中心、对学生的主体地位缺少关注。在古代典籍中，对教师的论述远远超过了对学生的论述，师生关系呈现出以师为本的特点。

第四，中国传统师生关系思想中包含着压抑学生的个性，特别是创造

---

① 孟承宪. 中国古代教育文选［M］. 3 版. 北京：人民教育出版社，2003：286.
② 邵晓枫. 百年来中国师生关系思想史研究［M］. 成都：四川大学出版社，2009：21-24.

力发展的因素。言必称师的传统使学生更注重师生伦理角色关系，而不是实事求是。事实上，在一个等级森严、权力垂直的社会，人的个性是很难得到充分发展的。

综上所述，我国师生关系思想中既有精华也有糟粕。传统的师生关系主要体现的是社会伦理关系，现代社会则更应强调民主、平等；同时尊师重道，因材施教，启发自得，注重师生感情、注重教师自身修养等思想也体现了教育教学的规律。

（二）中国大学师生关系的现状

尽管传统的师生关系模式在课堂上并非踪影全无，然而，近三十年来中国文化经历了市场经济和外来文化的前所未有的冲击。特别是在 20 世纪末中国高等教育大众化之后，师生关系发生了急剧的变化。

1. 师生关系的异化

杨玉兰、孟立军将高等教育大众化阶段的师生关系的特征概括为两点：一是冷漠型师生关系；二是功利型师生关系。他们认为，师生关系冷漠主要是由于师生比严重失衡，教师很难通过课上的互动了解学生。另外，学校考核制度中重科研、轻教学使教师的时间投入向科研倾斜，无暇与学生课外交流。学生本身来上课就是为了获取知识、混学分、拿文凭，也不关心教师。造成功利性的主要原因是不良社会风气的影响。师生关系功利化、庸俗化，为了各自目的，学生用各种方式讨好教师，以获得某种恩惠。目的一旦达到，这种关心即告结束。①

近年来针对高校师生关系唏嘘声不断。2008 年 1 月 4 日晚，中国政法大学杨帆教授在上"生态经济与中国人口环境"选修课的最后一节课时，许多学生在交完作业后便扬长而去。当杨帆教授愤然叱责学生"没有道德"，"欺骗老师"，并宣布逃课者为不及格，于是部分学生离而复归，教授锁门阻止进出。后来又有一名女生欲离开教室，教授与其由言语

---

① 杨玉兰，孟立军．中国高等教育大众化阶段师生关系探讨［J］．（西南科技大学）高教研究，2009（1）．

相辱升级为肢体冲突。该事件在全国引起震撼，被网友称为"杨帆门事件"。①

中国政法大学教师程春明被学生付某在教室砍成重伤致死；中山大学博士称遭导师体罚虐待；中央音乐学院七旬教授与报考女硕士发生关系，并收 10 万元贿款，以助其顺利考博。②

2012 年 7 月 26 日《城市信报》披露，在最近的体格检查考试中，监考的某男老师没有按惯例让她们抽签选题，直接由他为女生做胸部检查和腹股沟淋巴结触诊，并要求所有女生必须脱光衣服考试，否则成绩记为零分。这起校园猥亵事件通过网络曝光后，学校已做出调查处理，将该教师调离教学岗位，给予其留党察看、行政记大过处分。

姚叶、黄俊伟认为，现代大学师生关系出现异化的原因主要包括以下几个方面：其一，学术自由制度尚未真正落实；其二，大学育人功能备受忽视；其三，市场化的影响；其四，师生间交流的缺乏。③

愈国宁指出，大学师生关系缺乏互动，表现为师生关系淡漠化；师生关系刻板化；师生关系疏远化。他认为，师生关系缺乏互动的原因主要包括以下三个方面：①高校学生规模迅速扩大，师生比严重失调，导致师生之间的有效交流难以进行；②大学合并、建大学城等因素对师生的交流互动也产生了很大冲击；③学生和教师自身的发展和变化抑制了对师生交流互动的需求。④

2. 缺少师生互动

史静寰、罗燕对清华大学教育学院的一项调查显示：无论低年级学生还是高年级学生，在师生互动指标上都与美国大学生有明显差异。其中在两方面比较突出：一是教师对学生学习行为的即时反馈，二是教师对学生

① 郭江平，张飞文，曹威麟. 一则师生心理契约违背与破裂的典型个案研究［J］. 教育现代化，2009（9）：53.

② 张蕾. 冲突抑或和谐？——高校师生关系满意度研究［J］. 当代青年研究，2010（6）：30.

③ 姚叶，黄俊伟. 过去大学的师生关系与现在大学的师生关系［J］. 大学教育科学，2010（2）.

④ 愈国宁. 大学师生关系存在的互动缺乏症及其影响［J］. 湖北财经高等专科学校学报，2010，22（5）：51－53.

未来职业计划的指导。27.1%的清华学生在自我报告中说自己的学习表现从未得到过任何一位教师的及时反馈，而美国同类院校有类似情况的只占7.1%；44.3%的清华学生说没有和任何一位教师讨论过自己未来职业的想法，而美国同类院校这样的学生占 20%左右。清华大学自己报告从未在课上发言或讨论者为 33.6%，美国大学生只占 5%。近 60%的美国大学生报告"经常"提问或参与讨论，而这个比例在清华大学仅为 12.3%。这种差异在高年级表现更为突出。①

唐清云、余国瑞对某高校 307 名学生和 55 名教师的师生关系就以下几方面进行了调查。②

课堂互动。学生认为课堂缺乏互动、气氛枯燥乏味的占 55.1%，没有感觉的占 31.4%，仅有 8.6%的人认为课堂气氛是轻松愉快的。但是教师问卷则显示，教师认为自己课堂气氛融洽的竟高达 98.2%。课堂上极少、没有主动回答或提出问题的学生分别占 81.2%、80.7%，只有18.8%、19.3%的学生在多数情况下会主动回答和提问。

课外互动。课后与教师很少或没有交往的学生达到 90.4%，仅有9.6%的学生是与教师经常交往的。大部分交往形式也是表现在学习上以及礼节性的打招呼上。在与教师交往方式的排序中，有 64%的学生把"与老师打招呼、寒暄"排在第一位；排在第二位的是"主动提出问题请老师解答"，占 44.5%；"与教师一起开展活动"的占 39%，排在第三位。其中，54.4%的师生交谈的内容是学习，这也印证了师生关系对学习的重大影响。

学生因素对师生关系的影响。首先，学生学习成绩、学习自主性影响着师生关系。他们发现，学习成绩在 80 分以上的学生与教师关系比较好，而相反，学习成绩多数在 80 分以下及各科在 80 分以下的学生与教师关系普遍较差。其次，学习态度与学习自主性也影响着师生关系。从学生自身来看，有 47.2%的学生认为学习态度、学习成绩影响与教师的交往，并把它作为影响与教师交往的第二因素。

---

① 史静寰，罗燕，涂东波．清华大学本科教育学情调查报告，2009——与美国顶尖研究型大学相比较［J］．清华大学教育研究，2009（5）．

② 唐清云，余国强．对大学师生关系的调查分析［J］．统计与决策，2003（7）：49－50．

教师因素对师生关系的影响。32%的学生认为教师的能力是影响师生交往的最主要因素，把知识丰富程度排在第二影响因素的有24.8%。教师的人格品性对师生关系也有较大影响，有21.1%的学生把它作为影响师生关系的第三因素。在教学过程中，学生希望从教师那里不仅学到知识，还能从教师的品性德行中得到熏陶，如治学严谨、积极热情的生活态度等。

李长萍认为，沟通是以符号为媒介实现教与学的交互作用，即教师在交互过程中通过某种途径或方式将一定的信息传递给学生的过程，是师生教与学的一个互动过程。要达到理想的沟通状态，就要通过语言和非语言的沟通形式，处理好课上正式沟通和课下非正式沟通的关系；处理好教师与学生单向沟通，教师与学生集体沟通，学生与学生的沟通，教师、学生与媒体沟通的关系。

根据李长萍对山西农业大学的调查显示，有76%的学生认为"课堂上老师很少与我沟通、交流"，有64%的学生认为"课堂教学气氛枯燥单一"，还有37%的学生认为"课下我和老师见面连招呼都不打"。①

3. 师生关系满意度不容乐观

张蕾采用分层抽样法对广州市21所高校的405名大学生就师生关系满意度进行了调查。结果表明，47%的受访学生对目前的师生关系感到比较满意，39.3%认为一般。在五级量表上，学生对师生关系满意度的平均分为3.5。其中，女生对师生关系满意度的评价高于男生：60.7%的女生对师生关系表示满意和比较满意，而男生相应的比例只有45.6%。关于影响师生关系的外部因素，45.9%的受访学生认为现行的教育制度是影响师生关系的主要因素，其影响高于社会风气因素（19.2%）和教师因素（19.2%）。该项调查充分印证了高校扩招给师生关系带来的众多负面影响。高达75.1%的受访学生认为目前师生比例不协调，教师无暇顾及每一个学生；63.6%的受访者认为教学质量下降，学生求知心理得不到满足。54.4%的受访学生强烈地感受到就业压力增大，因此对教师和学校产

---

① 李长萍．大学课堂教学中师生交互关系［J］．教育理论与实践，2006，26（2）：53－55.

生不满情绪；此外，还有 45.1% 的学生认为扩招导致生源质量下降，影响教师教学的积极性。[①]

影响师生关系的个体因素包括师爱行为、角色期待、矛盾处理三个方面。上述研究者将师爱行为细分为教师对学生的关心程度、教师与学生的交流频率、教师与学生交流时的态度、教师与学生沟通的困难程度四个核心变量，并以上述变量为自变量预测学生对师生关系的满意度。回归分析表明，教师对学生越关心，与学生交流越频繁，交流的时候态度越和蔼，学生对师生关系总体满意度就越高；而师生沟通越困难，满意度评价就越低。关于角色期待，70.7% 的受访学生认为最理想的师生关系类型是朋友，这一比例远远高于排在第二位的民主型的师生关系期待（18.3%）。然而，只有 14.4% 的学生认为目前教师扮演的角色是朋友和知己，绝大多数学生（88.3%）感受到的教师角色依然是知识传授者。关于师生之间的矛盾处理，当被问及与老师的看法不一致时会采取何种做法时，大部分学生都倾向于比较克制、温和的选择。有 43.9% 的学生选择下课后找老师当面说出自己的想法，27.4% 的学生认为要和同学讨论再做打算，19.5% 的人认为无所谓。只有 5.7% 的学生选择毫不犹豫地当场指出，3.5% 的学生选择匿名告状。当面对教师无礼行为时，1.7% 的学生选择产生肢体冲突，45.4% 选择当场反驳。

4. 呼唤和谐的师生关系

近年来，国内越来越多的学者主张建立和谐的师生关系。万晨琳认为，"和谐师生关系作为一种新型理想的师生关系，是指师生之间在相互尊重的前提下，求同存异，追求平等，民主基础上的和睦、协调"。[②]

敖翔认为，"和谐师生关系应该是教师和学生在人格上是平等的，在交互活动中是民主的，在相处的氛围上是融洽的。它的核心是心理相容，

---

① 张蕾. 冲突抑或和谐? ——高校师生关系满意度研究 [J]. 当代青年研究，2010（6）：25–30.

② 万晨琳. 中国高校师生关系研究书评 [J]. 高等教育研究，2009（9）上.

心灵互相接纳，形成师生至爱的、真挚的情感关系"。①

邵晓枫认为，所谓和谐，首先是中国文化的价值取向，是一种人们追求的，理想的最高境界。其次，和谐是事物发展的最佳状态，是事物之间的相互融合与完美配合。再次，和谐是宽容、兼收并蓄、博采众长，是承认和尊重不同。她还对师生关系的特点进行了以下分析。②

其一，师生关系以人性为基本出发点。这就要求教育要符合学生的生理特点和需要；要在爱的基础上建立真挚的师生情谊；要在人格上互相尊重；要尽量使教育教学变成一个快乐的过程；发挥双方的主体性；师生教育美；重视教育中的终极关怀。

其二，让师生双方特别是学生得到完美发展，包括品德、知识、能力、人格等维度。

其三，师生民主平等、和而不同、教学相长。

其四，师生情感交融，即在情感反应、体验方面完全相通、相合、相吸、共鸣。

其五，尊师爱生。

其六，在以学生为本的前提下充分发挥教师的主导作用。

其七，教与学和谐。

二、美国师生关系的传统及现状

（一）美国师生关系的传统

刘建华对西方师生关系的变化与发展进行了系统的梳理，并将其视为"以教师为中心"的传统师生关系观、"以儿童为中心"的现代师生观和"对话关系观"的后现代师生关系的发展转换过程。③ 古代西方教育首推古希腊。公元前 5 世纪开始出现的"智者"，一批职业教师，广招门徒，教学生辩论的技巧。苏格拉底并不直接向学生奉送真理，而是通过讨论、

---

① 敖翔. 现代大学和谐师生关系及其功能刍议 [J]. 大教资料，2011（上）：185.
② 邵晓枫. 百年来中国师生关系思想史研究 [M]. 成都：四川大学出版社，2009.
③ 刘建华. 师生交往论——交往视野中的现代师生关系研究 [M]. 北京：北京师范大学出版集团，2011：53-58.

问答甚至辩论揭露学生认识中的矛盾，使学生形成正确认识，这种方法被称为"产婆术"。古罗马的教育思想的集大成者昆体良在《雄辩术原理》中，阐述了培养演说家的过程与方法并对师生关系加以论述。指出教师应是"公认为有学问的人"，要"以父母般的感情对待学生"。① 西欧进入封建社会以后，教育权掌握在封建地主和教皇手中，在学校气氛压抑，师生关系刻板，教师决定着学生的命运，学生只能听从教师或牧师的任意摆布。

17 世纪，捷克教育家夸美纽斯在建立民主师生关系上起到了推动作用。他认为，知识的获得是不能强迫的，主张采取一切可能的方法去激发学生的求知愿望，强调对话教学。

进入近代，德国教育家赫尔巴特的教师中心论在教育领域开始占主导地位。赫尔巴特认为，儿童生来就具有一种盲目冲动的种子，如果不从小就加以约束，将来有可能发展为反社会倾向。因此他强调以教师的绝对权威为约束力，抑制儿童冲动的天性。

19 世纪 90 年代后，欧洲出现了新教育运动，一反赫尔巴特的教师中心论，强调师生平等，重视儿童兴趣的发挥，强调儿童的自由发展。稍后，美国的杜威又旗帜鲜明地提出教育应由教师中心转向"儿童中心"的主张，号称在教育领域实现了类似于哥白尼由地心说到日心说的革命。但是由于杜威过分强调了儿童中心，强调从做中学，忽视了系统知识的传授，削弱了教师的主导作用，导致教育质量下降，因而受到一些新传统派的批评和指责。在师生关系问题上虽然美国一度出现过钟摆现象，但杜威的思想在美国和世界范围内影响极为深远。

20 世纪 60 年代，应美国在世界范围内的竞争的要求，美国教育的改革聚焦到学生的智力发展上来。以布鲁纳为代表的结构主义鼓励学生"发现"学习，强调学生在教学过程中扮演"发现者"的角色，教师扮演学习"情境"组织者的角色，其结果是引起学生兴趣和动力。其后，以美国心理学家罗杰斯和马斯洛为代表的人本主义发展了以学生为中心的思想，强调将师生关系建立在"真诚、接受和理解"的基础之上。马斯洛

---

① 刘建华. 师生交往论——交往视野中的现代师生关系研究 [M]. 北京：北京师范大学出版集团，2011：54.

从层次需要说出发，指出，教学中教师应当按照学生的心理需要激发学生的学习和成功动力，使其挖掘自我潜能和实现自我价值。

20世纪80年代以来，西方主要国家的教育改革更加凸显学生的主体地位，强调学习是学生主动建构意义的过程。因此强调建立一种平等对话，相互理解的新型师生关系，教师要成为学生知识建构的帮助者，合作者，促进者。

（二）美国师生关系现状

1. 学术指导尚好，了解学生个体则不足

美国内布拉斯加州的一所大学针对学生对教师的学业指导方面的多方调查（包括刚出校门的毕业生195名，在校生269名，教工207名）显示，70%的学生对教师和专业咨询人员所提供的学业指导表示满意或非常满意；但是无论是教师还是咨询人员在对人的了解方面却付出不多。许多研究表明，师生互动对大学经验的满意度的影响高于任何学生和学校的特征。① 研究者呼吁，应寻找更多的鼓励师生联系的办法。

这一研究与我在美国期间的观察比较一致：美国教师上课非常投入，每次去上课如同旅行，拉杆箱里装满了教具和向学生推荐的书籍、读物。对学生的提问，教师们都积极鼓励、回应。每周都根据一门课的学分设定答疑时间（office hours），或邮件约定时间和教师见面。师生之间讨论的几乎都是学业方面的问题，很少涉及个人的私事。记得一次学校教学研讨会上，一位女教师抱怨学生和她谈个人感情的事，显然，这位教师认为这超越了她个人的职责范围。另外，与中国教师不同的是，许多美国教师上下班界线分明，周末属于家庭，而不像我们中国教师（特别是住在校园的老师），解答学生的问题似乎不分工作日和休息日，也没有清晰的上下班概念。

① Nebraska Univ O. Quality of Academic Advising at UNO：Results of Student and Faculty Surveys [R] . ESS Reports，1988，1（3）：10.

2. 教师与学生对师生关系的看法不对称

卡寇（Garko）通过开放式问卷让本科生描述他们心目中理想的师生关系。研究结果表明，学生愿意与教师建立联系，认为理想的师生关系包括平等性、交互性及相互尊重。而教师们认为，学生喜欢不让教师知道自己的姓名；希望由教师做主并哄他们开心；教师应是道德的楷模，或学生的朋友等想法不符。可见，对于师生关系，本科学生与教师的想法之间，还存在着鸿沟，从教师一方来说，还有很多并不成立的假定。[①]

3. 美国学生不太依赖教师，更看重同伴互动

安德森和卡塔弗尔萨（Anderson & Carta-Falsa）关于教师和学生期待什么样的师生关系的定性研究得出以下结论：首先，他们期待一个育人的、开放的、没有威胁的教学环境，师生关系中应有相互尊重的态度；第二方面，关于信息交流，学生们表达了与同伴而不是与教师学习和互动的愿望；第三方面，关于学生与指导教师的联系上，学生们希望形成并借助于朋友网络的帮助完成课业要求，而教师则希望发现有效教学的原则去帮助学生学习。[②]

美国是一个个人主义比较突出的国家，然而，20 世纪 70 年代以来合作学习的理念在教育上已经被师生广泛接纳，同伴之间的合作互助关系日益受到重视。课上学生的发言，都会引起同伴的回应，学生发言时通常尽量与全班学生保持目光接触，而不是仅仅指向教师。同学之间通过协作共同应对学习的挑战的做法相当普遍。我在读博期间，量化研究方法课期中考试是计时的网上闭卷考试。修本门课的十几个同学，通过邮件约定到图书馆见面讨论。没有一个同学缺席，我们自己组织起来进行了分工，每个人负责一章，提炼本章的重点，提供相应的例子，并将整理好的材料发给所有同学分享。最后，全体同学再度见面，口头对本章的知识要点进行梳

① Garko, Michael G, et. al. Myths about student-faculty relationships: What do students really want? [J]. Excellence in College Teaching, 1994, 5 (2): 51–65.

② Anderson L E, Carta-Falsa J. Factors that make faculty and student relationships effective [J]. College Teaching, 2002, 50 (4): 134–138.

理和解释，并负责本章的讨论。这是一次难忘的经历，我感受到了同伴互帮的力量。

4. 课堂上学生的挑战行为及其应对

西门子（Simonds）采用定性和定量研究相结合的方法，针对课堂上学生的挑战行为的类别，教师如何应对，学生希望教师如何应对等问题进行了调查。

西门子（Simonds）的研究专门探讨课堂上的学生的挑战行为。① 为了理解课堂上的挑战行为的性质，她采用以下理论框架来解释课堂挑战行为。

关于课堂挑战行为有四个基本假定：首先，课堂教学本身包含社会化过程。课堂教学是一个次级社会化过程，即已经社会化的个体再度融入一个社会部门。次级社会化包含个体学习扮演某种社会角色所必需的知识。随着师生变换班级，次级社会化的过程就再度发生。社会化的前提将沟通视为交互的。社会化是一个对话的过程，人类社会是符号的互动。在这个沟通过程中，学生是建立、维持、改变课堂文化规则的一种积极的力量。

在社会化的前提下，第二个假定就是课堂是一种独特的文化。因为教师是唯一在第一次课前了解课堂要求的人，教师被认为是唯一的"坐地户"，而学生必须了解来自环境的要求，推测有效地实现这些要求应采取的策略。由于教学结果关乎学生切身利益，他们希望成为这种文化的主人。如果学习共同体对学生的课业要求、角色、规范没有给予清晰界定，将导致不确定性。

第三个假定是②从某种意义上说是课堂作为一种文化缺少预见性。学生与教师初次见面，学生便期望了解课堂的常规、规则及要求。学生采用各种信息获取策略以降低关于课堂规范的不确定性。他们可以通过观察课

① Simonds C, et al. What will happen if: challenge behavior in the classroom? [R]. Annual Meeting of Speech Communication Association. LA: New Orleans, 1994.

② Simonds C, et al. What will happen if: challenge behavior in the classroom? [R]. Annual Meeting of Speech Communication Association. LA: New Orleans, 1994.

堂文化来获得相关信息，通过提问，或以挑战的方式试探这些规范和规则。而这种试探可能导致冲突，这些冲突可能影响到关系层面的课堂氛围。

冲突的产生引出的第四个假定是：课堂冲突可以是消极的，也可以是积极的，取决于双方如何对待冲突。无益的冲突包括以下特点：导致当事人降低尊严、信誉、自信和信任。建设性的冲突既可解决眼前的问题，又可促进师生之间的人际关系。

基于上述四个基本假定，西门子（Simonds）对作为降低课堂文化不确定性的挑战行为进行了探讨。

研究者采用 60 个题目的开放式问卷对两所大学的教授和助教经历的关键性事件进行了调查。通过归纳分析，形成了四个关于学生挑战行为的类别：

①对学生学习成绩评价的挑战；

②学生试探课堂规范规则的过程性挑战；

③对课程的关联性及特定任务的关联性、实用性的挑战；

④学生试图影响教师和其他学生行为的权力挑战。

研究者又将这些类别的挑战行为转换成关于学生各类挑战行为的频率的问卷，征询学生和教师认为应对这些挑战应采取的策略：合作、妥协、竞争、适应、回避。

研究表明，教师和学生均认为"合作"、"妥协"是对学生挑战行为最好的两种反应。教师认为最不可取的是"竞争"，而学生认为最不可取的是"回避"。对于评价类的挑战，所有教工都选择合作，而认为最不可取的是"适应"。研究生助教、男教师、女学生首选"合作"，最后选择"竞争"；对于实用性挑战，所有教职员工、研究生助教、女学生均将"合作"列为第一、"回避"为最末的选择。对于程序性挑战，全体教师、学生的选择与实用性的挑战的反应类似，唯一不同的是，竞争和适应同样不可取。对于权力挑战，所有教师和学生及研究所助教都以"合作"为最可取，"回避"最不可取。

学生经常挑战教师以降低对学业评价的要求，得到实用性的解释，消除程序规则、权力的运用等方面的不确定性。研究结果表明，教师通常采取合作和妥协的策略应对这些挑战。学生的报告也反映了合作与妥协是最好的方式。教师认为最不可取的方式是竞争策略，而学生则认为是回避策略。这说明教师通常避免采用竞争的策略，而学生最不能忍受的是教师的回避。研究结果表明，学生希望有机会与教师合作，这种合作导致降低不确定性的信息。他们最头疼的是教师采取回避的策略，因为回避会增加不确定性，从而导致破坏性的冲突。

研究还表明，冲突行为可以通过合作而导致建设性的冲突，即解决眼前的问题，增进师生关系。从定义上，合作与调和可以称为建设性的冲突，竞争和回避可以界定为破坏性冲突。教师和学生都认为坦诚的沟通是解决冲突的最令人接受的方式，教师和学生文化中都认同沟通是建立良好师生关系的关键。合作即通过沟通创造性地解决问题。这种沟通使师生双方有了交流感情和问题的平台。教师可以表达他们对学生的期待，学生可以就达成这些期待的可能性对教师进行回应。合作意味着愿意沟通解决问题。研究证实了学生挑战教师是一种降低不确定性的行为。学生选择合作的动机似乎在于有机会了解其他情况下不能了解的教师期待。①

福里米尔和豪塞尔（Frymier & Houser）指出，人际关系的发展过程，需要有效的人际沟通技能才能获得满意的结果。教师与学生经历相互见面、沟通信息、调整并形成对对方的期待等人际关系形成的过程。师生双方都有自己要达到的目标。这些目标的达成取决于教师和学生相互协商解决冲突的能力。这些是任何人际关系都必须经历的沟通。②

师生关系与其他人际关系相比有两点不同：一是师生关系缺少朋友关系通常所具有的平等，并且时间上又比朋友关系更受限制。尽管这些差异很重要，但并不妨碍形成和维持关系所需要的沟通的主要功能。二是师生关系直接和间接地影响学习。学生对教学内容和任课教师的态度影响学习。积极的师生关系影响学生的情感学习，进而影响认知学习。尽管态度消极的情况下也可以展开认知活动，但学生往往不愿意将所学的知识用于实际。如果教师想让学生运用并珍视所学的内容，教师就知道在多大程度

---

① Simonds C, et al. What will happen if: challenge behavior in the classroom? ［R］. Annual Meeting of Speech Communication Association. LA: New Orleans, 1994.

② Frymier A B, Houser M L. Teacher-student relationship as interpersonal relationship ［J］. Communication Education, 2000, 49 (3): 207 –219.

上并且如何促进学生情感学习。师生关系是影响课堂上学生情感学习的主要因素，促进师生关系就要具备有效沟通的技能。

三、中美师生关系的异同

（一）中美师生关系的共性

师生关系是学校中普遍存在的一种社会关系，因此，这一微观领域不同文化也存在着某些共性。

首先，中美两国都非常注重师生关系，尽管可能出于不同的理由。美国注重师生关系，源于自杜威以来在美国占主导地位的儿童中心主义教育观。美国深受杜威的儿童中心主义的影响，儿童是学校和教育活动的中心，是生长与发展的主体。另外，美国的师生关系是以美国宪法为法律依据的。宪法中明确规定了学生的权利和义务，并通过各州的教育法律、法规使其得以贯彻执行。在教育教学过程中，教师必须时时意识到这一点，并且不能僭越这些法律法规。中国重视师生关系，首先是由于中国是一个以伦理为基础的国家。师生关系是中国文化中伦理关系的非常重要的一个方面。此外，中国历来重视师生关系对于学生学习结果的影响。亲其师，信其道，由于中国教育强调外塑，师生关系历来被视为塑造学生的重要源泉。

其次，中美两国师生关系中都强调"师爱"，尽管表达方式可能有所不同。美国和中国的师爱，都认同教育要从学生的最大利益出发，尽管中国常常把学生的最大利益窄化为"金榜题名"，仕途有望。两国不同的是，美国的师爱，更强调的是尊重其独立人格及个性；中国的爱，更强调对学生的保护，使其免于失败和挫折。

在美国遇到的一件小事至今难忘。"质的研究方法"是博士生的一门必修课。开学前为新学期购买教材时，我发现该门课教师指定的那本书（第 3 版）价格是 150 美元，这对于靠奖学金生活的我来说是个令人望而生畏的数字，于是我开始登录 Amazon 网站，寻找二手书。无奈的是，这本书太新，还没有人转让二手书。但是，我发现有这本书的第 2 版，价格仅是新版的三分之一。我想两个版本之间的差距应该没有那么大，又可以节省三分之二的费用，于是就花 50 美元购买了一本保存完好的旧版教材。

开学后的一次课堂讨论，内容是针对教材中某一部分的阅读，我突然发现，我的书和其他同学的书相比是那么单薄，而且没有老师指定的那部分内容！我有点不知所措，后来终于鼓起勇气向老师坦言买书时的考虑，并表示后悔当时做出了错误的选择。老师笑着说："其实第2版写得也非常好，值得收藏。这样吧，你把这本书转给我吧，收藏到我个人图书馆。你再去买本新的好了。"我正为这50美元的愚蠢投资构成我决意买新书的阻碍而懊恼时，老师的话，让我感到如释重负。这件小事令我难忘，并不仅仅在于老师使我在拮据之时免于浪费50美元，更为重要的是，她帮助我时的态度，毫无居高临下慷慨解囊的"施舍"状，而是强调了那本书本身的价值以及她本人对那本书的喜爱。即使在帮助学生的时候，也不忘记最大限度地维护学生的自尊，这是我感受到的美国师德的可贵之处。这也使我联想到，在美国中小学，教师对于哪些学生接受免费或折价午餐都是严格保密的，因为美国的师德要求在给予学生帮助时要维护学生的自尊心。

（二）中美师生关系的差异

首先，中美两国都注重发挥教师的影响力，尽管各自所依托的力量有所不同。中国更注重其教师身份所赋予的权威，美国更注重教师通过积极沟通而建立起信誉。在轰动一时又发人深省的"杨帆门事件"中，我们可以看到杨帆教授看到自己的教师权威受到挑战时的过激反应，看到他为捍卫传统的教师权威的挣扎。在整个冲突的处理中，很遗憾他没有借助教师信誉的力量，他诉诸他的职位所赋予的权威，而这种与职俱来的教师权威在学生眼里早已随着教育的市场化而荡然无存，所以尴尬就不可避免。

我在美国读博期间的两件小事让我对美国如何维护自身的教师信誉印象深刻。苏珊（Susan）老师是英语系的一位副教授，在她的"外语教学的跨文化视角"的课上，我提出了一个自己并不成熟的观察：美国人在交换恭维语时熟人之间句式比较富有变化，而陌生人之间采用的句式比较公式化。苏珊（Susan）老师鼓励我检验这一假设，并发动全班同学通过自然观察法在一个月内每个人收集6条恭维语的信息，每个同学可以从自己感兴趣的角度入手提出自己的研究问题，全班同学数据共享。一个月后我们都提交并审核了130条信息。期末，我以恭维语与人际距离为题的论文得到了老师的好评，老师还鼓励我这篇论文有发表的潜力。我渴望这篇文章能尽早发表，于是就找到苏珊（Susan）老师，邀请她做第二作者。她的反应大大出乎我的意料。她说："论文是你的设计，并由你独立完成的，现在已经是一篇不错的文章。我没贡献什么，不能占学生的便宜。"平时一向和蔼、温婉的她，声音顿时变得严肃并略带抵抗，仿佛我要陷她于不义。这件事，使我体会到在师生关系中什么叫尊重学生的权利，与国内那些雇用学生写论文的教授们相比，苏珊（Susan）老师的形象是那样高大。

其次，美国的师生关系是以法律为准绳的，中国的师生关系则更注重它的伦理维度。美国大学里，教师不能和在读的学生谈情说爱。其法律依据是教师必须平等地对待每一个学生。当教师与某一学生处于恋爱关系时，就无法保证对每个学生平等了。教师能接受学生及家长的礼物吗？大学教师与伊州公务员一样要通过一个网上职业伦理测试。测试前，教师可以通过一个自学辅导软件熟悉伦理规范的具体的尺度。例如，对于教师接受礼物的金额范围有明确的规定：75美元是道德底线。如果家长送给教师两张抢手的球票，价值超过75美元，必须付款，否则视为受贿。而在中国，学生及家长给教师送礼已经司空见惯，而且底线越来越模糊。特别是中小学，教师对学生的管理方式、手段随意性很大，有些教师仍从"打是亲，骂是爱"的陈腐的观念出发来处理师生关系。

（三）关于中美师生关系的其他视角

刘建华在《师生交往论》一书中，对中西师生交往关系进行了如下比较。[①]

首先，师生交往的出场语境不同。中国封建社会长达几千年，其伦理纲常文化至今仍在一定程度上禁锢着人们的思想。"师道尊严"的思想根深蒂固，教师高高在上仍然是师生关系的主流。

其次，师生交往的价值取向不同。中国人重视权威、看重中心，在价

---

① 刘建华. 师生交往论——交往视野中的现代师生关系研究［M］. 北京：北京师范大学出版集团，2011：59–61.

值取向上突出事物发展的结果。所以教师要身正学高，衡量师生交往的结果看学生考试后的结果。而西方文化人中主体意识觉醒比较早，特别注重教学过程中师生双方的感受，注重知情意的变化过程。

再次，师生交往的方式和方法不同。中国人在人际交往上，大都顾及对方的感受，追求和谐，强调共同点，比较注重教师讲、学生听，培养出来的学生基础相对厚实，求同思维能力强，求异思维能力弱。而西方人富于开拓，不迷信权威的文化，学生表达比较自由，鼓励提问，喜欢观点的交锋，喜欢争论，鼓励求异思维。

最后，师生关系的内容和形式不同。中国师生交往中，交往的内容相对单一，形式较为固定。通常是以教师所教的学业为主，交往的方式多为教师单向的话语表达。交流的氛围比较严肃、认真。而在西方国家，师生交往很少有什么禁忌，交流的内容较为多样。课堂教学不是教师单向度的知识传播，而是在互动中突出师生行为的相互影响，对话交流中共享文化的乐趣。

第三节　教师信誉度及其作用

一、教师信誉度的概念

从教育传播学角度看，教师信誉度是指在多大程度上教师被视为可靠的信息源。它涉及学生心目中的教师专业形象。根据麦克劳斯基和扬（McCroskey & Young）的解释，信誉度是指信息接收者对信息交流的出处所持的态度。[①] 这一概念可以追溯到亚里士多德的修辞学，其中演讲者的气质（ethos）是说服的一个重要的原因，是指当演讲以一种令人置信的方式表达时演讲者所具有的特质[②]。气质便是信誉度的前身，它包括三方面内容：智力、品格和善意。[③] 当代传播学者汲取了古希腊哲人的智慧，

① McCroskey J C, Young T J. Ethos and credibility：The construct and its measurement after three decades［J］. The Central States Speech Journal, 1981（32）：24－34.

② Cooper L. The Rhetoric of Aristotle［M］. NJ：Prentice-Hall, 1960：8.

③ McCroskey J C, Young T J. Ethos and credibility：The construct and its measurement after three decades［J］. The Central States Speech Journal, 1981（32）：24－34.

并将这个概念扩展到教学领域。麦克劳斯基（McCroskey）将信誉度的概念引入对教师的研究，他与同事们制定了一个由能力、可信度、善意（后来称为关爱）三个维度组成的教师信誉度印象量表（The Perceived Teacher Credibility Scale）。该量表由 18 个项目构成，采用七个等级计分。由于这一量表具有较高的信度，在教学沟通领域的研究中广泛使用。[1]

二、教师信誉度的作用

教师信誉度被视为有效教学的必要条件。学生心目中的教师信誉度对课堂交流以及教育教学效果的看法有着广泛而深刻的影响。[2] 自 20 世纪 70 年代起，研究者们对教师信誉对学生学习的影响已进行了若干研究和探索。例如，安德森（Andersen）的研究发现，学生从信誉度高的教师那里学到的知识多于信誉度低的教师。[3] 维尔里斯（Wheeless）发现学生对教师能力的认知影响学生短时记忆的效果。[4] 泰文和麦克劳斯基（Teven & J. C. McCroskey）基于对 235 名大学生的调查发现，学生对老师爱心的判断与教师评教的结果、学生的情感学习以及认知学习收获高度相关。[5]

三、教师信誉度与教师沟通行为的关系

（一）教师清晰性与教师信誉度

鲍威尔和哈维尔（Powell & Harville）的研究表明，教师清晰性是与

---

① Teven J J, McCroskey J C. The relationship of perceived teacher caring with student learning and teacher evaluation [J]. Communication Education, 1997 (46): 1 – 9.

② Russ T L, Simonds C J, Hunt S K. Coming out in the classroom: An occupational hazard? The influence of sexual orientation on teacher credibility and perceived student learning [J]. Communication Education, 2002, 51 (3): 311 – 24.

③ Andersen P A. An experimental study to assess the effects of source credibility on comprehension [R]. at Annual Convention of Speech Communication. New York, NY. 1973.

④ Wheeless L R. The relationship of four elements to immediate recall, and student-teacher interaction [J]. Western Speech Communication, 1975 (39): 131 – 140.

⑤ Teven J J, McCroskey J C. The relationship of perceived teacher caring with student learning and teacher evaluation [J]. Communication Education, 1997 (46): 1 – 9.

学生对课程和教师的评价关系最为重大的因素。① 麦克劳斯基（McCroskey）等对本国教师与在美国任教的外籍教师评教结果的分析表明，教师清晰性与教师亲切性的不同既是造成两组之间教学效果差异的主要原因，也是造成两组内部差异的主要原因。研究者进而指出，有必要在美国以外的国家对研究结果的外部效度进行检验。②

陶尔（Toale）对教师清晰性与教师失误两个自变量的研究表明，教师清晰性与学生情感学习、教师信誉度之间存在着正相关。③

如上所述，关于教师清晰性与学生学习、教师评价等结果变量之间的关系已有大量的研究，然而，关于教师清晰性与教师信誉之间的关系的研究却尚不多见。陶尔（Toale）在这一方面的研究似乎有所突破。然而，清晰性与关爱特质之间关系的密切程度高于能力与可信度的结果似乎出人意料。因为诺温格（Novinger）曾指出，"交际行为至少携带两个层次的信息：一个层次是内容信息，另一层次是关于交际者之间关系的元信息。非言语交流通常携带的是交际双方关系的信息，而言语交流通常包含的是内容方面的信息"。④

上述结果显然与这种推理之间存在着矛盾，这表明教学清晰性、亲切性与特定结果变量之间的关系有待于进一步探讨。

（二）教师非言语亲切性与教师信誉度

伯古恩（Burgoon）等人的研究表明，非言语行为与信息发送人的信誉度、与说服之力间存在正相关。在一系列非言语行为中，愉快的声音和表情对能力与沉着的个性评价相关，表情丰富者被视为能力高。动作、距离方面表现出的亲切性与个体的社会性评价得分有关。对说服力的高评价

---

① Powell R, Harville B. The effects of teacher immediacy and clarity on instructional outcomes: An intercultural assessment [J]. Communication Education, 1990 (39): 69 – 379.

② McCroskey L L. Domestic and international college instructors: An examination of perceived differences and their correlates [J]. Journal of Intercultural Communication Research, 2002 (31): 63 – 83.

③ Toale M. Teacher Clarity and Teacher Misbehaviors: Relationshipswith Students' Affective Learning and Teacher Credibility [D]. West Virginia University, 2001.

④ Novinger T. Intercultural Communication [M]. University of Texas Press, Austin, 2001: 55.

与声音的愉悦性，身体动作、亲切性，表情的丰富性以及姿态的放松程度有关。①

教师非言语亲切性不仅关系到学生学习的结果，而且与学生评教中教师得分之间存在着正相关。莫尔等人（Moore et al.）以美国一所私立高校的 266 名大学生为研究对象，检验了教师言语与非言语亲切性与学生评教中教师的得分之间的关系，发现教师亲切性与学生评教（以美国教育考试中心制定的评教指标体系）中教师的得分之间存在正相关。②

尽管教师非言语亲切性作为自变量与学生学习结果变量之间的关系已有大量研究，但关于这一自变量与教师信誉之间的关系的研究还相当有限。伯古恩（Burgoon）以朋友及陌生人为对象的实验研究表明，较低的亲切性与较低的能力、个性、社会性的评价相联系，低亲切度传达的是疏离、距离感、差异和控制，而较高的亲切性传达的是投入、亲密、共性以及适度的控制。③ 他和波克（Birk）另一项对大学本科生的实验研究表明，教师非言语亲切性与教师信誉度之间存在正相关。具体而言，较高的亲切性与良好的人格判断有关（$r = 0.29$），令人愉悦的表情与较高的能力判断有关（$r = 0.26$）。④ 与他们研究异曲同工的是，格拉斯考克和鲁吉尔罗（Glascock & Ruggiero）以拉丁美洲裔的美国大学生为对象的研究，他们发现，无论教师的族裔和性别如何，非言语的亲切性与教师信誉度的三个方面都存在正相关。⑤

斯威特和麦克劳斯基（Thweatt & McCroskey）通过对 197 名大学生进行的两个阶段的研究来检验教师非言语亲切性、教师失误对教师信誉度的

---

① Burgoon J K, Birk T. Nonverbal behaviors, persuasion, and credibility [J]. Human Communication Research, 1990, 17 (1): 140 - 69.

② Moore A, Masterson J T, Christophel D M, et al. College teacher immediacy and student ratings of instruction [J]. Communication Education, 1996, 45 (1): 29 - 39.

③ Burgoon J K, Hale J L. Nonverbal expectancy violations: Model elaboration and application to immediacy behaviors [J]. Communication Monographs, 1988, 55 (1): 58 - 80.

④ Burgoon J K, Birk T. Nonverbal behaviors, persuasion, and credibility [J]. Human Communication Research, 1990, 17 (1): 140 - 69.

⑤ Glascock J, Ruggiero T E. The relationship of ethnicity and sex to professor credibility at a culturally diverse university [J]. Communication Education, 2006, 55 (2): 197 - 207.

不同维度的影响。这里的教师失误是指那些干扰教学进而干扰学习的行为。诸如不公正的考试，语法和拼写错误，迟到或侮辱性的语言。两位研究者发现，教师亲切性对教师信誉的三个方面都有主效应，而教师失误对教师信誉度的三个方面都有负面影响。研究表明，当教师亲切性较低时，无论教师是否存在失误，其信誉度都随之降低；当教师亲切性较高时，教师信誉度因教学失误显著下降。研究者推断，非言语亲切性可能弥补教师失误对教师信誉度的负面影响，特别是在关爱这一维度。①

泰文和汉森（Teven & Hanson）通过两项实验（Study 1，$n = 275$，Study 2，$n = 289$）来检验教师亲切性和口头关爱对教师信誉度的影响，研究者要求大学生对书面信息和录像做出反应。研究者发现，关爱对教师能力和可信度的影响在两阶段的实验中均有显著的正面的主效应。非言语亲切性对于教师的能力和可信度之间也存在类似的效应，但程度略低；亲切性与关爱维度有中度相关（$r = 0.45$）。②

在对教师亲切性与情感学习的关系的讨论中，麦克劳斯基等人（McCroskey et al.）主张，"无论一种文化亲切性高还是亲切性低，如果教师相对亲切性更高那么学生的情感学习都会得到促进"。③并且，研究者还指出，某些亲切性行为（如富于变化的声音、目光接触、微笑）似乎比动作、手势等与情感学习关系更为密切。

21 世纪以来对非言语亲切性的跨国研究还扩展到其他国家。娄奇和拜尔尼（Roach & Byrne）以美国和德国大学生为对象对教师亲切性及其不同效果进行了比较，发现美国教师比德国教师亲切性的得分更高；并且在这两个国家中，教师亲切性与情感学习、认知学习、学生评教的结果都

---

① Thweatt K S, McCroskey J C. The impact of teacher immediacy and misbehaviors on teacher credibility [J]. Communication Education, 1998 (47)：348 –358.

② Teven J J, Hanson T L. The impact of immediacy and perceived caring on teacher competence and trustworthiness [J]. Communication Quarterly, 2004, 52 (1)：39 –53.

③ McCroskey J C, Fayer J M, Richmond, V P, et al. A multicultural examination of the relationship between non-verbal immediacy and affective learning [J]. Communication Quarterly 1996, 44 (3)：297 –307.

存在正相关。①

约翰逊和米勒（Johnson & Miller）对肯尼亚和美国进行了比较，发现两国在教师的言语和非言语亲切性以及教师信誉度上都存在着显著差异，其中美国教师在所有变量上的得分均高于肯尼亚教师。并且，在两种文化中，教师亲切性与学习、教师信誉度与学习之间都存在着正相关，其中以美国的相关为更高。②

（三）教师信誉度的跨文化比较

针对非言语亲切性的跨文化的比较，一些学者③主张文化的选择要考虑这些文化之间的可比性，中美文化之间的可比性较强，因为按照文化的分类，中国和美国在很多方面都属于分类中的不同类型的代表。

王（Wang）对中美两所大学的调查显示，中美两国教师信誉度方面存在显著差异（$p < 0.001$），在信誉度的七点量表上，美国教师信誉度的得分（5.87）高于中国教师信誉度（5.07）。④

娄奇和拜尔尼（Roach & Byrne）在解释非言语亲切性与教学结果变量在德国与美国之间的不同程度的相关时指出，美国比德国相关更高可能从"符合期待"的模式中得到解释。⑤ 而约翰逊和米勒（Johnson & Miller）基于对肯尼亚的研究则认为，即使在权力距离较大的文化中，学生心目中亲切性高的教师的信誉度也更高。⑥

---

① Roach K D, Byrne P R. A cross-cultural comparison in American and German classrooms［J］. Communication Education, 2001, 50（1）: 1 – 14.

② Johnson S D, Miller A M. A cross-cultural study of immediacy, credibility, and learning in the U. S. and Kenya［J］. Communication Education, 2002, 51（3）: 280 – 292.

③ Gudykunst W B, Lee. Cross cultural communication theories［M］//Gudykunst W B, Mody B. Handbook of International Intercultural Communication. California: Sage Publications Inc, 2002.

④ Wang W. A cross-cultural study of the relationships between teacher credibility, teacher clarity and nonverbal immedialy［D］. Illinois State University, 2007: 50.

⑤ Roach K D, Byrne, P R, A cross-cultural comparison in American and German classrooms［J］. Communication Education, 2001, 50（1）: 1 – 14.

⑥ Johnson S D, Miller A M. A cross-cultural study of immediacy, credibility and learning in the U. S. and Kenya［J］. Communication Education, 2002, 51（3）: 280 – 292.

（四）关于文化差异的解释模型

对于亚裔非言语亲切性的反应有两种不同的解释模型。其一是"期望符合模型"，即高接触文化中的学生将对亲切性行为积极地做出反应。[1]例如，Roach and Byrne[2] 关于在美国学生中非言语亲切性与学习结果变量之间的关系高于德国的情形便属于这种情况，因为美国与德国文化相比，接触性更高。

另一解释模型被称为"违反期待模型"，这种理论认为，"人们对他人的非言语亲切性怀有一定的期待，违反这些期待将导致兴奋状态的变化，这种变化使信息接收者对交际者及其行为的认知更为显著"。[3] 也就是说，积极的违反常规比因循常规能产生更为有利的沟通结果。

第四节　外国教师眼中的留学生

一、课堂里多元文化的意义

廖（Liao）综合运用观察法、访谈法及问卷法对跨文化教学的有效沟通进行了探索。研究表明美国大学教师们看法如下。[4]

受访的教师们认为，文化的多样性有助于教和学。所有受访教师都认为留学生在课堂上都有独特的分享，他们都能给课堂讨论带来新的观点和见解。他们认为，由于当地的学生背景比较接近，很难从不同角度看问题，留学生来自不同的社会制度、生活环境，他们对事物能提供新的解释。美国教师和学生比较民族化，来自其他文化的观点能使他们原有的观点受到挑战，重新审视他们的观点。留学生的存在，便于相互学习。一位

---

① Burgoon J K, Hale J L. Nonverbal expectancy violations: Model elaboration and application to immediacy behaviors [J]. Communication Monographs, 1988, 55 (1).

② Roach K D, Byrne P R. A cross-cultural comparison in American and German classrooms [J]. Communication Education, 2001, 50 (1): 1–14.

③ Burgoon J K, Hale J L. Nonverbal expectancy violations: Model elaboration and application to immediacy behaviors. Communication Monographs, 1988, 55 (1): 59.

④ Liao Xiaofen. Effective Communication in multicultural classrooms [D]. University of North Iowa, 2001.

教师谈到，在商务管理课上，在教授学生管理的普遍原则时，班上有半数学生来自其他七个不同的国家，他们提供了某些原则在不同国家应用的例子，丰富了课堂学习的内容，开阔了师生的视野。也有教师表示，留学生的存在，是对文化多样性的最好的诠释，接触来自不同文化的同伴，使他们为未来多元文化社会做好准备。尽管他们对学生多样性的认识处于不同层次，但他们都认为，班里有留学生对于他们的教学有多方面积极的意义。

受访者对留学生的另一看法是，他们都是好学生，尽管会有些小问题。他们认为，留学生对学习、对所学的内容很认真，他们学习非常努力，他们语言程度较高，与他们交谈不比与美国学生交流困难多少，他们成绩积点较高，尊重人，尤其尊重老师。总之，他们认为留学生是好学生，人也好。

二、留学生在课堂沟通中存在的问题

虽然美国教师对留学生的总体评价是积极的，承认他们很优秀，但也指出一些带有共性的课堂沟通方面的问题。①

其一，教师们给留学生讲解问题时更为费力，并且听他们讲话也更为吃力。留学生对学习，特别是对作业特别认真，他们通常要求教师澄清课堂上讲过的一些事情，这位教师采用两种表达方式确证自己讲的要点和学生讲的话。

其二，与留学生并非总是能达成共识。一位受访的教师说，尽管我们使用的是同一个词汇，但使用的含义却不相同。另一位教师认为，必须承认沟通障碍的确存在，他们认为可以理解的事留学生却不理解，或者有不同的理解。教师们感到令人发笑的事却令留学生感到困惑。

其三，留学生在活跃的课堂讨论中难以插入。一位教师谈到，有时外国留学生不了解课堂讨论的背景，你不得不从头说起，帮助他们了解讨论的背景。有时美国学生激烈地争论时，他们无言以对，讨论过于紧张，他们跟不上了。另一位教师指出，当我给他们时间发言时，他们的确言之有

---

① Liao Xiaofen. Effective Communication in multicultural classrooms ［D］. University of North Iowa，2001.

物。这一说法也从课堂观察的情况中得到了证实。

霍尔姆兹（Holmes）对在新西兰的中国学生的学习与沟通风格进行了比较。在文献回顾中认为，中西方学生学习风格确实存在着差异。正如一些学者所指出的，中国学生习惯于记忆，死背，重复，而西方学生则习惯于苏格拉底式的（问题讨论式）的学习。①

三、教师的跨文化调适

无论程度如何，所有多元文化课堂的教师都对教学做了一定的调适。教师 A 虽然没感到与留学生沟通有什么不同之处，但她在文化的敏感度上比较留意，比如在谈到其他文化时，她格外留意不涉及让留学生感到不愉快的文化言论。另外，她在解释作业及其要求上更为耐心细致。她认为对待所有学生应该是平等的。但观察者发现，在这位老师的课堂上留学生比其他人更安静，更少发言。

教师 E 认为，尽管留学生的英语已经达到了相当的水平，但是在美国学习对他们还是有些特殊需要。他们需要更多的时间去思考和写作，所以班里有留学生的情况下教师 E 就会放慢速度。他们也有很多问题要问，有很多见解要发表。对于英语是第二语言的学生来说，讨论对于他们不是特别有效，所以教师 E 每次课有意让他们写上几页给他们另一次做出反应的机会，以分享他们好的见解。此外，还鼓励他们去接受免费的帮助，把他们的作品经过修改后再拿到课堂上分享。他们所有人都非常愿意分享他们本文化的教育思想，对本国教师和学生是个启发。这样降低了沟通的障碍，提高了学习效果。

教师 G 认为教学不仅要教书，而且要育人。文化是人的一个部分，值得去学习。文化的了解从多方面促进了教学。她采用了一些适应留学生的方法，如对他们讲话时放慢速度，对他们提问时精心选择用词，给留学生时间发言，而且给他们时间，他们的确言之有物，这种方法效果很好。对于课堂气氛，教师经常鼓励美国学生从留学生的发言中找出支持不同观

---

① Holmes P. Negotiating differences in learning and intercultural communication. Ethnic Chinese students in a New Zealand university ［J］. Bussiness Communication Quarterly, 2004, 67（3）: 294 - 307.

点的证据，并邀请留学生询问关于美国的问题。美国学生与外国留学生相互学习。这位老师的陈述得到了课堂观察的支持。

老师 S 有十年教授多文化课堂的经验，他指出，让美国学生与留学生互动需要一些特殊的技巧。他采用美国学生与外国留学生混合组成完成任务的合作学习小组的办法，让学生体验真实不同文化交织的商业领域。文化混合小组使小组成员产生了更多的见解，学到了更多的东西。这一措施比从前顺其自然的情况效果要好得多。①

上述事例表明，所有多文化的课堂上，教师都做出了不同程度的调适，这些尝试的确改变了课堂的面貌。

四、教师对留学生的态度

王（Wang）对美国中西部一所大学的国际留学生的多方面教育经验进行了调查。受访者认为，教师友善，肯给学生时间，乐于助人，有爱心，这些在留学生看来非常重要。当问及留学生什么因素影响留学目标的达成时，一位受访者认为他首先想到的是系里的教师，他们对学生非常耐心友善，无论你提出什么问题，或者向他们借书，他们总是有求必应。另一位受访者也表达了类似的感受：虽然我是留学生，但我很快乐，因为老师们很友善，帮助我们解决我们遇到的任何问题。他们关心学生，帮助学生。

有的学生受到过偏见和歧视。一位受访者谈到，有的教师以为留学生讲不好英语，写作也不好，那是偏见。例如一位教师在批语中写道："我认为你写不出这样的句子，因为英语不是你的母语。"他们不知道许多中国学生能来这学习，他们的语法比美国大多数学生要好。②

特里斯（Trice）就教师对许多在美国的留学生与本国学生不能融入的问题对一所顶级研究型大学的三个学院四个系的 27 名教师进行了访谈。受访的绝大多数教师认为他们所在的系的留学生没有很好地融入。

---

① Liao Xiaofen. Effective Communication in multicultural classrooms［D］. University of North Io-wa，2001.

② Wang Y. International student educational experience in an American graduate school［D］. Illinois State University，2002.

留学生与美国当地学生不在一起学习，也没有花时间进行社会交往，甚至在共用同一办公室情况下课外交流也很少。无论是美国本国出生的教师还是出生在外国的美国教师对于留学生形成孤立的原因有大体相同的看法。他们认为留学生们喜欢与自己文化相似的人交往，英语技能较差，与东道国学生一道工作的机会较少，例如，研究小组总是来自同一国家的人组合在一起，中国、韩国、印度学生都有这一倾向。另外留学生的学业压力较大，无暇顾及社会交往。而东道国学生也有和文化一致的同伴互动倾向。①

以上结果与以往的研究结果比较一致，与教师对留学生的观察也比较一致。以往的研究中还曾经提到，美国学生通常没有主动伸出手与留学生同伴交往，也是造成后者不能融入的原因，而且留学生不能融入也有文化差异造成的阻碍。世界上吸纳留学生最多的国家——澳大利亚、加拿大、英国和美国都属于个人主义文化。其社会成员重视独立、隐私、自立、尊重个人领域及个体的责任。个体间的联系比较松散，他们的友谊通常跨度比较短而且可能比较浅层。而以往的研究表明，许多留学生，特别是来自亚洲的群体属于群体主义文化，对友谊有不同的规范和期待。不同文化中友谊的性质是大相径庭的。许多留学生不能融入，是由于他们没有意识到在个体主义文化中主动伸出手来建立联系的重要性，没有采取行动。虽然文化的相似性并非是友谊的必要条件，态度的相似性才是更为重要的变量。

第五节　学生学习风格上的文化差异

萨默瓦（Samovar）等人在《跨文化交际》一书中对美国境内的多元文化教育进行了分析。书中对学习风格（包括认知风格、沟通与关系风格、动机风格）、语言的多样性、性别、文化与课堂等方面进行了阐述。

---

① Trice. Faculty perspectives regarding graduate international students' isolation from host national students ［J］. International Education Journal，2007（8）：108－117.

所谓学习风格，是个体偏好的接收和加工信息的特定的方式。[①]

一、认知风格

（一）场依存与场独立

萨默瓦（Samovar）等人指出，文化在对环境感知的方式上存在着差异。这种差异在课堂上表现为强调场还是其组成部分。场依存（又称场敏感）的个体对他们的周围环境有更为整体的感知，对社会方面更为敏感。场独立的个体更趋于分析型并且更善于关注人以外的环境刺激中的抽象的方面。场依存的学生偏好与他人一道工作，从教师那里得到指导。与此形成对比的是，场独立型学生喜欢独立工作，任务取向，喜欢基于竞争而得到的奖励。低语境、高度工业化、个人主义社会，如美国便是以场独立型为主体的；而高语境、传统的、群体主义的社会，如墨西哥、日本便属于场敏感型。有研究表明，亚裔美国人、非洲裔美国人、拉丁裔美国人及土著美国人倾向于场敏感型。许多教育家认为教师在课堂里应该兼具并在教学中兼顾两种认知风格。[②]

东野圣时基于对英语口语班的中国学生和对外汉语班的美国学生的课堂观察对两国学生的学习风格做出以下结论："相比之下中国学生整体上属于场依存型风格，美国学生呈场独立型风格。中国学生对周围社会场更敏感些，受环境影响较大，对课内、课外，台上、台下分得很清楚，座位排放整齐，坐姿端正，学生对教师一脸认真、谦虚的表情，在台上也丝毫不敢放松自己；对环境的在意还表现为在意别人的看法。美国学生则不怎么在意周围环境，无论姿势、表情还是表现，不受场的影响。中国学生喜欢'听'老师的，连头的方向都跟老师走，他们往往不是独立陈述个人观点，而是更喜欢在小组讨论中把个人观点融入小组意见。而美国学生更急于表达个人观点与别人争论，因而讨论时副语言丰富——音量大，语调

[①] Samovar L，Porter R，Stefani L. Communication between Cultures ［M］. 3rd ed. 北京：外语教学与研究出版社，2000：205.

[②] Samovar L，Porter R，Stefani L. Communication between Cultures ［M］. 3rd ed. 北京：外语教学与研究出版社，2000：206.

多变化，而且他们是基于任务型的，有任务马上完成，所以很少见拖延讨论时间。两种文化表现出不同的学习风格，与中国强调群体主义、强化语境和美国强调个人主义、弱化语境的文化模式直接相关。"①

（二）合作与竞争

萨默瓦（Samovar）等人认为，各种文化强调合作还是竞争的程度不同。非洲裔、亚裔及太平洋岛上的美国人，拉丁裔美国人等倾向于培养孩子合作能力。这种强调在课堂中体现为学生一起完成作业。教师了解哪些学生倾向于合作学习、哪些学生喜欢竞争性学习，便于使课堂兼顾两种风格的学生。②

尝试错误与"先看后做"。在美国，学生通过试误来学习如何解决问题并形成结论。他们反复尝试，认为错误是不可避免的，对错误采取接纳的态度。而在另一些文化中，人们希望个体反复观察，直到看明白了再做。这种先看后做的方式是美洲印第安学生的典型特点。③ 事实上，在中国的理科实验课上，通常也是先由教师演示，然后才是学生按步骤操作。

对不确定性的容忍。一些文化对矛盾、差异及不确定性持开放态度。另一些文化喜欢结构性的、可预见的环境。这类结构性的文化中，学校的一天结构清晰，学生们按照不同的时间，学习不同学科。

二、沟通风格

（一）直接与间接沟通

课堂沟通风格直接或间接受文化的影响。美国人喜欢直截了当地毫不修饰地表达风格。然而中国人却尽量避免针锋相对的观点，认为过于直接的表达有伤面子和和气。许多外籍教师发现，在中国的课堂上让学生对某

---

① 东野圣时. 从课堂非言语行为看中美学生文化性学习风格的差异［J］. 山东省农业管理干部学院学报，2010，27（2）：190－193.

② Samovar L, Porter R, Stefani L. Communication between Cultures［M］. 3rd ed. 北京：外语教学与研究出版社，2000：207.

③ Samovar L, Porter R, Stefani L. Communication between Cultures［M］. 3rd ed. 北京：外语教学与研究出版社，2000：207.

一问题展开讨论比较困难，形成不同观点的交锋就更加困难。根据中国学生尊重教师权威的特点，教师可以随机指定一列学生依次发言，否则一门课可能只有少数学生敢于表达自己观点。如果想鼓励学生发散思维，可以补充发言的规则，如要求学生必须提出不同的观点而不能重复前面同学的观点，这种讨论方式可能比辩论的方式更适合中国学生。

（二）正式与非正式沟通

关于正式与非正式的价值尺度可以导致严重的沟通问题，也会导致课堂里的沟通困难。中国文化比较注重正式沟通，在某些地区当教师进入教室时，学生需要起立，只有当老师允许的情况下学生才能坐下，学生需要冠以合适的头衔及姓氏称呼老师。与此形成鲜明对比的是，美国教师极力弱化师生地位上的差异。所有美国学校，特别是高校里，学生称呼老师昵称都不足为怪。[1]

霍尔姆兹（Holmes）运用半结构式访谈，对中国学生在新西兰学习与课堂沟通中遇到的挑战进行了调查。研究表明，受访者初到新西兰，都遭遇过不同程度的文化休克。其中，中国学生注重知识的积累，喜欢正式规划的教育、严密的课程表、一种最好的方法、正式考试。[2]

（三）主题中心的沟通与主题关联沟通

萨默瓦（Samavour）等人认为，学生学习和研究一个题目的方式受文化的影响。欧洲裔美国学生倾向于采取主题中心的方式，即他们的陈述围绕着一个或线性排列、指向一个解决方案的一系列密切相关的主题。而非洲裔美国学生则通常采取主题相关的沟通方式。他们的陈述通常是呈现一系列与主题或某人有关的情节，这些情节之间的联系是隐性的，通常是不言明的。如果教师不熟悉这种主题关联式的陈述方式，可能不会让学生讲

---

① Samovar L，Porter R，Stefani L. Communication between Cultures ［M］. 3rd ed. 北京：外语教学与研究出版社，2000：207.

② Holmes P. Negotiating differences in learning and intercultural communication. Ethnic Chinese students in a New Zealand university ［J］. Bussiness Communication Quarterly，2004，67（3）：294 - 307.

完他们的想法。①

《美国教育文摘》2011年4月刊载了一篇《文化与测验》，指出了考试中的文化因素的作用。文中列举了这样一则实例：纳尔逊—巴贝尔（Nelson-Barber）和他的同事们想了解学生们如何解读全国教育进展，评估中学生如何解读数学与科学的题目，八年级科学试题中有一道是"列举在实验室里采用老鼠、荷兰猪、猴子做标本来帮助发现治愈人类疾病的好处和坏处各一点"。一个土著夏威夷学生是这样陈述其坏处的："并不存在什么实验室的动物。所有动物都是我们的兄弟姐妹和老师。除非为了果腹，否则我们没有权力利用和杀戮他们。"

这一回答反映出学生对世界的看法与考试题目之间存在着文化的不匹配问题，从本质上说，这并非是一个关于正误的问题。更大的问题在于这个考试题目几乎不能引发学生对于实验室科学的理解。从另一个角度讲，它对教师如何有效地对这位学生施教提供了有用的信息。了解学生文化的传统的认知方式，能使考试题目更为丰富并产生更为有效的结果。

三、学习风格

（一）依赖性与独立性学习

文化对于学生在多大程度上依赖支持、帮助以及教师的意见方面具有一定的影响。与欧裔美国学生相比，一些其他族裔的学生如拉丁裔、土著美国人、东南亚裔的美国学生更趋于获得教师的指导和反馈。教师了解这一点，便可以形成对缺少自发性和独立性的学生的有效支持策略。② 美国大学强调学生个人的责任，习惯于教师督促的中国学生可能在缺少教师再次提示的情况下忽略教学大纲上的提交各种作业的截止日期。

（二）参与性与被动式学习

在一些文化中，学生接受的教导是通过提问和讨论积极参与学习过

---

① Samovar L, Porter R, Stefani L. Communication between Cultures [M]. 3rd ed. 北京：外语教学与研究出版社，2000：208.

② 东野圣时. 从课堂非言语行为看中美学生文化性学习风格的差异 [J]. 山东省农业管理干部学院学报，2010，27（2）.

程。而在另一些文化中，教师保持所有信息并传授给学生，后者只是被动听讲和记笔记。许多拉丁裔、亚裔、太平洋沿岸文化期望他们的学生通过听、看、模仿来学习。而在美国学校系统中，则要求学生有批判性思维，带有判断性提问，积极引发讨论。许多中国留学生在西方英语国家的一大不适应就是空前的阅读量，学习任务主要是通过自学解决的，课堂上交流讨论频繁。习惯于被动听讲的学生可能认为上课毫无收获。

（三）反思型与冲动型

文化会影响到学生在达成一个结论时思考的时间。在美国，要求学生迅速地回答问题。冲动型学生对任务反应迅速，他们通常是最先举手回答教师问题的人，也是考试中最先做完试卷的人。在另一些文化中，学生是沉思型，慢慢地寻求答案。在强调慎思的文化中，如果一个学生猜测并且出错，无异于承认没有花足够的时间寻找正确答案，这可以导致痛失面子。例如，亚裔美国学生、土著印第安美国学生接受的教导便是在回答问题前要检验问题的所有方面及其可能的意义。

东野圣时发现，中国学生经常的沉默和美国学生即时发言形成鲜明对比。美国学生对问题和任务反应要快得多，完成任务快，回答问题也快，几乎不存在沉默的时间。多数中国学生表现为审慎型，美国学生则表现为冲动型。[①]

（四）听觉、视觉、口头学习者

文化影响到学生是以听觉、视觉还是口头学习主导的学习者。例如，土著美国人倾向于视觉学习。土著印第安学生经常有效地运用形象来识记和理解词和概念。他们运用头脑中的表象去记忆或理解，而不是运用词语联想。而像非洲裔、拉丁裔、海地美国人则倾向于听觉学习。当教师里兼有多种学习渠道的学习者时，运用多种感官教学通常比较有效。

---

① 东野圣时. 从课堂非言语行为看中美学生文化性学习风格的差异 ［J］. 山东省农业管理干部学院学报, 2010, 27 （2）.

（五）活跃型与沉静型学习者

文化背景影响学生在何种环境中表现更佳：高度活跃、生动活泼的课堂还是安静平淡的课堂。例如，非洲裔的美国学生习惯于通常学校所不具有的更多的刺激。因为他们的家庭环境精力充沛，节奏快，所以节奏慢、单调的环境对他们来讲就不那么起劲。教学活动的变换会提高他们的兴致和热情。

东野圣时认为，从中国学生相对沉稳、单调的非言语行为来看，他们学习好静而不好动，大部分喜欢比较安静的课堂环境而不喜欢吵闹的环境，属于安静学习型，这与中国学生从小学沿袭下来的学习风格有关。美国学生活泼、丰富的非言语行为说明了他们倾向于活跃学习型，习惯在动中学习，喜欢活泼热闹的课堂环境而对安静和沉默的学习气氛持消极态度，这与他们从小接受的教育方式有关。①

四、动机风格

学生学习有两种动机：内部动机与外部动机。萨默瓦（Samovar）等人指出②，学生的动机问题是多元文化课堂上教师最为关心的问题，教师必须针对学生文化背景采取不同的策略来调动学生学习动机。另外，一些学习者的学习主要依赖内在动机的驱动，而另一些学者则受外在动机的支配。欧洲裔学生通常受内在动机的驱动而学习，而亚裔美国学生的学习则由外部动机而驱动，如受家长和亲人的推动，他们努力学习是为了取悦父母及亲人。土著印第安美国人学习是为了取悦他人，避免伤害或得罪他人。

无论儿童愿意与否，所有文化都要求他们学习很多东西。有些文化强调学科知识的重要性，而另一些文化则更注重学习内容的实用性和趣味性。例如，日本文化要求所有学生都记忆诸如日期、复杂的顺序、数学、科学及社会科的长公式。每个学生还必须从一年级起学习一种乐器，无论

---

① 东野圣时. 从课堂非言语行为看中美学生文化性学习风格的差异［J］. 山东省农业管理干部学院学报，2010，27（2）.

② Samovar L, Porter R, Stefani L. Communication between Cultures［M］. 3rd ed. 北京：外语教学与研究出版社，2000：209.

学生是否有音乐方面的天分。而拉丁裔、土著美国人则要求学生学习与切身相关的、有用的知识，而不对其注意力进行人为控制。

　　菲尔罗（Fierro）对 19 名小学教师的调查显示，教师们对文化是否影响学习风格存在不同的看法，多数教师认为学习风格属于个体特征，而非群体特征。然而，学习风格的某些文化特征凸显出来：48% 的教师认为拉丁裔的学生喜欢小组学习；52% 的教师认为亚洲学生不倾向与同伴一起学习，而喜欢单独学习；37% 的教师认为欧洲裔的美国学生喜欢竞争性的学习。一些教师认为，好教师看到的是学生个体，而非群体。①

----

① Fierro D. Is there a difference in learning style among cultures？〔R〕. ERIC　EBSCOhost，1997.

第 **6** 章

跨文化教学沟通的策略

中国有句古话：知己知彼，百战不殆。在跨文化教学情境中，教师不能假定在本文化中有效的课堂沟通行为在其他文化中也同样有效，换句话说，教师必须了解本文化对自己的教学方法和沟通方式将带来哪些影响，何种沟通方式在何种文化情境中更为有效。跨文化教师不仅要作为跨文化沟通的实践者，还要作为研究者，探索如何超越本文化固有的习惯以适应学生群体的文化，并采取相应的教学沟通策略提高教学效果。本章基于对中美课堂文化差异的理解并结合作者本人的观察与实践，就如何有效地传达教学目标、如何管理组织教学、如何运用教学方法技术、如何营造接纳式的学习环境、如何通过信息监测和反馈改进教学等方面，给准备从事跨文化教学的教师提供一些参考。

第一节　教学目标沟通策略

通常开学的第一堂课上，学生们不仅希望理解本门课的研究对象和范围，也希望了解教师的教学要求及本门课的"游戏规则"，因此，任课教师不仅要清晰地阐述本门课的目标要求，而且要使学生了解并内化这门课的课堂规则与程序。在学生尚未产生偏离目标的行为之前提出要求，可以大大地减少学生的不良行为以及针对个别学生时可能产生的摩擦。换句话说，在一次旅行出发之前提供一个明确的路线图非常重要。然而，在跨文化教学中，如何清晰、有效地向学生描绘本学期的路线图，则需要借助于一些跨文化沟通的策略。

一、用口头和书面的形式对学生提出要求

（一）尽量避免一些关于"共识"的假定

跨文化教学中常犯的错误就是教师假定学生知道自己的期待和要求。在跨文化教学情境中，师生双方都携带着在本文化中习得的关于教学的隐含的假定，一旦这种假定被推翻，失望和冲突就在所难免。因此，跨文化教师应采取逆向思考，在第一堂课与学生见面前就要反思自己的文化假定，从而避免由于这种假定而导致的误解。伊莉莎白·布鲁瑞克斯（Elizabeth Breaux）指出[1]："教师犯的第一个也是后果最严重的错误，就是想当然地认为学生早知道我们希望他们做的事情……我们太急于向学生传授知识，以至于忽略了那些可以使知识的传授和学习更为有效的准则和常规。为了避免这样的错误，就应该假设学生对我们的想法一无所知。"

在中国等许多亚洲国家，教师、学生、家长都有许多共识，例如按时到课堂是学生的本分。但是如果你在美国授课，出于这种假定而不制定相应的规约就可能招致麻烦。记得一位外籍研究生助教深为不知如何处置一个屡次旷课的学生而苦恼。原因在于虽然他第一次课上曾口头提示学生关于出勤的要求，可是在他的教学大纲中没有具体说明学生缺课将受到何种惩罚，结果就无法让这位旷课的学生对其行为负责。

（二）把规则写在纸上，加强课堂规则的约束力

为了避免上述外籍研究生助教遇到的困境，教师应把对学生行为的要求、违反要求的后果都写在教学大纲上，这样在处理相关事件时就有章可循。美国是一个契约社会，写在纸上的规则具有更强的约束力。在中国，文件、规章何其多，许多写在纸上的东西约束力并不强。因为在一个高语

---

[1] 伊莉莎白·布鲁瑞克斯. 好老师可以避免的 20 个课堂错误［M］. 谢秀京，译. 北京：中国青年出版社，2009：11.

境的社会，学生很快就会区分出在诸多规章制度中哪些可以忽略，哪些是不能逾越的，中国大街上许多行人对指示交通的红绿灯的态度便是最好的说明。由于违反某些规则并无直接后果，于是在学生中间很快就会形成一些关于课堂的潜规则，他们学会了区分学校课堂情境中哪些规则是必须遵守的，哪些形同虚设。与中国文化形成鲜明对比的是，美国是一个低语境社会，比较注重语言本身的力量，写在纸上的规则就意味着必须遵守。因此，教师有必要把学生需履行的义务明确地写在本门课的教学大纲上。通常教师要在开学前一周把教学大纲公布在网上，学生在注册前便可以了解一门课的主要内容、时间安排、作业与考试的要求以及学生的责任、义务等。开学第一次课，教师要引导学生熟悉本门课的教学大纲，强调学生的具体责任义务以及没有履行这些责任义务的后果，说明评价学生学业成绩的标准。以书面形式传达你对学生的期待绝对重要，仅仅口头说明是不够的，特别是涉及对学生的评价必须有书面依据。按照评分规则逐项打分，可以大大减少由于分数而产生的争执。

（三）通过不同的形式在多种场合强化这些规则

课堂规则需要反复强化。教育传播学的重复作用原理告诉我们，要想使学生对某一信息形成深刻的印象，将这一信息在不同的场合或用不同的方式去重复呈现便能达到这一效果。有人对识记外语单词所需要的条件进行了研究，发现在 8 个不同的场合接触同一单词，就能达到长时记忆。[①]这一原理启示我们，教师要想使学生牢固掌握并执行课堂规则，最好既通过口头的形式又通过书面的形式呈现这些规则，并在恰当的情境中通过有针对性的提问，加深学生对规则的理解和印象。例如，在临近一次大型作业提交截止日期时，教师可以通过这样的提问来达到提示的效果："晚交作业的惩罚是什么？"通常学生会马上说出规则，例如，"该项作业的得分减少20％"。这种对话性的提示对于防止学生做出违规行为很有效果，并且即使个别学生出现违规，对其按章处罚也比较易于让本人接受。

---

① 南国农，李运林．教育传播学［M］．北京：高等教育出版社，1995：234 – 235.

（四）对可能出现的问题，要加以预防

美国教师的教学大纲上在课堂规则与程序中，有一个不可忽略的内容就是申明本门课执行本校关于学生作弊的规章及程序。例如，同教一门课的老师，每个人有自己的教学大纲，虽然几位教师的作业设计及满分值可能不同，但是有一个部分却非常一致，即申明本门课遵循学校的相关章程，要求学生保持学术诚信，一旦违章按学校相应的政策处理。以下是讲授"中等教育理论"课的各位教师在教学大纲中关于学术诚信的规定："伊利诺伊州立大学促进学术诚实。根据学校关于抄袭的政策，本门课的教师要求学生对自己的作业采取诚实的态度。当学生将自己的名字写在任何作业上，意味着他（她）承诺这一作业是他（她）个人思考和努力的结果。所有的作业要求都是本人的原创，在必要的地方提供文献出处。一旦对你的作业的原创性有疑虑，学校就会启动关于抄袭的相应程序。如对该项政策有疑问，请参照学校本科生课程目录第 57 页。"

在美国，这种学校规章具有很强的约束力。2009 年，我在美国留学时教过我的一位教师来中国讲学，闲谈时问我是否还记得当年我们共同认识的一位华裔博士生，我说当然记得，因为他常常找我帮他修改作业。接着这位老师告诉我，他因为抄袭被学校开除了。我并不觉得奇怪，因为美国学校及课堂规章对每个学生都有很强的约束力。

二、阐明教学目标、活动与评价方式之间的一致性

由于在中国大学教师与学生的权力的不对称性，在一门课的绪论部分，教师们通常会介绍本门学科的研究对象、本学期要教授的章目及学习方法，宣布教师的教学安排，而并不刻意论证教学安排的合理性。与此形成对比的是，美国文化是注重逻辑和言辩的文化，因此，教师要向学生充分阐明所教课程教学安排的合理性。在教学大纲中，教师通常会阐明自己的教学理念（teaching rationale），即本门课的设计依据。第一次课上，教师通常会对教学大纲加以解释和说明，使学生了解本门课的教学目标，明确哪些是应知应会的东西。教师还要透彻地说明本门课要通过哪种教学活动与作业设计来达成这些目标，并向学生说明本门课的考核方式及评分标准，使学生看到教学目标、教学活动与教学评价之间的内一致性（Instructional alignment）。通常教学大纲中会包含教学日历、本门课的教学内容主题、借助的学习资源，考试和作业的截止日期等。

三、对课程中的难点给予必要的提示和说明

在向学生介绍课程的构架和要求时，要避免平铺直叙。好比在高速公路开车，设一些弯道可以避免司机由于单调而产生倦怠。比如在我讲授的"Issues in Secondary Education"这门课上，表现性评价所占的比例较大，有些关于实践环节的要求是通过这门课必不可少的，如果在关键项目上缺项，即使累计分数达到及格线也会导致这门课不及格。这一要求主要是基于美国教师教育对于实践环节的重视。美国教师教育专业化的运动，主要借鉴了医学和法律界因其对临床经验的重视而确保其具有良好的职业声望的经验。要提高教师教育的门槛，实践环节起到一个守门员的作用。虽然这一要求近乎苛刻，但是只要对其依据充分加以说明，学生通常不会有抵触。不过像这样高利害的作业要求仅仅写在教学大纲里是不够的，教师在课程介绍的过程中、在该项任务来临前都要给予充分的强调，并针对学生可能出现的问题给予必要的提示。否则，学生因为单项作业没完成而导致本门课不及格的后果就难以令学生接受。

第二节　课堂组织管理沟通策略

一、初次见面打破僵局

一门课的成败，在很大程度上取决于第一次课形成的基调。切记，我们每个人都只有一次给别人留下第一印象的机会，特别是当教师来自于异文化时，学生们对任课教师、对本门课心里会有许多问号，都想从最初的接触中找到答案。因此，师生之间的第一次沟通在很大程度上影响着学生心目中的教师信誉以及后继的师生关系。

美国是一个崇尚个性的国家，良好的个人风格的展示往往能帮助跨文化教师迅速打开局面。一个别开生面的自我介绍对于打破最初的僵局能起到事半功倍的效果。记得我在美国初上讲台给本科生授课时，我是这样开始自我介绍的："Hello everyone! My name is Weirong Wang. I am a doctoral student with C&I（Curriculum & Instruction）. Weirong, in Chinese means 'to keep the honor, to maintain the glory', but as a new comer here, I have nothing to keep before I build up any. Let's see what I can do to qualify this name in the years to come."（译文：大家好！我叫王维荣，是课程与教学论系的博士生。维荣，在汉语中是"保持荣誉和光荣"的意思。初来乍到，在有所建树之前，谈保持还为时尚早。走着瞧吧，看看在今后几年我有什么样的作为能无愧于这个名字。）这个开场白之后，通常学生们会爆发出会心的笑声，一个陌生的名字对于他们开始有了意义，一个陌生的面孔变得熟悉起来。

我厌倦了用一种方式把自己介绍给不同的班级，所以也变换自我介绍的方式。我采取的另一方式是："Good morning, Ladies and gentlemen! My name is WEI-RONG WANG（同时，大写在黑板上），Weirong, is very close to the English pronunciation 'Way wrong', So my friend Jeff often teased me 'Wrong way'. But the fact that I am in the doctoral program indicates that I am on the right track!"（译文：女生们、先生们，大家好！我的名字叫王维荣，Weirong，最接近的英语发音是"Way wrong"。我的美国朋友杰夫把我的名字颠倒过来戏称我为"此路不通"。我现在是在读博士，这足以表明我走上的是一条康庄大道！）学生们通常回应我的是充满友善的笑声。从此我（的名字）对于他们不再是个陌生的符号，甚至不仅仅是一个任课教师，而是成了两种文化的中介人。师生间的文化差异可能带来困惑与挫折，但也可能带来惊喜与发现。

二、与学生协商课堂规则

美国是一个权力距离比较小的国家，人与人之间追求一种比较平等的关系。因此，学生对教师的权威并不会无条件地服从，除非得到他们的认可，否则他们会不断地挑战这种权威。针对这一特点，教师可以通过"赋权"让学生参与部分规则的制定，从而提高学生执行规则的自觉性。尽管在开学前教师对课堂的规则早有规划，但是要想使这些规则顺利地转化为学生的行为，则需在第一次课上与学生进行开放式的协商，经过民主讨论形成的共识比较容易执行。在美国教学时，我每学期开学第一次课，都会引入这个话题："同学们，为了营造一个良好的学习环境，我们需要交换一下对一些事情的看法。"接着我会通过一些提问来引导学生进入协商过程，"你们认为晚交作业与按时交作业是否应该得到同样的待遇？"结果往往是绝大多数学生认为应该对两者的成绩有所区分。然后我会问学生们怎样体现两者的差异才算合理。有的学生说"扣掉30%的卷面成绩"，也有的说"扣掉50%"，也有的说"扣掉5%"。然后我请从来没有晚交作业的学生举手，让他们发表意见；之后，再让晚交过作业的学生发表意见。毫不奇怪，从未晚交作业的倾向于采用比较严厉的惩罚，而有晚交作业经验的学生则主张从轻惩罚。于是，我提出一个折中方案，晚交作业扣除卷面成绩的20%！事实上，这样的决定往往能被学生接受，因为这是民主协商的结果。我还提示学生，目前，这一规则是集体讨论达成的共识，如果你认为不合理，我们现在还可以修改，如果大家认可这一规则，在执行过程中不要把它变成个人问题，这一规则适用于所有人，每个人都要对自己的行为负责。由于学生参与规则的制定，提高了他们执行规则的积极性，避免了其后由于受到惩罚而对教师个人产生不满。让学生参与制定规则、了解自己行为的后果，可以大大地减少违规行为，这种课堂管理体现的是课堂管理的责任模式。

三、提供具体明确的指导语

教师语言的清晰性是有效课堂沟通的关键。在组织教学过程中，清晰的指导语，可以减少学生对教学活动及其要求的不确定性，使各种活动及其衔接更有效率。课堂组织的要求越是明确、具体，越容易得到学生的响应和配合。我在美国做助教时就特别留意观察课堂上教授们如何组织课堂。杜赛特教授从前做过中学的副校长，非常善于与学生沟通，在课堂管理上灵活而有效，从他那里学到的小组合作学习运作的技巧使我非常受益。在美国课堂上，教师讲授与小组活动经常在一节课内变换使用。比如，他经常采用的"交错式四人小组合作学习"，对于保证每个学生参与课堂学习非常有效。课堂合作学习小组的组合往往是随机的。杜赛特常常根据规定的小组人数循环报数，比如四人一组，那么就从左边第一位学生开始1—4循环报数，每一个循环构成一个基本组（home group）。基本组中每个人承担的责任可以根据序号分配，这样可以确保没有人游离在小组责任之外。例如，教师指定各小组中的一号为小组组长，负责组织讨论；

2 号负责小组讨论的记录，以此类推，每个组员都承担一种为达成小组目标所必需的独立的职责。由于小组成员任务明确，就避免了活动中相互推诿或越俎代庖的情况。

不同活动的变换与过渡，往往是课堂容易涣散的时刻。转折之前教师提供清晰、明确的指导语，就可以减少课堂上的无效时间。为了防止从全班活动到小组活动的转换过程中的拖延和可能造成的混乱，教师可以给每个小组一个编号（第一组到第 N 组），并配合口头语言运用手势指定每个小组活动的区域，甚至可以根据变换位置时可能需要的时间对学生提出具体的时限要求。例如，把一个 40 人的班分成 10 个小组时，我会先指定每个小组活动的区域，再要求学生在 20 秒内到达指定位置，开始小组活动。接着我开始大声地计时，通常在 20 秒内学生都会到位。因为我的要求非常具体明确，所以学生知道自己的组员是谁、知道本小组活动的区域、知道什么时候进入活动状态。如果你在确定好小组之后不做具体要求，你会发现从全班活动到小组活动的转换所花费的时间简直令人无法忍受。明确的指导语、明确的指示动作会使你的课堂活而不乱。

四、运用透明的评分规则

美国学生对权威的挑战，也体现在对自己的分数的质疑上，一些研究表明，美国本科生对留学生助教的不满之一，就是怀疑其评分的公正性。跨文化教师要建立自己的信誉，避免学生在分数上的挑战的一种有效的做法是使评分规则明朗化。在中国高校，教师给学生布置作业时往往只对学生的任务进行描述，而很少公布自己的评分规则，只是当学生对期待分数和实际分数严重不满时才会询问教师给分的依据。在美国，许多大学教师会把作业要求和评分规则写在教学大纲上，让学生在做作业前就了解什么样的表现或作业会得到何种分数。向学生公布你的评分标准，一方面可以使学生明确努力的方向、提高学生的作业质量；另一方面，也可以避免因分数与学生发生争执，消除由于文化差异而导致的不信任感。在评价学生表现性作业时，按每项指标及对各个等级表现的描述逐项打分，可以最大限度地避免由于评分而产生的抱怨、冲突，并且让学生感受到教师客观、公正的品质。在这种情况下，一旦学生对自己的成绩提出质疑，教师也便于依据评分规则给学生提供令人信服的解释。

第三节 营造学习环境策略

一、入乡随俗的称谓

美国文化比较偏爱非正式的沟通风格，大学生们喜欢平易近人的教师。如果是专业课，通常班级规模不大，往往只有几十个人。你应当迅速记住学生的名字。有心的教师通常会在开学前把学生的名单下载，最好还有电子照片。早期学生名单上没有照片时，我周围的老师们会带上相机给学生们拍照，然后在照片的背面写上学生的名字，以便迅速认识班上的每一个学生。和我一起工作的几位教师，在开学的前两周几乎都能记住全班学生的名字。美国是一个个人主义文化的国家，也许在中国只要内容讲授得好，就会得到多数学生的认可，而在美国，学生期望教师关注学生个体，所以记住学生的名字就非常重要。许多老师会称呼学生昵称，例如，学生的名字是 William Smith，"William"的昵称有"Bill"，"Billy"，"Will"或"Willie"等叫法，教师往往会根据学生的偏好用昵称称呼学生。偶尔，教师也称学生"Mr. Smith"。教师通常在第一次课上也会直接告诉学生希望大家怎样称呼他（她）。学生们通常会非常尊重教师的个人意愿。当然，教师要表现出一定的灵活性。比如，我在自我介绍后，会告诉学生，你们可以称呼我为 Ms. Wang，或者叫我"维荣"。我会趁机示范他们"Weirong"的发音，学生们也都会积极努力尝试。美国社会权力距离较小，学生不喜欢高高在上的教师，所以学生对你直呼其名只是表示亲切，而没有不尊重之意。来自权力距离较大的国家（如中国）的教师，需要习惯于与学生的这种平面关系。

二、适度的自我坦露

在第三章谈到过，适度的自我坦露有助于在沟通者之间建立信任、密切相互关系。关于教师沟通的研究表明，美国学生喜欢性格开朗、自我坦露、人性化的教师。由于中国文化强调课堂的庄重性，所以教师通常把专业知识与个人生活经验截然分开，认为让学生过多地了解自己职业生活以外的那一面，似乎会削弱教师的权威形象。自 20 世纪以来，杜威的教育即生活的传统对美国影响较大，所以教师并不追求不食人间烟火的权威形象。与中国教师相比，美国教师的沟通风格比较轻松。第一次课上的自我介绍都比较生活化、人性化，许多教师会介绍自己的职业经历、家庭成员、兴趣爱好甚至是宠物。总之，他们通过适当的自我暴露让学生了解自己人性的一面，以求增加自身的亲和力。美国学生也更喜欢比较轻松的沟通风格，喜欢有透明度的教师。

当与学生初步建立信任关系后，教师在自我坦露时可以结合对教学内容的探讨涉及更为深入的话题。例如，在帮助学生理解建构主义的"同化与顺应"概念时，我采用了一个自己对美国婚姻关系认识的变化的例子来说明"顺应"。我在第一次去美国前，从好莱坞大片中获得了"美国人对婚姻关系比较随便、缺少责任感"的刻板印象。1997 年到美国做访问学者期间与周围同事的深度接触和观察获得的新的信息，推翻了我原来的片面的认识，形成了"美国离婚率高，但比较注重婚姻质量，注重婚姻关系的修复"的新的看法。这种对自己的文化偏见的解剖，不仅使学生明白了"当已有的认知图式不足以解释面临的信息时，就要求打破原有的图示，建立新的图式"的顺应过程，还使学生看到了走出文化偏见，获得跨文化理解的可能性。这样真诚的自我坦露，使教师从学生眼里的文化的陌生人变成了两种文化的中介人。

三、给来自不同文化的学生话语权

在课堂里对不同文化的尊重的表现之一就是倾听来自不同文化的声音，使他们真正拥有课堂上的话语权。苏珊（Susan）老师的做法令我受益匪浅。在美国读博期间，在我辅修的"Cross-cultural aspects of TESOL"课上，我分享了自己的一个观察：美国的恭维语似乎在熟人之间，表达形式比较多样化，而在陌生人之间则比较公式化。苏珊（Susan）老师对我的观察给予了热情的肯定，并把"人际关系越近，公式化的回答越少；人际关系越远，公式化的回应就越多"命名为"维荣的假设"（Weirong's hypothese），老师在其后的课上经常引用"维荣的假设"，并向我们推荐一篇与我的假设相关的"告别语"的研究，并要求全班同学在广泛阅读文献的基础上提出自己关于恭维语的假设。老师鼓励大家从不同的角度研究恭维语现象，并指导大家采用自然观察法在一个月各自收集关于恭维语的数据，然后全班对收集到的数据进行审核并实现数据共享。后来，"恭维语与人际距离"成为了我那门课的学期论文题目，其他同学分别研究了恭维语与性别、恭维语与年龄、恭维语与社会地位等课题。期末，大家分享了各自的研究成果，体验到了通过调查研究获得发言权的成就感。由于苏珊（Susan）老师善于将文化差异作为课程的资源，师生平等对话，同学们相互启发，使课堂真正成为了由多文化成员组成的亲密合作、共同建构知识的学习共同体。

受苏珊（Susan）老师的启示，我意识到来自不同文化的学生从课堂的边缘成为课堂的中心需要教师创设条件。因此，毕业回国后，我采用了类似苏珊（Susan）老师的方法提高日本留学生在课堂上的可见度和参与度。2011年，日本新泻大学有六位留学生来我院学习。开始时，他们主要是学习汉语，从期中开始，他们开始介入专业课的学习。他们分别参与了我讲授的教育学和为生活科学专业开设的英语课。为了使插班学习的几位日本学生迅速融入现有的学习共同体，我在简短地向学生说明他们将插班同我们一起学习后，就邀请他们到教室前面做自我介绍，并鼓励学生们和他们多交流。他们来听的第一节课，正赶上生活科学专业的学生做小组报告。第一组报告的题目是"地震中的安全"问题。报告之后，我让学生们对报告的内容进行提问和回应。为了避免日本学生在学习中的边缘化，我引出了从媒体中了解到日本人面临地震灾难时仍处变不惊、保持良好的秩序的信息，请他们首先证实这一信息是否符合他们的观察，并介绍一下他们在中小学接受了哪些地震安全教育等。W同学回忆说，我们接受的教育是：地震时"不要推，不要叫，不要跑"。她分享的信息既增加了我们对日本地震教育方面的知识，又加强了地震教育这一主题与我们的关联性，课堂气氛顿时非常活跃，学生们看到了通过对话集体建构知识的可能性。

四、回应个别差异

来自群体主义文化的教师，要特别留心个人主义文化中对学生个人权利的尊重和保护。如果以群体主义"少数服从多数"的思维方式选择教学方式和手段，就存在着极大的风险。我在美国初上讲台时经历的第一次重大的文化冲击至今印象深刻。开学前一周，我收到来自学校关心残障办公室（Disability Concern Office）的一封信。信中的内容大致如下："您所教的课程与教学论系 212 课（Curriculum & Instruction 212）有一位听力障碍的学生需要您在教学中对她做出调适。学校为她聘请了一位手语翻译，但是您在采用任何教学手段时，必须要考虑不能将她排斥在外。如有问题请与我们联系。"这一通知真有点让我措手不及，因为我已计划好准备采用一系列与教科书配套的教学录像作为启发学生讨论的案例。难道我要为一名学生放弃那些有利于其余 39 名学生的计划？我真的困惑了。因为在中国集体教学的情况下，虽然也提倡因材施教，但"面向大多数"是通行的原则。幸好我的专业是教育学，从理论层面熟悉有关学生多样性以及全纳式教学的理念，于是开始研究如何能为这位有听力障碍的学生提供关于这些录像的文本。我马上联系给我来信的部门，说明了我要播放的录像对于理论学习的重要性，并请求他们为我翻译两个录像短片。开学第一周，我告诉学生们，我们班有一位同学需要我们的帮助，希望大家能分担一部分录像片的文字转录工作，并宣布了对承担翻译的学生加分鼓励的政策。结果有几个学生主动承担了任务，我感到如释重负。试想如果我无视学校相关要求和提示，恐怕很快就与美国的讲台无缘了。因为在美国保持政治上的正确性，就是要避免对任何人群的歧视，对有障碍的学生的歧视会导致非常严重的后果。

　　我在美国教学对个别学生回应的另一个例子是开学第三周的一个反思性作业要求。这一作业主要是对教师职业安全的培训，学生要看一个指定的录像片"通过血液传染的疾病（Blood-borne Pathogens）"，然后，针对从录像片中学到的知识，写一份包括内容提要在内的反思性作业。一位学生下课时对我说："老师，我晕血，不能看流血的场面。我不知道如何完成这个作业。"我教的学科是教育，不是医学，所以从没有遇到过晕血的学生。对于一个初上讲台的外籍任课教师，我们不了解的情况可能很多，但是教师要有自我效能感，相信自己有能力影响学生的学习，包括解决学生遇到的问题。于是，我说："你先不用着急，我们会有办法帮你掌握相应的知识。给我点时间，我看看能否找到其他资源。"下课后我直接来到系办公室，向教务秘书说明了这个学生的情况。秘书告诉我，系里还有一个文字版的手册，可以借给学生阅读。于是，这个学生的问题就这样解决了。

第四节　教学方法技术运用策略

一、鼓励生—生互动

美国大学采取选课制，因此没有中国大学里那种比较固定的教学班。因此，每门课的学生都是一个全新的组合。如何让学生们在开学之初就建立联系，形成一个学习共同体是决定后继教学活动能否顺利开展的重要前提。有一件事我至今印象深刻。记得我在本系做实习时，我的指导老师是这样开始第一课的。他在自我介绍并向学生介绍了我这个实习生之后，提议我们做一个小组游戏。小组按 1—4 循环报数随机组成，每个小组得到一沓纸，任务是在十五分钟内完成一件有意义的建筑，然后各组展示自己的建筑物并加以说明。作为一个实习生，指导教师的做法令我费解，因为这个游戏与教学任务似乎毫无相干。学生进行小组设计时，我巡回观察各组的情况，发现他们首先必须在设计什么建筑这一问题上取得共识，然后还要把任务分解，使各成员在完成这一建筑中都能添砖加瓦，而不是袖手旁观。在紧张的忙碌之后，各组展示并报告他们的作品时让我惊诧不已：各组的设计没有雷同，绝对是发散思维的产物，我印象最深的是有一组的设计是飞机场，而且各组的成员都对本组的设计津津乐道。这学期后继的活动，让我理解了这次看似脱离教学内容的活动，对于形成新的学习共同体的不可估量的意义。查克灵和加莫森（Chickering & Gamson）关于大学有效教学的七项原则在美国影响非常广泛，其中一条重要的原则就是鼓励生—生互动与合作。[①] 美国大学是选课制，所以修教育专业课的学生来自各门学科，学生之间多不相识。开学第一课通过游戏开展组内合作、组间竞争为学生之间的合作性相互作用奠定了良好的基础。

另一项有效促进生—生互动的活动叫作"打破僵局"。随机指定邻近的学生三人一组，进行自我介绍。通常教师对学生自我介绍的内容先给予一定的提示，比如介绍自己的姓名、专业，为什么要当教师（或为什么

---

① Chickering A, Gamson Z. Seven principles of good practice in undergraduate education ［J］. AAHE Bulletin, 1987（39）：3－7.

要修本门课程之类）等信息。然后是全班以小组为单位相互介绍，规则
是 A 介绍 B，B 介绍 C，C 介绍 A。这样循环介绍好处在于，使学生摆脱
自我中心，学会倾听，迅速与同伴建立起联系，以便迅速形成一个学习共
同体。根据马斯洛需要层次理论，学生的课堂学习不仅要满足他们的求知
的需要，还要满足他们归属的需要。对于一个学生来说，如果修完一门
课，与老师、同学都没有建立起任何个人联系，课堂里什么有趣的事情都
没发生过，无论你拿到了多么高的分数，都不能说这是一种成功的学习
经验。

二、恰当运用小组合作学习

一个文化的悖论：试着猜想一下，合作学习在哪里运用得更为有效
呢？在中国还是在美国？根据你对文化的了解，中国是一个群体主义的社
会，而美国是个人主义社会；一个追求和谐，一个崇尚自我，因此比较逻
辑的推断该是合作学习在中国运用得更顺利、更有效。而我通过对中美两
国几年的观察和比较得出了相反的结论。我在对美国本科生的教学中，经
常采用小组合作学习的方式，小组成员经常是由随机报数决定的，从未遇
到学生对这种随机指派小组的抵制。而在中国，同样是小组合作学习，课
堂小组活动尚无大碍，一旦涉及课后作业，学生总会尝试劝说你采用自愿
组合小组。自愿组合与随机分组有什么不同吗？当然不同。因为合作学习
的目的之一是培养学生的合作技能，使学生进入社会和工作岗位上能与他
人和睦相处，共同实现工作目标。如果我们的学生只会和少数合得来的人
一起做事，而将来他的工作可能要求他与和自己毫无共同之处的人相互配
合、一道完成任务，所以如果迁就学生，就违反了合作学习的初衷。然
而，为什么随机分组在中国学生中会遇到这样一致的"抵抗"呢？其实，
这一现象是中国文化中圈内与圈外的现象的反映。非正式团体在任何社会
都有。但是中国社会的所谓"圈子"却根深蒂固，并未因受到西方文化
的冲击而动摇。学生中这种圈子的惯性就会在合作学习的编组中释放出
来。不允许学生自由组合，你能看到学生脸上的焦虑、沮丧和无奈，因为
他们是某个"圈子"的一部分，圈子是他们的安全感所在，因此打破这
种"圈子"会给他们带来一种不安全感、一种分离焦虑。所以抵制随机
分组是他们自然的情感反应。而对于个人主义的美国学生来说，他们是独

立的、自由的，他是以个体的形式存在着，所以随时把他们"组合"到哪里，他们都不会有中国学生那种被肢解感。

小组合作中的另一现象是，小组之间分工的情形。根据小组学习的要素来说，为了达成小组目标，组内成员会各司其职。而经过几年的教学我发现，中国学生自愿编组还有一个玄机。中国的学生很快就彼此达成了默契，当各科作业较多，感到应接不暇时，小组内的分工规则会演变为在小组成员内达成默契：每个学生负责一门课的作业，结果可能是四门课的作业每个人只做一门，皆大欢喜。可想而知，从作业的质量角度来看，小组作品不是集体智慧的结晶；从合作技能来看，学生们并没有在完成共同的目标的过程中学会互动（包括赞同与反对）、分享、反思以及问题解决。可见教学策略不是简单地移植就能奏效的。

三、运用多媒体适应多种学习风格

在教育信息传递的过程中，遵循"最小代价律"，即受众（学习者）倾向于通过最小的投入，获得最大化信息量。由此，传播学者推导出受众（学习者）对信息传递媒体的选择原理：预期选择率 = 可能得到的报酬/需要支付的努力。[①] 学生希望通过最小的投入，获得最大化的信息。毋庸置疑，学生喜欢轻松愉快的学习方式。美国学生对外籍教师的许多情绪化的反应是由于外籍教师的口音加重了他们的认知负荷。因此，恰当地运用多媒体，就可以降低学生的认知负荷，同时增加学生的信息获取量，使学习变得更轻松愉快。

一项关于美国大学生的学习风格的调查显示，近半数的美国学生属于视觉学习者。这对于一个外国教师意味着什么呢？意味着你可以借助很多办法促进学生的学习，特别是对于一个有外国口音的教师来说，运用多媒体的优势对于口语上的劣势的弥补作用简直不可估量。我读书期间目睹了一个奇迹：我的韩国同学银珠，是三个孩子的妈妈，她和我一起入学，用四年的时间读完博士课程并通过论文答辩，毕业后在美国南方一所大学找到了教职。我之所以称她为奇迹，是因为银珠入学时口语表达能力并不强，课堂讨论时，讲话似乎总是很吃力。然而，一次教学技术课上小组报

---

① 南国农. 教育传播学［M］. 北京：高等教育出版社，1995：235.

告时，银珠的小组报告是关于教学技术发展史，出人意料的是，她居然搬来了一部早期的放映机！现在，那次课上的其他报告我几乎记不得了，但银珠的实物演示却给我留下深刻印象。由于长于思考，精于设计，善于运用媒体辅助教学，银珠能够扬长避短，博士一毕业就走上了美国大学讲台。中国的学校重理论、轻实践；重观点、轻材料；重说教、轻见闻；多数教师习惯于口头语言传授的教学方式，而美国学生喜欢见闻、喜欢动手。因此，外籍教师可以像银珠那样扬长避短，从而适应美国学生多样化的学习风格。

运用多媒体成功地进行跨文化教学的另一案例来自伊利诺伊州立大学生物系主任章厚德（Tak Cheung）。我与 Tak 是在学校教工举办的暑期教学研讨会上认识的。当我谈到在跨文化情境中如何建立教师信誉的问题时，Tak 非常感兴趣。身为华裔，他在多年的教学生涯中致力于探索对美国本科生有效的教学方法，并在生物学通识课的改革中获得了极大的成功。通过对两届他所教的生物学通识课（简称 BSC101）学生的访谈及一学期的观察，我发现他的成功部分来自于多媒体的有效运用。下面，我们看看他是如何运用多媒体提高教学效果的①。

首先，运用课前网播巧设悬念，激发学生的学习动机。网上广播（Podcast）作为网络时代分享知识的一种新的途径，为扩大教师的教育影响、促进学生学习提供了新的工具。自 2007 年起，BSC101 任课教师录制了引导每周教学内容的系列"播件"。要求学生在每周上课前收听大约 10 分钟的在线广播。播件的内容不是下次课内容的简单预告，而是以一种引人入胜的方式讲述生活中一些令人着迷的现象，当情节进入高潮时，随后是一系列提问，而这些问题必须从即将学习的生物学的概念和原理中寻找答案。播件使学生们每次都带着极大的悬念走进课堂，有效地提高了学生的学习动机，诱发了学生课堂的专注行为，也相应增加了学生课内外学习时间的投入。查克灵和加莫森（Chickering & Gamson）通过对有效教学的

---

① 王维荣，章厚德，Ann Betendoff. 美国通识教育的改革与行动——以伊利诺伊州立大学为例［J］. 比较教育研究，2011，6.

研究总结出这样的公式：学习＝时间＋精力①。有效教学的研究表明，增加学生学习时间的投入意味着学生的学习质量的提高。

其次，通过视觉学习满足学生多种需求。通过讲授中插播精彩视频，将生物学概念和原理的学习镶嵌在包罗万象的真实问题情境中。采用视频教学不仅有助于学生透彻地掌握概念，而且也改变了学习的性质。传统教学往往过分强调学习是一种认知活动，而忽略了与之形影相随的情感和意志因素。人本主义学习理论强调，意义学习不是孤立的认知活动，学生的认知过程中伴随着丰富的情感生活。生物学通识课做到了知情合一、探究和体验并茂。因此，课堂上学生们不再是被动听讲，而是在妙趣横生的观察、思考、探究和欣赏中感受生物学的魅力。此外，插播视频也满足了不同学习风格的学生的需求。传统的大班授课，只利于少数听觉学习者。道伯逊（Dobson）对大学生的研究发现，在听觉、视觉、动觉和读写四种学习风格中，视觉学习者占全体调查对象的46%~49%。② 采用视频教学，增加了信息传输渠道，可满足更多学生的个体需求。

其三，借助听众反应器提高教学的互动性。大班授课所造成的师生间的疏离感是影响教学效果的一大障碍。BSC101采用了学生个体反应系统（又称"听众反应器"，ARD），每个学生都持有一个类似于遥控器大小的反应器（Clicker）。通过调频设置，教室里所有学生都可以通过类似于使用遥控器的方法对教师的提问、测验、问卷调查等做出反应，并可以即刻将结果用统计分析图形呈现出来。反应器的运用，增进了师生间的互动，提高了学生的参与水平，从而促进了学习共同体的形成。同时，由于反馈及时，使教师的教学更有针对性，有利于教和学更好地呼应。

四、运用体验学习培养多种智慧

美国对新教师的研究表明，师范生入职后最初几年所采用的教学方法，往往不是在大学的教育学课程里学到的方法，而是当年教师课堂上所

---

① Chickering A, Gamson Z. Seven principles of good practice in undergraduate education ［J］. AAHE Bulletin, 1987 (39)：3 – 7.

② Dobson J. Learning Style Preferences and Course Performance in an Undergraduate Physiology Class ［J］. Advances in Physiology Education, 2009, 33 (4)：308 – 314.

采用的方法。这一点对于跨文化教师尤其具有反思意义。长期以来中国以讲授为主的传统，使在中国完成本科教育以上的人即使在走上大学讲台之后也比较容易依赖讲授法。孔子有句话，虽出自中国，却在美国开花结果了：闻之不如见之；见之不如行之。美国从杜威时代起，就确立了从做中学、以学生为中心的教学理念。因此，跨文化教师必须体察多数美国学生更偏爱活动中心的教学方式。记得 1997 年我在美国印第安纳州州立大学访学期间做过一个参与性的观察：在多媒体技术课上，教师给学生布置的学期作业就是运用多媒体技术，以多元文化为主题制作一个光盘。学生形成不同的文化主题小组：中国文化小组、德国文化小组、马来西亚文化小组等。每组都有来自该族裔的成员。各小组要通过某种情境反映该文化的特点。记得中国文化组的活动是表现在中国召开学术会的会议接待中的场景。小组成员有的负责写剧本，有的负责布置现场，有的负责录像，有的负责剪辑、合成、效果。记得其中一个表现中国文化价值观"礼"的场景，是接待人员给参会者倒茶并双手递给参会者。然后，录像后面的文化知识作业有这样的提问："参会者应如何接下这杯茶水？"一学期下来，学生不仅增长了关于各种文化的知识，还综合运用了多媒体教学技术方面的专业知识。在这项小组作业中小组成员能力互补，言语智慧、视觉空间智慧、身体运用智慧、人际关系智慧、对于本文化的内省智慧等都得到了运用和表现，学生真正成为了学习的主人。

第五节　教学监测反馈策略

一、听懂不只是听见

理解不仅需要语言本身的知识，还需要沟通者之间有共同的背景。双方的共同背景越多，沟通就越容易。另外，不同的语言风格也是造成潜在沟通障碍的原因。由于上述两方面的原因，我在美国教学的第一学期就发现，教学中我面临的最大挑战不是内容上的，也不是表达上的，而是理解学生语言的困难。换句话说，学生采用的是一种非正式的沟通风格，而教师采用的是一种正式的沟通风格。所以有时你听见学生的提问，但却没有真正了解他的问题所在。如果你不太确定学生的困惑所在，最好不要急于回答问题，而是先澄清学生的问题。你可以采取以下几种澄清策略：让学生重述一遍问题，或让学生换一种方式表达他的问题，或用你的语言确认一下学生的问题，避免答非所问。也许这一澄清问题的过程显得比较麻烦，但是比起答非所问效果要好得多。

二、以学生熟悉的文化风格回应

在了解学生真正的意图后，采用学生习惯的方式去解答学生的问题。中美语篇分析对比研究表明，中国的沟通方式是迂回式的，即先做充分的铺垫，把重要的结论放在最后；而美国人的思维是直线式的，喜欢开门见山，把最重要的信息放在说话或文章的开始部分。基于两种不同思维方式对学生问题的解答可能影响到学生对教师果断性的判断。有研究表明，美国学生更偏爱果断性、回应性强的教师，采取中国式的迂回式的应答策略可能会使美国学生产生挫折感，因为他们习惯于更为直截了当的回答。所以，比较理想的是，针对学生的疑问你先提出自己的观点，然后再加以论证说明。这种先论点、后论据的回应策略，会增加学生对你回答问题的满意度，形成对教师能力更为积极的判断。

三、及时提供反馈

查克灵和加莫森（Chickering & Gamson）的大学有效教学原则表明，及时反馈是有效教学的重要原则[①]。及时反馈之所以重要，是因为延时反馈会失去教学的最佳时机。给学生提供及时的反馈，能充分利用学生的学习动机这个宝贵资源促进学生的理解，提高教学的针对性。我身边的优秀教师都非常注重给学生提供及时反馈。对于学生课后的疑问，有些教师给自己制定了 24 小时规则，即承诺学生自己在 24 小时内回复学生的电子邮件，并向学生宣布这一规则以便得到学生的监督。反馈及时最能体现教师行为的一致性，也最容易赢得学生的信任。

教师应鼓励学生随时提问，并充分运用利用每周规定的答疑时间（office hours）鼓励学生当面提问、个别咨询。事实上，美国学生对教师

---

① Chickering A, Gamson Z. Seven principles of good practice in undergraduate education ［M］. AAHE Bulletin, 1987（39）: 3 – 7.

的时间还是很尊重的，他们通常不会在下班以后的时间给你打电话。所以，答疑时间的利用非常重要。

四、运用数据诊断教学

美国大学每门课期末都有学生评教。通常教师收到的反馈包括你在每一项评价指标上的得分和全系教师在每一项的平均分。你可以对照全系的平均分，审视一下你在哪些项目上得到了较高的评价，在哪些项目上评价较差，从而确定自己的改进的重点和努力的方向。要根据评分结果，尝试找到成败的原因，并制定出改进的策略。比如，学生认为你的教学目标不够清晰，那么你要思考你是如何呈现教学目标的，你还可以采取哪些方式使你的学生更好地了解教学目标，其他教师是如何做到的等。

你还可以编制并实施你自己的问卷，通过问卷调查获得关于教学过程和效果的反馈信息。学生通常会给你提供不少的信息，如希望你多举例说明，希望你对作业有更具体的说明等。你的调查本身，也向学生传达了你愿意改进、愿意倾听学生们意见的开放态度。

第 *7* 章

跨文化教师的专业发展

教师是一个需要不断成长的职业，跨文化教师的专业发展，则是一个终身之旅。美国学者盖夫（Gaff）把大学教师发展定义为一个提高能力、扩展兴趣、胜任工作，从而促进大学教师专业与个人方面发展的过程①。从教师的职业素养来看，教师的专业发展意味着知识、能力和性情等方面逐步提升和完善。对于跨文化教师来说，上述三方面的提高都贯穿一个主旋律，那就是跨文化能力的提升和发展。跨文化教师个体的专业发展，既是主体在教育教学实践中解决问题的主观需要，也是形成和完善大学教师在跨文化情境中专业胜任能力的客观需要。那么什么是跨文化能力？它包括哪些基本要素？跨文化教师可以通过哪些路径去获得和提升这些能力？在跨文化能力培训方面有哪些可借鉴的方案？跨文化教师专业发展又有哪些可行的路径呢？回答这些问题对于参与跨文化教学的个体和组织都非常重要。本章将对这些问题逐一加以探讨。

---

① Gaff J G. Toward F aculty R enew al：Advances in Faculty，Institutional and Organizational Development ［M］. SanFrancisco：Jossey-Bass，1975：14.

第一节 跨文化能力及其结构

一、跨文化能力

在当今经济全球化、教育国际化的时代，尽管培养跨文化能力的重要性已成为学者们的共识，但是对于何为跨文化能力的界定却同中有异。特里安蒂斯（Triandis）将跨文化能力定义为运用关于其他文化的知识对不同文化下的行为正确翻译理解的能力。[①] 鲁奔（Ruben）认为，跨文化能力是指在不同文化背景下采取得体沟通行为的能力。[②] 鲁伯格（Ruberg）认为跨文化能力是在经历文化冲击时能很好地调整适应，有效地消除焦虑，以达到提高个人福利和满意度的能力。[③] 迪尔多夫（Deardorff）认为，在一定程度上，跨文化能力是指个体基于跨文化的知识、态度和技能采取有效和适当的行为实现沟通意图的能力。[④] 班尼特（Bennet）等认为跨文化能力是一个对于自我意识和个人成熟从低层次到高层次的学习过程。[⑤]

可见，西方学者对跨文化能力的理解涉及个体的跨文化知识的增长、跨文化意识和敏感度的提高，跨文化沟通能力、解决问题能力的增强，以及个体心理的成熟和完善。

与西方学者相比，我国学者比较倾向于使用跨文化交际能力（intercultural communication competence）等术语。美籍华裔学者陈国明教授把跨文化交际能力定义为在特定环境中进行有效得体交际行为以获得预期回

---

① Triandis H. Subjective culture and interpersonal relationships across cultures ［G］ //Loeb Adler L. Issues in Cross-cultural research. Annuals of the New York Academy of Science, 1977, 285: 418 –34.

② Ruben B. Assessing communication compentency for intercultural adaptation ［J］. Groups and Organizatonal Studies, 1976: 345.

③ Ruberg K. Cultural shock: Adjustment to new cultural environments ［J］. Practical Anthropology, 1960 (7): 177 –82.

④ Deardorff D K. The identification and assessment of intercultural competence as a student outcome of international education in the United States ［D］. North Carolina State University, 2004: 194.

⑤ Greenholtz J. Assessing cross-cultural competence in transitional education: The intercultural development inventory ［J］. Higher Education in Europe, 2000, 25 (3): 411 –416.

应的能力。还有学者将跨文化交际能力定义为进行成功的跨文化交际所需要的语言交际能力、非言语交际能力、语言规则和交际规则的转化能力及文化适应能力所组成的综合能力。

2006年上海跨文化交际国际研讨会上，学者们对跨文化交际能力和跨文化能力（intercultral competence）两个概念的关系进行了梳理。对跨文化研究做出卓越贡献的华裔学者陈国明和跨文化专家米伦·拉斯丁（Myron Lusting），都强调了跨文化能力与跨文化交际能力的通用性和一致性。①

二、跨文化能力的结构与要素

对于跨文化能力的结构，学者们也从不同角度进行了建构。有的学者着重于跨文化能力发展的历时性变化；另一些学者则更关注构成跨文化能力的要素及其相互关系。

（一）跨文化能力形成的两种模式

1. 班尼特 （Bennet） 的跨文化敏感性发展模型

美国俄勒冈大学跨文化研究中心主任班尼特（Bennet）采用"跨文化敏感性"这一术语来反映跨文化能力，他认为，跨文化敏感性的发展是个体内部由民族中心主义到文化相对主义的转化过程，并提出了区分不同程度的跨文化有效性的解释模型（Development Model of Intercultural Sensitivity，简称DMIS）。这一模式假定，个体的跨文化能力随着个体的文化经验的日益丰富、复杂而提升。DMIS描述了个体达到文化理解所必须经历的渐进性的六个阶段。前三个阶段是文化本位阶段（ethnocentric stage），即把本文化经验作为现实的中心，并与其他文化对立起来，认为其他文化既无内容也无意义。后三个阶段为文化相对主义阶段（ethnorel-ative stage），即意识到有多种合理的世界观并存，本文化只是其中之一。②

——————————

① 庄恩平. 跨文化能力：我国21世纪人才必备的能力［J］. 外语界，2006（5）：80.

② Greenholtz J. Assessing cross-cultural competence in transitional education：The intercultural de-velopment inventory［J］. Higher Education in Europe，2000，25（3）：411–416.

文化本位阶段可以理解为个体试图在不同文化中捍卫自己的文化，无视或贬低其他文化，或者否认其他文化的存在。而文化相对主义阶段，则表现为承认不同文化之间存在着巨大差异，承认其他文化同样是反映现实的有效方式，并使个体适应这些差异，最终将文化差异整合为个体的同一性。那么文化本位阶段和文化相对主义阶段有哪些不同程度的表现呢？

文化本位阶段包括：

——否认：否认或没意识到其他文化的存在，或者由于接触时的心理和物理障碍而对其否定；

——防御：虽然承认文化差异的存在，但是将其他文化贬低为劣等文化；

——轻视：把本文化视为放之四海而皆准的文化，将不同文化之间那些显而易见的差异解释为形式上的、表面上的差异。

文化相对主义阶段：

——接纳：接纳其他文化，承认文化是复杂的、是现实的不同表征；

——顺应：个体对文化差异充分适应，并能得心应手地采取不同观点；

——整合：个体自我经验得以扩展，融汇了其他文化对世界的看法。

DMIS 模式认为，跨文化能力的形成并非一蹴而就，要遵循一个由低到高的序列。要想形成跨文化能力，必须有主观意愿，必须付出自觉的、艰苦的努力。这一模式为许多跨文化培训提供了框架。

2. 迪尔多夫（Deardorff）跨文化能力的金字塔模型

迪尔多夫（Deardorff）认为，所谓跨文化能力，是指个体在跨文化态度、跨文化知识与理解、跨文化技能的基础上形成的在跨文化情境中有效、得体互动的能力。通过对 24 所致力于国际教育的美国各类高等学校的教育行政人员以及 23 位跨文化领域的专家的调查，迪尔多夫（Deardorff）提出了构成跨文化能力要素的金字塔模型。[①]

---

① Darla K. Deardorff Identification and Assessment of Intercultural Competence as a Student Outcome of Internationalization［J］. Journal of Studies in International Education，2006，10（3）：241－266.

金字塔的底座是态度。态度包括三个要素：（1）尊重（尊重其他文化及多元文化）；（2）开放（对跨文化学习及其他文化的人不加评判）；（3）对其他文化怀有好奇心并发现探索（容忍模糊和不确定性）。

金字塔的第二层包括两个平行的模块：跨文化知识与理解、跨文化技能。知识与理解是指具有关于文化的自我意识，并形成关于特定文化的知识。例如了解另一文化中关于性别角色的看法，掌握关于对方的语言知识。技能包括倾听、观察、解读的能力；分析、评价、建立联系的技能。跨文化技能要求个体能够进行批判性的自我内省和反思，并实现跨文化沟通。

金字塔的最上层是内部和外部预期结果。内部预期结果通常表现为个体参照系的变化，对不同的沟通风格及行为的适应性的提高，对新的文化环境的调适，采取文化相对主义的观点，能与他文化的个体共情。外部预期结果表现为个体在跨文化情境和跨文化沟通中能采取有效、得体的行为，并在一定程度上达成个人目标。

（二）跨文化教师必备的能力要素

1. 态度

一些学者指出，在个体的跨文化能力形成过程中，态度是关键。[1] 态度可以包括以下几个方面：[2] 首先，对不同文化的尊重是形成跨文化态度中最为基本的方面。准备从事跨文化教学的教师，应学会尊重不同文化，对文化差异抱以开放的态度，并以积极的眼光看待异文化。其次，对异文化抱有好奇心。因为好奇心是推动个体学习跨文化知识、丰富跨文化经验的动力。对异文化满怀热情并充满好奇有助于跨文化教师形成通世见识，有助于增进个体对其他文化的成员的理解，提高其应付不确定性及控制紧张的能力。再次，推迟假定和判断。对其他文化不急于评判，对观察到的

---

[1] Gopal A. Internationalization of higher education: Preparing faculty to teach cross-culturally [J]. International Journal of Teaching and Learning in Higher Education, 2011, 23 (3): 373–381.

[2] Darla K. Deardorff Identification and Assessment of Intercultural Competence as a Student Outcome of Internationalization [J]. Journal of Studies in International Education, 2006, 10 (3): 241–266.

事实保持开放的态度。最后，要有意识克服民族中心主义。所谓民族中心主义，即认为本文化优于其他文化的观点。这种观点妨碍个体向其他文化的成员学习、交流，并导致误解。民族中心主义将其他文化视为另类，使那些来自不同文化的人感到人的尊严受到削弱，从而导致分化隔阂，因此在异国教学的教师需要审视自身的民族中心主义，并努力加以克服。

2. 知识与理解

知识与理解是形成跨文化能力动态过程中的第二个核心要素。准备赴异国教学的教师，有必要检验一下对本文化的自我意识，形成特定的文化知识，并理解其语言及其作用，以及本文化对于形成我们个体身份、行为取向、价值观念、思维方式的作用。① 文化的自我意识是跨文化能力的基础，因为它使我们把自己理解为文化的存在物，并且易于承认、尊重其他文化并应对文化的挑战。

跨文化理解离不开语言，但语言的意义又不限于它本身。语言是文化知识分享与展现的主要手段之一。语言不仅是传递思想的工具，而且还影响个体思想与思维过程。语言所传递的不只是词句及其运用的方式，它还携带着特定的文化假定。例如，直接和间接沟通的运用反映了语言与文化的交织作用，伴随着语言的体态语言等对于跨文化能力的意义都不可忽视。

3. 技能

技能是形成跨文化能力构成的第三个核心要素。跨文化教师至少需要以下三方面技能：自我反思技能、人际沟通技能和跨文化教学技能。

（1）自我反思技能

跨文化技能的核心是自我反思技能。自我反思技能是指通过体察、理解、意义建构而实现学习经验的转化并在此基础上采取行动。② 反思的对

---

① Darla K. Deardorff Identification and Assessment of Intercultural Competence as a Student Outcome of Internationalization [J]. Journal of Studies in International Education, 2006, 10 (3): 241 – 266.

② Smith K. Transitional teaching experiences: An under-explored teritory for transformative professional development [J]. Intercultural Journal for Academic Development. 2010, 14 (2): 114.

象可以包括以下三个层次：对内容的反思（知识），对过程的反思（理解）和对前提的反思（假定）。① 关于内容的反思是围绕着角色和关系分析存在的问题。例如，教师在课堂里是什么角色：是知识的传授者还是启发引导者？来自某一群体的学生为什么课堂参与度不高？过程反思需要分析个体的想法是如何影响他的行动以及对特定环境的评价的。例如，作为一名对外汉语教师，课堂上纠正学生的发音错误在本文化中是教师负责任的表现，而来自不同文化的留学生对此感受如何？最后是前提反思是我们为什么如此感知世界，我的做法是出于本文化的习惯，还是出于对学生文化背景和已有的学习习惯的考虑。反思使个体的经验系统保持开放，使个体的观念和行为得以转化。具有反思能力的教师在面临跨文化教学的挑战时，才能保持良好的教学效能感，才能在改变主观世界的同时进而达到有效影响学生、促进学生多方面发展的目的。

（2）人际沟通技能

在不同文化之中成功地扮演自己的角色需要良好的人际沟通技能，与新的环境保持平衡、提高自身的幸福感也需要良好的人际沟通技能。瀚尼根（Hannigan）指出，沟通技能包括能够进行有意义的对话，并且成功地实现沟通意图，使误解得以消除。② 这些基本技能不仅有利于跨文化教学，而且是在当今多元国际社会所需要的重要特质。跨文化成功对话的一个优势在于它能消除隔阂，形成共同的意义，这对于在跨文化情境中探讨具有挑战性的问题大有益处。通过对话实现沟通有可能提高问题解决能力和批判性思维能力，并且扩充个体的知识基础，从而能够探索深层的假定并形成意义。

瀚尼根（Hannigan）认为，沟通技能的一个关键要素是积极倾听的技能。积极倾听需要推迟判断，关注对方说了什么以及是如何表达的；并对需要澄清的问题进行提问。跨国任教的教师在临行前应通过参加研讨班，或通过角色扮演、案例研究及其他练习训练这些技能。

---

① Smith K. Transitional teaching experiences：An under-explored teritory for transformative professional development［J］. Intercultural Journal for Academic Development. 2010，14（2）：111－122.

② Hannigan T. Traits，attitudes and skills that are related to intercultural effectiveness and their implications for cross-cultural training：A review of literature［J］. International Journal of Intercultural Relations，1990（14）：89－111.

弗莱米亚和萨利（Flammia & Sari）提出"用心"的跨文化沟通。[①]有心沟通即对于其他文化的信息采取开放的态度，避免凭借刻板印象对不同于本文化的其他文化的成员加以分类，并且尝试从其他文化的角度看待世界。这种方法可以大大降低甚至防止无意冲突的发生。

一些研究者在跨文化沟通中对于用心沟通的益处进行了透彻的讨论。用心沟通可以在我们沟通的个体中产生一种被理解、被支持和被尊重的感觉。在佛罗里达州中部大学的跨文化课上，他们把有心沟通界定为在同其他文化的人的交流中个体能尽量理解对方文化的价值观、信仰及规范并且相应调整自己的沟通风格以取得有意义的交流和双赢的效果。换句话说，一个有心的跨文化沟通者不是用自己偏好的方式，而是根据参与沟通的个体、群体或国家来调整自己的沟通风格。例如，美国学生与来自日本的留学生在开始谈话时采用日本学生比较正式的问候方式。[②]

（3）教学技能

针对不同文化教学（culturally responsive teaching）是指承认并且适应课堂文化多样性的教学。[③] 教师可以从三个方面体现教学的文化针对性：①接纳并且尊重差异；②适应不同文化的互动风格；③把教学建立在学生文化背景基础之上。

接纳并尊重学生的多样性是指教师要传达所有学生都受欢迎并且得到尊重。这对于少数民族学生尤为重要，因为他们感到边缘化。教师对学生的真心关爱非常重要。教师可以通过以下方式传达他的关爱：肯于在学生身上花时间，例如课前、课后帮助学生完成课业，讨论学生关心的问题；表示对学生生活感兴趣，如关注学生所属文化中的传统节日；让所有学生都参与课堂活动，最大限度地体现公平。

适应学生的文化互动方式，要求教师敏于体察学生的家庭与学校的互动方式的差异，并能最大限度地使教学符合学生的需要。例如，一些研究表明，

---

① Flammia M, Sari H A. Intercultural Communication from an interdisciplinary perspective ［J］. US-China Education Review, 2011, 8（3）：103－109.

② Flammia M, Sari H A. Intercultural Communication from an interdisciplinary Perspective ［J］. US-China Education Review, 2011, 8（1）：103－109.

③ Kauchak D, Eggen P. Introduction to Teaching：Becoming a Professional ［M］. NJ：Pearson Merrill Prentice Hall, 2005：89－91.

白人与非洲裔美国学生的互动方式不同，后者喜欢教师采用更为直接的指令。例如白人学生通常对"Let's put the sicissors away now."（"现在让我们把剪子收起来吧。"）的指令能做出比较好的响应，而非洲裔美国学生则对"Put your sicissors away, now."（"现在把剪子收起来!"）的指令有更好的响应。

以学生文化为基础进行教学，是指教师了解学生的文化，并运用于促进学生自豪感和学习动机。例如，一天开始时，教室里播放来自学生文化的音乐；在课堂上讨论时，美国教师引用中国孔子关于治学的智慧："I hear and I forget；I see and I remember；I do and I understand."（听之不如见之，见之不如行之）。

第二节　教师跨文化能力的培养

一、如何提高跨文化意识

萨默瓦（Samovar）等对多元文化教学能力进行了阐述，并提出了以下五方面建议。①

第一，自我探索是对于任何准备进入多元文化课堂的教师的一条忠告，通俗地说，教师应该意识到当他们进入课堂时，其文化与之形影相随。教师开诚布公地进行自我审视有助于学生了解教师特点，教师可以给自己提出以下问题：我有哪些优势，哪些劣势？我如何以自己的优势弥补自己的劣势，我有种族或性别偏见吗？这些偏见在课堂中有哪些表现？我的种族与性别身份会影响到我的课堂教学吗？对于我本人或者对于我的学生的种族攻击我做好应对的准备了吗？为解决这一问题我应该去获取哪些新知识和新经验？

第二，跨文化教师应尽可能多地了解学生文化。教师应了解学生文化遗产中的教育结构、该文化所偏好的学习风格、使用的语言规则、非言语行为以及性别角色期待等。尽管了解这些知识给教师增添了负担，但这些知识有助于增进对学生的理解并促进课堂学习。

第三，对学生的文化适应水平的评估有助于教师了解学生在多大程度

---

① Samovar L, Porter R, Stefani L. Communication between Cultures［M］. 北京：外语学习与研究出版社，2000：217.

上融入自身文化和盎格鲁—美国文化。教师可以借助一系列测量手段，如墨西哥裔美国人适应性量表；亚裔美国人自我认同文化适应性量表，教师还可以通过日常观察来确定学生文化适应的水平——他们与谁交往，偏爱哪种语言，他们自我认同感如何，他们怎样着装，他们对民族节日的反应如何，诸如此类；教师还可以通过和学生谈话以及与了解学生背景的其他同事交流来判断学生的文化适应水平。

第四，教师可以与学生保持开放式的对话。教师和学生可以讨论协商学习风格，沟通模式及期待。力图在学科内容与学生喜欢的学习方法之间建立联系。通过师生对话，学生的声音应自始至终地得到尊重，这样，师生可以取得共识并形成共同的沟通规则。

第五，具有跨文化能力的教师的最大的特点是具有移情能力。有移情能力的教师应能够推断学生的感受和需要。他必须能够想象努力适应不同的、陌生的环境、语言、行为的课堂是什么感受。并且，教师必须运用其对于学生文化的了解，并基于对学生文化适应水平的判断采用文化上得体的方式对学生的需要做出回应。如果教师对来自不同文化的学生能感同身受，并在行动上做出积极的回应，对学生也会起到良好的示范作用，使其学会宽容和跨文化移情。

二、如何培养跨文化移情能力

（一）体验种族歧视

跨文化情感的培养离不开体验学习。美国爱荷华州（Iowa State）一名在白人居住区的小学三年级的老师对于如何让孩子们理解种族歧视的后果设计了一个大胆的体验学习单元："一个被分裂的班级（A Class Divided）"。这一课程受到美国斯坦福大学研究者的关注并被美国公共电视台（PBS）新闻播报，成为一个教育上的经典案例。[①]

1968 年，在马丁·路德金遇害的第二天，小学三年级的艾略特老师为该如何能让小学三年级学生理解种族歧视及其后果而感到困惑。后来，她进行了一项大胆的尝试：通过歧视模拟，让学生体验并形成反对种族歧

---

① http：//www. pbs. org/wgbh/pages/frontline/shows/divided/（1985 e d）．

视的态度。这种以培养移情能力为目标的教学设计在两天里实施。

第一天，教师向学生宣布，蓝眼睛的同学比棕色眼睛的同学更聪明，鉴于老师眼睛是蓝色的，所以今天蓝眼睛的同学应当受到优待。为了从远处就能看到眼睛的颜色，教师还要求棕色眼睛的同学脖子上带上深色带子。接下来，老师宣布对蓝眼睛的同学的若干优待：例如，可以多五分钟的课间休息；中午吃饭优先，并且可以再取第二次；可以使用户外游戏的设备等。棕色眼睛的同学则不许和蓝眼睛的同学一起玩，不能使用户外操场上的活动设备，不能使用走廊里的饮水机，只能用纸杯喝水。所有棕色眼睛的同学陷入困惑和沮丧之中，他们的眼中充满困惑，甚至愤怒。

第二天上午，老师宣布了一个新的规则。老师说：我昨天对你们说的不是真的，事实上棕色眼睛的同学要比蓝眼睛的同学更聪明。看到那位蓝眼睛的同学没有？教师指着一位把纸杯扔进垃圾箱的男孩子说：蓝眼睛的同学就是爱浪费。接着规则反转，老师把先前适用于棕色眼睛同学的歧视性规定都转用在了蓝眼睛同学身上。棕色眼睛的同学如释重负，而蓝眼睛的同学如同从天上掉到了地上，自卑、沮丧、愤怒的情绪在蓝眼睛同学中间涌动着，甚至课间还有同学因为被对方叫"蓝眼睛"而发生肢体冲突。第二天下午，老师询问学生，叫"蓝眼睛"有什么不好？这个男孩子回答说，那是骂人，就等于说你是黑人。第二天下午，教师先对两种颜色眼睛的学生进行了组内谈话，又进行了全班性的谈话，询问他们被列为劣势群体时感受如何，他们的完成作业的时间为什么会在两天中表现大不相同等。学生说，当被贴了标签后，觉得自己很笨，不能正常思考。

接着，老师宣布取缔不公平的待遇，全班同学围坐在老师周围，重新凝聚起来。孩子们感受到了遭到歧视的切肤之痛，体验到了消除隔阂之后的欢乐。老师因势利导，问他们，以后你们看到街上走来的黑人，你们还会取笑人家的长相吗？我们能够用根据人的肤色论断人的好坏吗？学生们高声回答："不会！"虽然这个结论来之不易，但孩子们终于学会了对种族歧视说"不"。

（二）两种模拟活动

运用跨文化模拟是一种促进对其他文化及本文化的意识与理解的教学策略。所谓模拟游戏，是为获得信息、澄清价值、理解其他文化，或形成技能而再现现实的某些方面的一种技术。通过运用体语与情感学习的方式，参与者从做、感受、分析、反思中学习。模拟的程序及实施通常是预先规定的，参与者则根据自己的个性和背景做出动作与反应。

模拟游戏需要教师认真准备，他必须彻底理解这个过程。所有的模拟都有一个说明会，这是开展学习所必需的。活动后的点评和讨论至关重要，这样才可以避免误解，澄清特定的要点和概念。以下我们介绍两种用于培养学生移情能力的跨文化模拟模式："BaFaBaFa"模式和"The Albatross"模式。

1. "BaFaBaFa"模式[①]

"BaFaBaFa"模式最初是美国海军开发的，后来被用于无数的企业培训、学校及教师培训中。这一套活动材料包括手册、录像带，以及操控的材料。这些活动材料对于这项模拟活动非常重要，这一游戏可以由不同的教师多次运用。

这一模拟需要两个助手和两间比较靠近的屋子，一段2—3小时的整块时间。这项模拟特别适用于人类学、心理学、外语，语言文学、社会科学。游戏要求将参与者分为"A族"和"B族"两种文化，他们分别进入两个房间里，然后创造让他们在虚拟文化中相遇的机会。通常多数学生在15分钟内很快地接受了新的文化并且变成了A族人或B族人。A族人可以描绘为要以人为中心，有更多的人际关系，采取了一种等级制度。B族人主要以商人为主，不太注重人际关系，性别差异不大。

在文化适应阶段，一些参与者被选出去访问另一文化并且回到本文化时要报告。这种互换在整个练习中多次进行，毫无例外，访问者会对另一文化产生知觉错误或对异族的行动和价值观产生误解，参与者会出现惊人的变化并及时迅速采取"我们对他们"的思维模式。这部分活动持续45—60分钟。

在总结会上，学生们在一个房间里集合，教师作为帮助者引导参与者讨论他们访问另一文化时的感受，另一文化中尊崇什么样的价值，有哪些典型的行为。总结阶段需要60—75分钟，当然，也可以根据目的和时间

---

① Cruz B, Patterson J M. Cross-cultural assimilations in teacher education：Developing empathy and understanding［J］. Multicultural Perspectives, 2005, 7（2）：44 – 45.

表而定。

由于这项模拟活动的参与性会使参与者感情非常投入。学生们通常会对他们访问其他国家，包括美国的其他地区的经验进行反思。这种换位思考，使学生从其他文化的角度去审视本文化的能力得到了提高。他们中的许多人经历的那种"不适"，有助于引发关于少数民族学生在课堂里感受的讨论。

这项模拟需要精心准备，而且消耗一定的人力，偶尔也会有学生拒绝参与。但是，这是一种非常有效的方法。它再现现实，也会给学生的意识、情感带来巨大冲击，教师要帮助学生消化这些后果。模拟应与现实生活联系起来，使参与者反思他们的文化实践与价值观念。

2. "The Albatross" 模拟游戏①

另一项跨文化模拟游戏是"The Albatross"。活动的帮助者需要预先准备一只碗、一些能喝的液体、一些食物（小饼干、零食都可以），床单及其他 Albatross 族用的布料、糖果、燃香或其他小东西。提前一周请两名学生（男女各一名）作为助手，让他们熟悉脚本。这项模拟的前半部分可以称为"聚会"，由两位经过训练的来自 Albatross 文化的人主持。理想的状态是，大家都是参与者，没有旁观者，但当人数超过 25 人时，就让其他学生以人类学家的身份作为观察者，记录所观察到的一切。这些观察可以用于后继的总结阶段。这样，在进行阶段每个学生都扮演一个积极的角色。这种文化的接触包括问候、分享食物和饮料、推选贵宾和道别。模拟的第一部分需要 15～20 分钟。下半段活动是大约 45 分钟的汇报阶段。当然，这阶段也可以根据讨论召集人想要强调的概念而定，例如可以强调跨文化沟通、文化相对主义、文化刻板印象等观念。这种模拟后的交流对于理解所发生的现象并看到自己的成见至关重要。

汇报分为三个阶段：参与者描述看到了什么；然后提供对其所观察到的现象的解释；然后介绍 Albatross 文化的真实性质。往往学生会发现，客观地报告所观察的事情并不容易。尽管已经告知他们先不做评价，等到

---

① Cruz B, Patterson J M. Cross-cultural assimulations in teacher education: Developing empathy and understanding [J]. Multicultural Perspectives, 2005, 7 (2): 43.

汇报的第二阶段再进行，通常许多学生马上开始对 Albatross 文化进行推断。第二阶段，当问及参与者事件发生的顺序时，学生们通常在没有帮助和提示的情况下能再现事情发生的正确的顺序——尽管那些事件刚刚发生在 15～20 分钟前。这些观察使学生们认识到：人类似乎无法推迟判断，无法免于记忆中的错误。在汇报的第二阶段，参与者可以将 Albatross 文化的性质及文化价值观念联系起来，通常多数学生不同程度上会对该文化的手势和姿态做出消极评价，并且总体上不认同这一文化。这一模拟的最大影响力是使参与者看到在多大程度上我们以自己的观念和价值观去衡量他人。

模拟的最后阶段，学生被告知 Albatross 文化的实质。不可避免，学生们发现他们对于这一文化的假定是多么错误，并且意识到他们是基于自己的文化的假设得出的这些结论。最后让学生设想一个来自另一文化中的学生在美国文化中会是怎样的感受，并鼓励学生去思考那些使用不同语言和来自不同文化的少数民族学生在典型的美国课堂上感受如何，这些学生不能有效地用"标准"英语沟通会使他们感到多么困难、尴尬和孤单。

在上述讨论的基础上，要求学生们写日记，写下即刻的反思，几天之后再度反思。通常，模拟的结果是学生报告其文化敏感有所提高，并且对自身更加了解，对多元文化的理解加深。

三、提供参与跨文化服务的机会

一些学者指出，跨文化伙伴关系是教师教育中采用的一项有效策略。师范生与来自不同文化的少数民族学生结伴，增加了本国师范生的跨文化理解与跨文化敏感。[①] 威尔逊（Wilson）发现跨文化对话伙伴活动可以提高师范生的跨文化能力。同伴教学也被认为是师范生可以利用的学习机会。[②]

一些从事师范教育的教师呼吁学生应获得校外和国际经验。格兰特

---

① Smolkin L B, Suina J H. Rural reservation/Urban cross-cultural teacher preparation program for American Indian and Non-Indian teacher trainees [J]. 1994.

② Wilson A H. Conversational partners: helping students gain a global perspective through cross-cultural experiences [J]. Theory into Practice, 1993, 32 (1): 21－26.

（Grant）指出，师范生在实习期间采用"完全沉浸"的方式生活在另一种文化中，比在一个多元化的课堂里教学收获更大。① 麦里菲尔德（Merrifield）主张教师教育专业需要学生到美国以外的环境去学习和工作，从而增加跨文化经验。② 具有跨文化能力的教育者能够与来自其他文化的人轻松互动，在跨文化情境中应对自如。尽管上述谈到的种种策略都是培养师范生跨文化能力的有效工具，要想有效地培养跨文化移情、理解、欣赏能力，师范生需要动手，进行经验性学习。教师教育工作者可以借助于一种耗资低、行之有效的办法培养跨文化意识与宽容精神。

跨文化教学实践对于提高跨文化的敏感意识和移情能力的作用不可低估。2006年，我在参加伊利诺伊州外语教育暨双语教育年会期间，见证了这一群体的思想感情的变化。会议期间一些与会者争相传递在一份请愿书，并在请愿书上签名。原来参会的教师们听说本州的议员要到华盛顿去开会，所以准备委托这位议员到华盛顿去请愿：为那些在美国勤恳工作五年但没有身份的外国人请求准予他们永久居留身份。请愿的教师们之所以对美国移民政策如此关心，是因为他们不想看到自己的学生因随父母被强行地赶出这个国家。显然，这些从事第二语言教学、与外国孩子密切接触的教师群体对移民命运的关注超过了普通美国公众。

第三节　国内外跨文化能力培训案例

一、英美多元文化教育的三种模式

由于20世纪60年代民权运动的推动，美国从70年代起对多元文化问题的关注开始升温，1977年，美国全美教师教育鉴定委员会全面调整了师范教育的目标，将多元文化教育纳入教师教育目标，使其成为师范教育的有机组成部分。③ 多元文化教育已成为美国教育领域，特别是教师教

① Grant C A. Best practice in teacher preparation for urban schools: Lessons from the multicultural teacher education literature [J]. Action in Teacher Education. 1994, 16 (3): 1 - 18.

② Merrifield. Institutionalizing cross-cultural experiences and international expertise in teacher education [J]. Journal of Teacher Education, 1995, 41 (1): 19 - 27.

③ 王新俊，姜峰. 美国教师的多元文化教育 [J]. 中国民族教育，2010 (1): 41.

育领域的关注点。美国多数教师教育培养方案中，都包含多元文化教育、多元文化论、多元民主意识等内容。20 世纪 80 年代以后，随着多元文化社会对教师教学能力要求的不断提高，教师多元文化知识与能力的培养课程进入了许多国家教师教育专业培养方案。孟丽凡、于海波将目前英美国家培养多元文化背景下教师教学能力的多元文化教育归纳为以下三种模式：单独学程模式、整合模式、三阶段模式。①

单独学程模式，是在现有教师教育课程的基础上开设相应的多元文化课程，以增进教师多元文化知识与能力，诸如多元文化教育（multicultural education）、多元文化论（multiculturalism）等。这类课程的目标在于帮助教师正确认识多元文化的理念并形成相应的教学策略。

整合模式是指不改变现行教师教育的课程框架，只是在现有课程内容上注入多元文化的要素，将多元文化相关的材料、经验进行整合，融入相关知识的学习中，从而使教师形成能从不同族群的视角看待事物，掌握多元文化背景下教育要求的教学策略和方法。例如，在"中等教育问题"这门课中，专设章节讨论多元文化问题，并在实践观察环节中专门设置多元文化的主题。

三阶段模式是贝克（Baker）在总结有关多元文化背景下培训研究的基础上提出的。② 三阶段即：学习、发展和参与。第一阶段是学习，主要是通过基础学科的学习形成多元文化的意识；第二阶段是发展，即在知识学习的基础上形成多元文化的教学观点，能从不同族群的观点看待事物；第三阶段是参与，即实践阶段，通过教学见习、实习等环节接触来自不同文化的学生，使学生形成符合多元文化背景下教育要求的教学策略、技巧。

二、美国伊州教师的跨文化培训案例

为了帮助教师适应学生群体的多样性，美国伊利诺伊州教育委员会教

① 孟丽凡，于海波. 国外多元文化背景下教师教学能力培养的探索及启示［J］. 高等教育研究，2008（2）：42.
② 孟丽凡，于海波. 国外多元文化背景下教师教学能力培养的探索及启示［J］. 高等教育研究，2008（2）：40－44.

育平等服务处于 1995 年编写了一本教师手册《形成跨文化能力》。手册围绕着跨文化知识、态度和能力三个方面，分为 10 个专题：①关于文化的理论；②文化的描述；③多元文化教育；④教育公平；⑤教师的自我意识；⑥对文化差异的回应；⑦教师期待；⑧多元文化与趋同；⑨跨文化沟通；⑩教学策略。手册最后在总结部分提出了以下关于形成教师跨文化能力的 10 条建议。其中，前 4 条建议是关于跨文化知识的获得；第 5—8 条是关于跨文化态度的形成；第 9—10 条是关于跨文化技能掌握。① 下面，我们分别从跨文化知识、态度、技能三个方面对其进行归纳。

（一）跨文化知识与理解的形成

1. 了解人类学、 社会学以及相关学科的基本概念， 并运用这些知识建构组织和解释文化信息的框架

对于跨文化教师来说，形成关于文化的知识与理解是一个终身之旅，它需要以正式学习和直接经验为基础。知识就是力量，教师必须透彻地把握某些社会科学的基本概念才能应对扑面而来的大量的信息。教师可以从了解文化的概念入手，理解所谓文化包括语言、技术、信仰、价值观念、行为规范等诸多方面。鉴于每个社会群体，都有自己特定的沟通方式，在特定的情境中来自不同文化的双方难以决定如何行事，难以有效地解释和预期对方的行为，因此来自不同文化的成员在相互作用时会产生不确定性和模糊性。了解文化的维度，会使我们对文化差异保持必要的敏感。

2. 从认识自己的族群文化扩展到研究你所在的学校和社区的族群文化及其历史

文化是动态的。文化随时间而变化，并且随着与其他群体的接触而发生变化。你可能会发现你所熟悉的文化群体有别于公开出版的研究文献中对该族群的描述。这些文献可以作为了解一种文化的起点，但必须以自然观察法以及对当地历史的研究作为补充。学校可以将收集到的信

---

① Illinois Board of Education，Educational Equity Services. Building Cross-Cutural Cmpetence：A Handbook for Teachers ［M］. 1995.

息纳入地方课程，让学生参与记录口述的历史，对家族的朋友及其他社区的成员进行访谈，撰写围绕着某一问题的自述等活动，不仅可以促进学生的语言艺术、社会科的学习，还可以提供学校社区的成年人所不知的宝贵的见解。

开展民族志的研究是教师获得文化知识的重要途径。一些研究者建议，在校内开展民族志的研究可以采取以下五种方式对学生行为观察和记录[①]：

- 言语沟通风格；
- 非言语沟通风格；
- 适应方式（体态、身体的节奏、时间倾向、注意的方式）；
- 社会价值方式（社会交往方式，欲望，回避）；
- 智力活动的方式（喜欢的学习情境与方法的偏好）。

校外的民族志研究可以从民俗的分类入手搜集资料，一些研究者提供了关于民俗分类的框架。[②] 例如，了解家庭结构与组织、儿童取名和教养方式、年龄与性别的关系，对教育、工作、财富、地位及权力的态度等都为我们理解群族文化提供了视角。然而，正确地使用这些分类的信息比收集和组织信息更为重要。值得注意的是，我们往往倾向于对文化群体的特点进行概括，但是要使这些概括能用于解释或预测行为，还必须经过若干检验。

（1）三角印证

关于文化的推论必须建立在不止一个来源的可靠的经验证据基础之上；这些证据既源于该文化群体内部，也来自于群体外部。

（2）情境的整体性

离开情境的对于群体及个体性格的推测没有实际意义，也未必有效。文化推论所适用的特定的情境（包括时间、空间、交谈者的年龄、性别、地位身份因素）越具体，这种推论就越有效。

---

① Longstreet W. Aspects of ethnicity：Understanding Differences in Pluralistic classrooms ［M］. New York，Teachers College Press，1978.

② Fisher D H. Albions's Seed：Four British Folkways in America ［M］. New York：Oxford University Press，1989.

（3）个体行为的多因性

文化因素并非是决定群体和个体行为的唯一因素，因此关于文化的推论应该视为是对该群体中的某些成员的暂定的预测，并非是所有该文化成员在特定情境中的可能的做法和想法。

3. 理解某些学校文化与家庭文化的差异可能使学生处于不利地位，教师要学会从学生现有优势出发在家校文化之间建立联系

正确地看待学生家庭与学校的文化差异非常重要。一方面我们要看到，家庭与学校文化的差异，可能给学生的学习带来某种影响（如对学生角色的期待不同，师生沟通方式的不同），另一方面，不能简单地将家校文化差异视为造成学生成绩差异的唯一原因。跨文化教师应理解来自有非主流文化的学生可能面临的挑战是他们母体文化的社会互动规则有别于学校中占统治地位的主流社会互动规则，家校文化的断裂现象不只是语言上的，还表现为以下几方面：

- 非言语沟通的规则；
- 沟通礼仪，包括开始谈话、话语轮换、结束谈话；
- 建构和评价故事和其他叙事的方法；
- 如何解读并回应成年人的提问；
- 对表扬、批评及成年人行使权威的反应；
- 对考试、竞争、公开表演的态度；
- 自我坦露与自信的程度。

4. 学会评估并且弥补学校的公平问题

所谓教育公平，是指所有学生都享受平等的教育机会和在学校得到同样的待遇，并且在这些学校中所有亚群体都能体验同样的教育成功。

在教育机会平等、待遇平等、教育成就平三个方面中，待遇平等是教育平等的核心。因为教育从本质上说是一种沟通过程，师生之间互动的质量是决定学生在校学习收获的关键，因为它不仅直接影响课堂中的教育结果，而且还间接地决定学生在多大程度上在学校生涯中愿意利用可利用的教育机会。

教师可以通过以下几方面监测并促进教育公平。首先，教师可以每年

收集并审核数字信息，看看在多大程度上学校各群族的学生具有同等进入各种课程与接受服务的机会，并将这些群体的学习结果进行比较。其次，运用访谈、观察等定性研究的方法，对学校中的社会互动以及在多大程度上各群族得到平等的待遇进行评估。再次，将促进课堂里的社会互动并防止学生教育机会的自我剥夺纳入教育平等计划。

（二）跨文化态度的形成

1. 审视在多大程度上观念、思想及行为是特定文化情境中社会化的产物，积极保持对本文化的认同，但并非不加批判

文化通常被视为一种过滤器，将其成员与世界的其他部分相区别。我们所习得的行为、价值、语言决定了在无数的现象中我们选择关注哪一类现象、赋予这些现象何种意义，以及对这些现象采取的反应方式。

我们非常容易忽略语言、文化对我们的知觉、思维和行为方式的影响，忘记了我们本文化视角提供的仅仅是关于世界的局部的观点。如果我们意识不到看问题的每种方法都存在盲点，那么我们很可能陷入不加批判地按照习惯去思考和行动并且无视其他文化视角的价值。"文化中心主义"就用来描述上述态度的术语，即认为在其他文化群体身上所观察到的特质、方式、观念和价值毫无例外地比本文化更差、更蹩脚、更不合逻辑。

结构性内省是克服这种文化中心主义的有效方法。通过单独和小组情境下对个体的生活史、态度和行为问题的回答，教师可以寻求解释并通过与其他群族及本群族人交流，探寻他们属于哪一文化，他们有何信仰，他们如何获得这些信仰与价值观念。一些学者将这种过程称为"多元文化教师内省"：这种内省通常从一些简单的问题开始：

- 你出生在哪儿？
- 你属于哪一种族和族裔？
- 你在家使用哪种语言或方言？
- 你家里遵从哪些传统？
- 宗教在你成长过程中重要吗？
- 描绘一下你的居住区的情况。

然后可以转向一些需要更为深层反思与分析的问题：

- 你的背景对你的看法和理解有何影响？

- 你给"正常"下个定义。

- 孩子应该如何和成人互动？

- 你课堂上所表达的价值观在学生中反应如何？

避免极端的文化中心主义并不要求你放弃自身的文化传统，它要求你检验并尝试不同文化的信仰，从而实现自身转化。

2. 怀着兴趣、尊重及共同的人性接近其他文化，在学会从对方的文化角度去描述和解释他人的观念和行为之前，学会推迟评价

尊重文化的多样性是当代教育界最流行的主题。跨文化教师必须认识到每种文化在表达人类共同特质方面有其独特的方式，每种方式都是该文化在适应环境的过程中形成的应对自身所面临的一系列问题的独特的解决方式。如果每种文化体系都有自身应对经济与社会问题的有效的方式，那么一个多文化的社会将丰富我们的资源并提高我们的克服困难的能力。尊重其他文化还意味着我们要努力从其他文化的角度理解他们的思想和行为，使自身评判事物的标准保持开放并不断得到修正。

3. 坚信来自于各个文化的学生都具有取得学业成功的潜力

传达对学生的高期待是教育界流行的另一主题。这一主题要想落到实处，就必须将教学建立在学生现有的知识和能力基础之上。教师对学生的高期待必须体现在与学生的互动中，包括课堂活动如何分组、教室的空间布局、教师对学生的提问及回应等方面。

4. 不要让学生仅仅出于满足学校的要求而疏远本文化群体

一个多元化的民主社会的中心问题是如何在容忍群体差异与坚持最基本的全社会的共同信仰、价值观念以及行为规范之间适当地保持平衡。在确立学校的规则、标准和目标以及在上述框架下给群体与个体之多大自由度时，可以从学校的三种社会职能出发：①学校要把学生培养成为具有社会能力的合格的公民；②学生要培养学生的技术能力以满足其就业的需要；③对学生进行人格教育，保证其终身智力发展及自我实现。

（三）跨文化沟通技能

1. 改进跨文化沟通和解决冲突的技能①

在面对面的交流中，信息的传递又分四种方式。

（1）信息的语言成分

包括语言和方言、语言风格、思想的逻辑组织、词汇的选择。

（2）副语言和体态语

包括停顿、沉默和声音的变换，面部表情，目光接触与回避，身体动作、姿态，触摸及人际空间距离的调节。

（3）互动行为的宏观模式

包括参与程度、自我坦露的程度、互动风格（健谈的/安静的；直接的/间接的；支持的/质疑的；以及开始谈话、话语轮换、示意结束的方式）。

（4）沟通发生的整个情境

时间、地点、谈话对象，谈话者的年龄、性别、文化背景、身份地位、在相互作用中的角色、经验、意图和期望。

建议：

● 尽可能多地了解自己所在的学校所代表的各种文化群体的社会互动规范。

● 当介入跨文化沟通时对自己的行为以及学生的行为保持高度的意识。

● 学做积极和入神的倾听者，并给予恰当的反馈。

● 在社会互动中认真努力增加自己对模糊性、不确定性的容忍。确保当不太理解学生的回答的意义时保持专注地倾听，并且能够推断将要发生的事。

● 即使在冲突已经发生的情况下也要努力与学生、家长保持无条件的建设性的关系。

---

① Illinois Board of Education, Educational Equity Services. Building Cross-Cutural Competence: A Handbook for Teachers [M]. 1995: 23 – 24.

2. 形成满足学生不同需要的灵活多样的一系列教学方法

适应群体和个体差异，而不囿于文化刻板印象的一种方法是在整个课堂中采取多种教学方式，然后从学生的反应中得知哪些方式最为有效。例如，不能假定某一群体的成员在小组学习中比独立学习的情况下表现更好，或者当他们可以运用操作物件时可以识记更多的信息，教师应让班级的所有成员接触多种教学策略并且鉴别哪种方式对学生个体和群体最为有效。

针对文化的教学的另一策略，是强调将知识与技能的教学建立在学生已有经验的基础之上。

策略性教学是一种教学模式，在该模式中，老师需要教给学生识别不同文本的结构，监测他们在理解过程中运用的认知策略。在学习新任务之前给学生机会讨论他们已有经验，会提升他们对本文化的价值感。

支架式教学，这种方法要求学生和教师一起完成学习任务，学生尽可能多地承担任务，由教师完成其余部分。随着学习的进展，教师的帮助就会逐渐减少，学生在完成整个任务中承担越来越多的责任。一些研究者呼吁要使教学法人性化，学生的文化观点受到尊重，并且赋予他们积极参与学习的权利。

三、美国和平队海外志愿者教师培训案例

美国和平队是由美国政府发起的在海外提供技术服务，增进美国与世界其他国家相互了解的由志愿者组成的团体。该组织进行了大量的海外工作志愿者的培训，对于跨文化教学他们给受训人员提出了若干建议。① 其中以下五点对于跨文化教师培训很有启发。

（一）观察反思

跨文化能力的形成，离不开亲身观察和反思。回忆一下你的某一个外籍教师或培训人员，思考以下问题。

• 他们的穿着、体态语言、音调与本国教师有哪些不同？

---

① Peace Corps. Classroom Management Idea Book ［M］. 2008：17 – 39.

● 该教师对你的学习有哪些积极和消极影响？

● 该教师提供了某种新的视角吗？或者以一种从前未曾见过的方法呈现教材？

● 该教师所讲的内容你都能听懂吗？

● 该教师所举的例子与你的生活是否有关联？

● 该教师对学生的行为及学业标准的要求与从前的经验相似吗？

● 与该教师谈话或解释某事有困难的时候吗？为什么会产生那种困难？

● 如果有机会选择，会再次选择该教师或培训师的课吗？选择或不选择的原因是什么？

反思一位来自不同文化的教师教的经验也许会帮助自己理解自己的学生将如何感知你的行为。外籍教师可能丰富你的经验，也可能使你感到挫折，这在很大程度上取决于外籍教师对东道国文化的理解及其教学对文化差异的适应程度。

（二）审视自我

作为外籍教师，要想确保学生能从你那里获得积极的学习经验，你可以从审视你的"文化自我"开始。然后尽可能多地了解影响学校运作以及师生行为举止的东道国的价值观和假定。每当你感到意外或感到费解时，便是你开始探索另一种跨文化经验的最好契机。

跨文化理解的核心在于了解本文化与东道国文化有哪些相同和不同点。因此，想获得跨文化知识不可避免地要审视自己的文化。

文化智力（cultural intelligence）是指外籍教师成功地与东道国学生、教师同伴、行政人员及家长交流沟通所需的知识、技能和态度的总和。文化智力包括三个方面：What？Why？How？

● What，是关于文化的知识；

● Why，是对自己和他人的意识；

● How，是具体的技能。

如何获得文化智力呢？美国和平队给在海外服务的教师的建议是：首先，提高对本文化的价值观、信仰、传统、规范以及他们如何影响你的行为的意识。其次，以理解的态度观察学校的日常生活，并进行非判断性的提问。对东道国文化做暂时性的假定，通过进一步的观察来检验你的假定，并同了解该文化的人进行讨论。从自己的错误中学习，学习并使用东道国的语言。最后，要对自己的某些行为作出调整，以使你能在该文化中生存，同时保持自己的价值观念和信仰。那些业已形成文化智力的志愿者懂得文化因满足人们的需要而形成，任何文化的存在都有其合理性。对另一文化有不同反应或存疑是很自然的事，但是尊重东道国的文化信仰、价值观和传统至关重要，因为他们的文化，对他们来讲是合理的。

（三）文化咨询

除了与你的搭档及同事探讨外，你也许想找一位个人的"文化教练"。那些令人尊重并且久居国外的成功人士也许比东道国的人更关注文化差异。他们比你在东道国的同事更能对文化差异做出解释。但是要确认从旅居者那里得到的信息必须经过东道国的"文化教练"确证。

跨文化教师必须学会理解当地的文化价值观念及文化规范。文化规范往往深深植根于人的日常生活中，以至于个体对某些行为全无意识，直到这些行为在一个不同的文化情境中面临另一价值尺度、或者难以奏效时，才会被意识到。与一位文化教练探讨自己的行为在东道国文化中意味着什么，东道国文化中通常以何种行为表达类似意图将有助于增进你的跨文化知识，提高你的跨文化意识。

（四）思考—结伴—分享

思考—结伴—分享是二人小组合作学习的教学策略，也可以用于跨文化教师的培训。当我们看到一种情形时，我们往往用我们本文化来过滤和解释所发生的事情。以下为一个美国的观察者对发展中国家课堂的描述。

教师经常采用体罚抑制学生参与课堂。学生必须规规矩矩地坐在自己的座位上，只有教师提问时才可以讲话。习惯于这种情况，学生们不习惯在课堂里自由发言，然而他们的沉默不应被误读为缺乏兴趣。

思考：对于这一课堂的情况有何结论或评价？作者的文化价值观及观点是如何影响作者的结论的？

结伴：与一位读了并且思考过上述美国观察者描述的东道国教师结伴。

分享：相互分享各自的观点，讨论文化价值观和观念是如何影响课堂管理的。

（五）研究东道国的文化

学校是社会文化的缩影。他们反映了社会的文化价值并且在向年青一代传递显性和隐性文化元素方面发挥着积极的作用。跨文化专家用冰山来比喻文化中发挥作用的显性和隐性的元素。文化犹如冰山，90%是水下部分，即隐性的，那些看不见的或隐性部分是信仰、价值观念及假定——人们行为的原因。文化的显性部分即你可拍摄或观察到的部分。

文化冰山浮出水面的部分包括：学生、教师、行政人员的行为、着装、墙壁上的陈设、设备的摆放、书籍及资料的类型、学科方法、课堂活动、师生关系等。

隐藏在水平面下的部分包括与学校利益有关的各方希望把学生们培养成为什么样的人、个体如何融入社会、对人性的看法、对于宗教的看法、对个人价值的看法、工作和学习的重要性、学业成就动机、对变化的容忍度、维持面子的重要性、保持良好的仪表与尊严、沟通风格、男女性别角色、对权威的态度、关于评分及执行纪律的公正性的看法、归属感（个人或集体）、对于独立完成作业或求助于他人的看法、对于给学校官员恩惠以获得入学资格或取得好成绩的看法等。

了解东道国学校文化的六项活动。

• 追踪一个东道国的教师，比较他（她）和本国教师言行的差异。

• 价值观念与规范澄清练习，比较本文化与东道国教育价值及规范的异同。

• 访谈练习，鼓励教师或学生思考学校文化并与志愿者教师分享他们的看法。

• 比较东道国和美国父母对子女的期望，从而了解东道国的文化价值观。

● 为社区行动而进行的参与性分析（participatory analysis for community action）。

● 参加东道国的研讨会或教师会议。

（六）引发变革

在教学和课堂管理作出改变之前必须先改变自己。

首先，你要采取文化上得体的行为建立专业信誉。你可以尝试从以下方面改变自己。

● 学习东道国的语言。因为学习语言不仅能够促进交流，而且还表明你对东道国文化的尊重以及尝试理解的愿望。

● 以东道国教师为榜样，按照专业教师的角色去着装打扮。

● 初次与同事见面时举止得体。

● 遵循与学校官员交往的正确的礼仪。

其次，在采取变革之前考虑变革的文化意义。

● 探寻你不理解的行为，明确这些行为背后的信仰与价值观，学会接受东道国的文化规则。

● 尽管你可能有点不习惯，但是你需要考虑一下他们做事方式的益处。

● 花时间分析一下你要改变的事情，选择一两件关键性的，谨慎地加以变革，如课堂管理、教学方法等。

最后，变革要有循序渐进，不能操之过急，并且要征得其他教师、行政人员、家长及学生的配合和参与。

第四节　跨文化教师的专业发展路径

跨国教学已成为教师专业发展的一个有待探索的新领域、一种新经验。[1] 一些研究者指出，教学情境的变化可以导致对实践的反思以及对教学假定的修正。以批判性反思为透镜，由情境变化而产生的新经验能引发

---

[1]　Smith K. International teaching experiences: an underexplored territory for transformative professional development [J]. International Journal for Academic Development, 2009, 14 (2): 111 - 122.

专业学习，而反思的终极目的是引起变革。

近三十年来，基于对教师专业发展的内涵、过程、方式的不同理解，形成了教师专业发展的三种不同取向：一是理智取向，即强调增进理论知识与教学技能；二是实践—反思取向，即强调教师通过对自己教学实践的反思达到专业成长；三是生态取向，强调通过个体与环境的互动而达到共同成长。上述教师专业发展的三种取向，对于跨文化教师的成长都有一定的启示，并为其专业发展提供了多种路径。下面我们分别从上述三个方面出发，讨论跨文化教师专业发展与成长的三种基本路径。

一、理性取向

跨文化教师没有跨文化知识，就如同士兵没有武器装备。桑德拉·黑贝尔斯在《有效沟通》中指出，"你的文化语言知识越丰富，你的信仰与其他文化的信仰重叠越多，造成误解的可能性就越小"。[①] 关于跨文化知识的获得，他提出以下建议。

首先，通过阅读了解不同文化的价值观念、风土人情及行为习惯。

其次，与那些文化、种族背景不同的人交往，通过观察、提问，以了解他们的思想和行为。

再次，通过参与包括其他文化成员的委员会、团体和群体活动，了解不同文化的规则。

最后，通过个案研究增进多元文化知识。一些研究者指出，个案研究并与同伴对其进行讨论使未来的教师有机会去检验他们的信仰和偏见，并可能提高他们对文化冲突的敏感。

另有一些学者主张，职前教师可以运用文学作品中的案例去审视文化冲突并面对社会和学校中的多样性的问题；还可以通过有效的示范引入教师作为"文化中介人"的观念等。

二、生态取向

教师是一个需要终身成长的职业，跨文化教师更需要主动自觉地创造

---

① 桑德拉·黑贝尔斯，理查德·威沃尔二世. 有效沟通［M］. 李业昆，译. 7 版. 北京：华夏出版社，2005：65－69.

成长的机遇。环境是个体发展的源泉，这一结论不仅适用于成长发育阶段的青少年，也适用于跨文化教师的专业成长。环境可分为人际情境和制度情境。从范围来讲还可分为宏观、中观、微观环境。

宏观环境是国际、全国、各州（省）的专业组织、学术团体。中观环境可以理解为学校内的教师共同体，他们是潜在的合作和交往的对象。微观环境是指与个体日常发生密切联系的同事，例如：本系教同一门课的教师同伴。

跨文化教师个体的专业成长离不开与周围环境，特别是教师群体的积极互动，而这种互动往往从微观层面开始。与团队内部的教师建立经常性沟通对于个体的文化转型有着极为重要的意义。每门课都有特定的目标，在课程体系中都有其特定的价值和功能、传统和规范。阅读文字材料（专业指南、教学大纲）来了解一门课的目标及原理，了解其教学要求是十分必要的。但是，无论这些文字材料多么健全，都不如一个来自本文化的教师同伴的咨询那样及时、那样有针对性。因此，建立与教师同伴的伙伴关系对于跨文化教学的成功至关重要。从这种伙伴关系中受益的多少，取决于是否善于对适当的人提出适当的问题，是否善于倾听对方的建议并留心那些有别于本文化以及已经习惯了的做法，并在这种伙伴关系中能使对方受益。切记，跨文化教师的第一资源来自于其切近的教学团队。

跨文化教师的第二个专业成长的资源来自于校内的教学支持系统。在美国，多数学校都设有教学与教学技术中心这类负责教师培训及教师专业发展的专门机构，充分利用该机构提供的服务（包括教学技术培训、教学研讨会等），并与来自不同文化的教师，包括东道国教师建立广泛的联系，会获得意想不到的收获。外籍教师经历了与你类似的应对挑战的过程，所以比较能体会你的感受，彼此分享教学方面的体会和经验，相互借鉴、相互提示可以避免许多弯路。在迎接教学挑战时，知道面临挑战的不止你一人会减少你的焦虑，他人对于同一问题的解决方法，有极大的借鉴价值。例如，我本人就从如何对待学生缺课、如何上好第一次课的专题研讨中获得了有益的启示。

教师专业成长的第三个资源就是各种教师专业组织。参加州、地区、全国乃至国际会议和专业组织可以使个体开阔视野，结识同行，建立伙伴关系，形成更广泛领域的学习共同体。互联网使世界变小，不同国家、地区的关注同一问题的学者的交流是增进跨文化、跨国界、跨地区理解的最好的方式。

三、实践—反思取向

实践对于跨文化教师的成长的作用是不言而喻的。一些研究者认为，现场观察和经验对于形成多元文化教学技能至关重要，它使师范生对文化的多样性更有意识，更敏感、态度也更开放。国外关于职前教师的研究表明，实践要素有助于未来的教师改变消极的种族态度，并且是他们所接受的训练中最为重要的部分。

学者们对反思在教师专业成长中的作用进行了探讨。邦德等人（Bond, et al）将对经验的反思描绘为：对经验进行回顾，关注相应的情感，然后重新评价那份经验。反思导致潜在的行为变化，产生新的观点或形成对行为的责任感。[①]

史密斯（Smith）认为，反思与自我研究对于形成跨文化意识及敏感方面很重要。教师是具有反思性的实践家，因此他们能够监测自身的观念、偏见及教学实践。[②] 一些学者提倡运用精心的、有目的的反思，将所获得的知识应用于实践。也有一些学者呼吁运用自我分析与反思来减少偏见。

具有反思性是指我们介入一个元认知建构的过程中，因此获得了跨文化能力所需要的工具。教师要逾越现有的文化鸿沟、避免文化偏见就需要反思性。反思性提供了探索其他文化的不同意识形态的机会，因为仅仅置身于跨文化的教学环境中并不能促进跨文化能力。然而，常反思经验的意义会增进跨文化经验。史密斯（Smith）以三水平反思为框架，对跨文化

① Boud D, Keogh R, Walker D. Promoting reflection on learning [M] //Boud D, Keogh R, Walker D. Reflection: Turning Experience into Learning. London: Kogan Page, 1985: 18 – 40.

② Smith K. Transnational teaching experiences: an under-explored territory for transformative professional development [J]. International Journal for Academic Development, 2009, 14 (2): 111 – 122.

教学的转化过程进行了分析。①

内容反思。内容反思是针对"我们感知、思考、行动的内容"。对内容的反思通常包括对问题的描述，以及习惯性的解决方式。这类问题包括角色与关系，例如把教师视为所有知识的来源，而教师不适应这一角色；或者英美教师惯用的小组讨论方式，在另一文化却难以奏效。鲍迪科特和沃克（Bodycott & Walker）描述了在香港开展全班批判性讨论的困难。尽管两位研究者诱导学生发言，学生也非常不愿意对他人及教师的观点提出质疑。他们发现学生更愿意回答教师的提问，以及需要联系他们自身经验的问题。后来，他们引入了更多的学生的事例，以便让学生在较少威胁的环境下分享观点和经验。②

过程反思。过程反思是指对我们感知、思维、行动的方式的审视，以及我们进行以上活动的效能的反思。两位在巴西任教的美国教授发现对于时间、社会互动，师生关系方面在文化上的不对称，使他们所教的研究生的学习险些一败涂地。克服这些问题需要一系列的协商及跨文化调适。通过与巴西的教师和学生的交流，以及运用跨文化教学的理论，这一情况得到了改观。例如，间歇喝咖啡时教师与学生在一起，透露一些个人生活的情况，以及指导他们写作时坐在学生电脑旁边拉近师生关系的行为，使学生在课堂上更为专注了，学生再也不害怕教授了。

前提反思。前提反思是指意识到为什么我们以如此方式去感知、思维和行动。正是通过前提反思，观点的转变才有可能发生。一位在新加坡教学的澳大利亚教师说：在亚洲教学是一个绝妙的经验，我学到的策略性知识，对于教任何学生都有帮助。一位在中国教学的澳大利亚教师说，在另一文化中教学和工作，极大地开阔了我的视野，我所经历的挑战对于我日后为人师和为人都有帮助。两位在香港教学的外籍教师说，当遇到难以解决的问题时，我们不得不重新审视已有的关于教与学的深层观念，并试图

---

① Smith K. Transnational teaching experiences: an under-explored territory for transformative professional development [J]. International Journal for Academic Development, 2009, 14 (2): 111 – 122.

② Bodycott P, Walker A. Teaching abroad: Lessons learned about intercultural understanding for teachers in higher education [J]. Teaching in Higher Education, 2000, 5 (1): 79 – 94.

以学生文化为参照对其进行重构。① 这种海外教学经验改变了个体作为教师的全部观念。

　　跨文化教师的成长，是一个不断学习、交流、实践与反思的螺旋式上升的过程，也是跨文化教师发挥个人主观能动性不断自我要求、自我提升的过程。跨文化能力的发展是一个终身之旅，是教师主体不断自我反思、自我要求、自我改进、自我完善的过程。跨文化教师是真正的终身学习者，他们必须拥有这样的信念：教无止境，学无止境。

---

① Smith K. Transitional teaching experiences: an under-explored territory for transformative professional development [J]. International Journal for Academic Development, 2009, 14 (2): 111-112.

主要参考文献

一、中文著作类

[1] 中国高等学会引进国外智力工作分会．大学国际化：理论与实践［C］．北京：北京大学出版社，2007．

[2] 田正平．中外教育交流史［M］．广州：广东教育出版社，2004．

[3] 联合国教科文组织．教育——财富蕴藏其中［M］．北京：教育科学出版社，1996．

[4] 辜正坤．中西文化比较导论［M］．北京：北京大学出版社，2007．

[5] 吴为善，严慧仙．跨文化交际概论［M］．北京：商务印书馆，2010．

[6] 严文华．跨文化心理学［M］．上海：上海社会科学出版社，2008．

[7] 彭凯平，王伊兰．跨文化沟通心理学［M］．北京：北京师范大学出版社，2009．

[8] 陈雪飞．跨文化交流论［M］．北京：时事出版社，2010．

[9] 贾玉新．跨文化交际学［M］．上海：上海外语教学出版社，1997．

[10] 爱德华·霍尔．无声的语言［M］．何道宽，译．北京：北京大学出版社，2011．

[11] 卡耐基．沟通的艺术与处世的智慧［M］．王红星，译．北京：中国华侨出版社，2012．

[12] 南国农，李运林．教育传播学［M］．北京：高等教育出版社，1995．

[13] 李谦．现代沟通学［M］．3版．北京：经济科学出版社，2009．

[14] 桑德拉·黑贝尔斯，理查德·威沃尔二世．有效沟通［M］．李业昆，译．7版．北京：华夏出版社，2005．

[15] 贾玉新，Guo-ming Chen，孙有中，等．跨文化交际研究（第一辑）［M］．北京：高等教育出版社，2009．

[16] 耿二岭．体态语概说［M］．北京：北京语言学院出版社，1988．

[17] 周鹏生．教师非言语行为研究简论［M］．北京：民族出版社，2006．

[18] 孔令智，汪新建，周晓虹．社会心理学新编［M］．沈阳：辽宁人民出版社，1987．

[19] 毕继万．跨文化非言语交际［M］．北京：外语教学与研究出版社，1999．

[20] 李杰群．非言语交际概论［M］．北京：北京大学出版社，2002．

[21] 邵培仁．传播学［M］．北京：高等教育出版社，2007．

[22] 宋昭勋．非言语传播学［M］．上海：复旦大学出版社，2008．

[23] 胡文仲．跨文化交际学概论［M］．北京：外语教学与研究出版社，1999．

[24] 刘建华．师生交往论——交往视野中的现代师生关系研究［M］．北京：北京师范大学出版集团，2011．

[25] 邵晓枫．百年来中国师生关系思想史研究［M］．成都：四川大学出版社，2009．

[26] 屠荣升，唐思群．师生沟通的艺术［M］．北京：教育科学出版社．2007．

[27] 伊莉莎白·布鲁瑞克斯．好老师可以避免的20个课堂错误［M］．谢秀京，译．北京：中国青年出版社，2009．

二、中文论文类

[1] 黄连平．论教学活动中的师生的和谐沟通［J］．中国高教研究，2006（8）．

[2] 马晓婧．沟通理论对教学活动的启示［J］．教育探索，2009（7）．

[3] 关世杰．跨文化传播十年的反思［J］．对外大众传播，2006（12）．

[4] 杨华．英语身势语文化内涵对比分析［J］．安徽大学学报，2002，26（2）．

[5] 王丽娟．跨文化适应研究现状综述［J］．山东社会科学，2011（4）．

[6] 任裕海．跨文化适应的可能性及其内在机制［J］．安徽大学学报，2003（1）．

[7] 常悦珠，陈慧．北京高校来华留学生教育研究会议论文［C］．北京：［出版者不详］，2008，12．

[8] 李建忠．导致跨文化交际障碍的几种要因［J］．外语教学，2002（2）．

[9] 杨宏丽，陈旭远．论跨文化教学中文化冲突的类型及深层缘由［J］．教育理论与实践，2007（10）．

[10] 史清敏，张绍安，罗晓．教育自我表露教学效果的跨文化比较［J］．教师教育研究，2008（3）．

[11] 杨平．非言语交际述评［J］．外语教学与研究，1994（3）．

[12] 张大社．教师眼神的作用及其运用失当心理分析［J］．小学教学参考，2006（3）．

［13］东野圣时. 从课堂非言语行为看中美学生文化性学习风格的差异［J］. 山东省农业管理干部学院学报, 2010（2）.

［14］王维荣. 教师亲切性：有效教学的重要变量——美国关于教师课堂沟通行为的微观研究［J］. 2011（6）.

［15］李琼. 学生心目中的教师形象：一个跨文化的比较［J］. 比较教育研究, 2007（11）.

［16］张蕾. 冲突抑或和谐？——高校师生关系满意度研究［J］. 当代青年研究, 2010（6）.

［17］史静寰, 罗燕, 涂东波. 清华大学本科教育学情调查报告, 2009——与美国顶尖研究型大学相比较［J］. 清华大学教育研究, 2009（5）.

［18］唐清云, 余国强. 对大学师生关系的调查分析［J］. 统计与决策, 2003：（7）.

［19］王维荣, 章厚德, Ann Betendoff. 美国通识教育的改革与行动——以伊利诺伊州立大学为例［J］. 比较教育研究 2011（6）.

［20］庄恩平. 跨文化能力：我国 21 世纪人才必备的能力［J］. 外语界, 2006（5）.

［21］孟丽凡, 于海波. 国外多元文化背景下教师教学能力培养的探索及启示［J］. 高等教育研究, 2008（2）.

［22］王宏丽, 陈海平. 国际汉语教师的胜任力研究——任务分析和招聘面试问题归类得出的结论［J］. 河北大学学报：哲学社会科学版, 2009（5）.

三、英文著作类

［1］Samovar L, Porter R, Stefani L. Communication between Cultures［M］. 北京：外语学习与研究出版社, 2000.

［2］Hofstede G. Culture's consequences：International differences in work-related values［M］. Beverley Hills, CA：Sage, 1980.

［3］Hall E. Beyond Culture［M］. New York：Anchor Press, 1976.

［4］Scoollon R, Scoolon S W. Intercultural communication：A discourse approach［M］. Foreign Language Teaching and Research Press, 2000.

［5］Cain Susan. Quiet：The Power of Introverts in a World that Can't Stop Talking［M］. New York：Crown Publishers, 2012.

［6］Beamer, Varner I. Intercultural Communication in the Global Workplace［M］. 大连：东北财经大学出版社, 2009：164.

［7］ Hellmann B. Status，status differentials as predictor of student learning，teacher evalua-
tion，teacher socio-communicative style and teacher credibility ［D］. West Virginia U-
niversity，2001.

［8］ Gaff J G. Toward Faculty Renewal：Advances in Faculty，Institutional and Organiza-
tional Development ［M］. SanFrancisco：Jossey-Bass，1975.

［9］ Hofstede G. Culture's consequences：International differences in work-related values
［M］. Beverley Hills，CA：Sage，1980.

［10］ Gudykunst W B. Bridging the differences：Effective inter-group communication ［M］.
Newbury Park，CA：Sage，1991.

［11］ Kauchak D，Eggen P. Introduction to Teaching：Becoming a Professional ［M］. NJ：
Pearson Merrill Prentice Hall，2005.

四、英文论文类

［1］ McCroskey L . Domestic and international college instructors：An examination of per-
ceived differences ［J］. Journal of intercultural Communication Research，2002
（2）.

［2］ Pratt D，Kelly M，Wong W S. Chinese conceptions of effective teaching in Hong Kong：
towards culturally sensitive evaluation of teaching ［J］. International journal of lifelong
education，1999.

［3］ Berry J W. Immigration，acculturation and adaptation ［J］. Applied Psychology：An
International Review，1997（46）.

［4］ Neuliep J W，McCroskey J C. The development of the U. S. and generalized ethnocen-
trism scale ［J］. Communication Research Reports，1997（14）.

［5］ Kaplan R B. Cultural thought patterns in intercultural education ［J］. Language learn-
ing，1966（16）.

［6］ Faez F. Linguistic and cultural adaptation of internationally educated teacher candidates
［J］. Canadian Journal of Education and Policy，2010（2）.

［7］ Teven J. The relationships among teacher characteristics and perceived teacher caring
［J］. Communication Education，2001（2）.

［8］ Gorham J. The relationship between verbal teacher immediacy behaviors and student
learning. Communication Education，1988（37）.

［9］ Neuliep J W. An examination of the content of high School teachers' humor in the classroom and the development of an inductively derived taxonomy of classroom Humor [J]. Communication Education, 1991, 40 (4).

[10] Chesebro J L, McCroskey J C. The development of the Teacher Clarity Short Inventory (TCSI) to measure clear teaching in the classroom [J]. Communication Research Reports, 1998.

[11] Sidelinger R J, McCroskey J C. Communication correlates of teacher clarity in the classroom [J]. Communication Research Reports, 1997, 14 (1).

[12] Chesebro J L, McCroskey J C. The relationship between teacher clarity, nonverbal immediacy and student affect and cognitive learning [J]. Communication Education, 2001 (50).

[13] Toale M. Teacher clarity and teacher misbehaviors: Relationships with students' affective learning and teacher credibility [D]. West Virginia University, 2001.

[14] Roach K D. Effects of Graduate Teaching Assistant Attire on Student Learning, Misbehaviors and Ratings of Instruction [J]. Communication Quarterly, 1997, 45 (3).

[15] Zhang Q, Oetzel J G, Gao X, et al. Teacher immediacy scale: Testing for validity across cultures [J]. Communication Education, 2007, 56 (2).

[16] McCroskey J C, Richmond V P, Sallinen A, et al. A cross-cultural and multi-behavioral analysis of the relationship between nonverbal immediacy and teacher evaluation [J]. Communication Education, 1995, 44 (4).

[17] Micari M, Pazos P. Connecting to the Professor: Impact of the Student-Faculty Relationship in a Highly Challenging Course [J]. College Teaching, 2012, 60 (2).

[18] Kramer M W, Pier P M. A Holistic Examination of Students' Perceptions of Effective and Ineffective Communication by College Teachers [J]. Annual Meeting of American Communication Association, 1997.

[19] Frymier A B, Houser M L. Teacher-student relationship as interpersonal relationship [J]. Communication Education, 2000, 49 (3).

[20] Simonds, et al. What will happen: if challenge behavior in the college classroom? [J] Annual Meeting of Speech Communication Association, 1994.

[21] Burgoon J K, Birk T. Nonverbal behaviors, persuasion and credibility [J]. Human Communication Research, 1990, 17 (1).

[22] Trice. Faculty perspectives regarding graduate international students' isolation from host national students [J]. International Education Journal, 2007 (8).

[23] Holmes P. Negotiating differences in learning and intercultural communication. Ethnic

Chinese students in a New Zealand university [J]. Bussiness Communication Quarterly, 2004, 67 (3).

[24] Dobson J. Learning Style Preferences and Course Performance in an Undergraduate Physiology Class [J]. Advances in Physiology Education, 2009, 33 (4).

[25] Deardorff D K. The identification and assessment of intercultural competence as a student outcome of international education in the United States [D]. North Carolina State University, Raleigh, 2004.

[26] Greenholtz J. Assessing cross-cultural competence in transitional education: The intercultural development inventory [J]. Higher Education in Europe, 2000, 25 (3).

[27] Deardorff D K. Identification and Assessment of Intercultural Competence as a Student Outcome of Internationalization [J]. Journal of Studies in International Education, 2006 (10).

[28] Gopal A. Internationalization of higher education: Preparing faculty to teach cross-culturally [J]. International Journal of Teaching and Learning in Higher Education, 2011, 23 (3).

[29] Smith K. Transitional teaching experiences: An under-explored teritory for transformative professional development [J]. Intercultural journal for Academic Development [J], 2010, 14 (2).

[30] Cruz B, Patterson J M. Cross-cultural assimulations in teaacher education: Developing empathy and understanding [J]. Multicultural Perspectives, 2005, 7 (2).

出版人 所广一
责任编辑 孟 丹
版式设计 沈晓萌
责任校对 贾静芳
责任印制 曲凤玲

图书在版编目（CIP）数据

跨文化教学沟通／王维荣编著 . —北京：教育科学出版社，2013.3
ISBN 978 - 7 - 5041 - 7450 - 5

Ⅰ . ①跨… Ⅱ . ①王… Ⅲ . 外语教学—教学研究
Ⅳ . ①H09

中国版本图书馆 CIP 数据核字（2013）第 084121 号

跨文化教学沟通
KUAWENHUA JIAOXUE GOUTONG

出版发行	教育科学出版社				
社　　址	北京·朝阳区安慧北里安园甲9号	市场部电话	010 - 64989009		
邮　　编	100101	编辑部电话	010 - 64989276		
传　　真	010 - 64891796	网　　址	http://www.esph.com.cn		
经　　销	各地新华书店				
制　　作	北京金奥都图文制作中心				
印　　刷	北京中科印刷有限公司	版　　次	2013 年 3 月第 1 版		
开　　本	169 毫米×239 毫米　16 开	印　　次	2013 年 3 月第 1 次印刷		
印　　张	14.75	印　　数	1 - 3 000 册		
字　　数	227 千	定　　价	28.00 元		

如有印装质量问题，请到所购图书销售部门联系调换。